公路工程施工管理研究

乔东祥 张 玮 王丰宝 著

东北林业大学出版社
Northeast Forestry University Press
·哈尔滨·

版权所有　侵权必究
举报电话：0451-82113295

图书在版编目（CIP）数据

公路工程施工管理研究 / 乔东祥，张玮，王丰宝著. --
哈尔滨：东北林业大学出版社，2023.5
ISBN 978-7-5674-3152-2

Ⅰ.①公… Ⅱ.①乔… ②张… ③王… Ⅲ.①道路工程－施工管理－研究 Ⅳ.①U415.1

中国国家版本馆CIP数据核字（2023）第082986号

责任编辑：赵晓丹
封面设计：文　亮
出版发行：东北林业大学出版社
（哈尔滨市香坊区哈平六道街6号　邮编：150040）
印　　装：河北创联印刷有限公司
开　　本：710 mm×1000 mm　　1/16
印　　张：16
字　　数：278千字
版　　次：2023年5月第1版
印　　次：2023年5月第1次印刷
书　　号：ISBN 978-7-5674-3152-2
定　　价：68.00元

如发现印装质量问题，请与出版社联系调换。（电话：0451-82113296　82191620）

著作委员会

著 者

乔东祥　安阳市公路管理局
张　玮　烟台市招远公路建设养护中心
王丰宝　德州德达城市建设投资运营有限公司

委　员

崔　燕　山东省诸城市公路事业发展中心
付雅君　郑州华路兴公路科技有限公司
鲁志鸿　平顶山市自然资源和规划局
祁婷婷　潍坊公路发展集团有限公司
孙锡聪　山东华潍工程监理咨询有限公司
邵金磊　河南通达交通设施有限公司
王浩平　杭州市交通工程集团有限公司
姚陈宇　中国电建集团成都勘测设计研究院有限公司
张晓刚　山西路桥建设集团有限公司太原设计咨询分公司

前　　言

　　公路工程建设产品复杂多样，施工中需要投入大量人力、财力、物力、机具等。同时，需要根据施工对象的特点和规模、地质水文气候条件图纸、合同及机械材料供应情况等，充分做好施工准备、施工技术工艺、施工方法方案等，以确保技术经济效果，避免出现事故，这就对工程建设施工管理技术人员提出了较高的要求。

　　公路工程有效管理是工程中的一项重要工作，其对工程质量的控制、评定以及加快工程进度、降低工程造价都起着积极的作用。公路中的管理环节也是纷繁复杂的，随着我国经济的快速发展，公路在国家经济发展过程中的作用越来越重要，国家对公路的投资越来越大，因此加强对公路工程的管理与实务分析，就显得非常有必要。为了加强建设工程的施工管理，必须提高工程项目施工现场技术管理人员的管理能力和技术水平，规范参建各方行为，着力推进建设工程依法建设，确保工程质量和施工安全。本书将从公路工程技术和公路工程项目管理两方面进行探究。

作　者

2023 年 3 月

目 录

第一章　路基施工准备工作 … 1
第一节　路基施工方法及施工准备工作 … 1
第二节　路基施工放样及场地准备 … 6
第三节　试验路段铺筑 … 9
第四节　安全文明施工及环保措施 … 12

第二章　土质路基施工 … 17
第一节　路基施工方法 … 17
第二节　土质路堤填筑 … 18
第三节　土质路堑开挖 … 26
第四节　土方机械化施工 … 29
第五节　路基修整、检查验收与维修 … 40

第三章　石质路基施工 … 42
第一节　填石路堤施工 … 42
第二节　石质路堑开挖 … 44
第三节　坡面防护工程施工 … 45
第四节　路基石方爆破 … 48

第四章　沥青路面施工 … 59
第一节　沥青路面认知 … 59
第二节　沥青路面材料种类及要求 … 62

第三节　沥青混合料技术性质 …………………………… 64

第四节　热拌沥青混合料路面施工 ……………………… 66

第五节　其他形式的沥青路面施工 ……………………… 73

第六节　沥青类路面常见病害与处置方法 ……………… 79

第五章　水泥混凝土路面施工 ……………………………… 84

第一节　水泥混凝土路面认知 …………………………… 84

第二节　水泥混凝土路面施工工艺 ……………………… 97

第三节　轨道式摊铺机施工 ……………………………… 101

第四节　滑模式摊铺机施工 ……………………………… 106

第五节　特殊条件下水泥混凝土路面施工 ……………… 117

第六节　水泥混凝土路面施工质量控制与验收 ………… 119

第六章　公路工程项目管理概述 …………………………… 123

第一节　公路工程项目管理基础知识 …………………… 123

第二节　公路工程基本建设 ……………………………… 131

第三节　公路工程相关法律法规 ………………………… 140

第四节　公路工程项目管理的应用与发展 ……………… 151

第七章　施工组织设计概论 ………………………………… 155

第一节　公路施工组织设计的任务与原则 ……………… 155

第二节　公路施工组织设计的阶段与内容 ……………… 160

第三节　原始资料的调查与分析 ………………………… 164

第四节　施工组织的基本方法 …………………………… 167

第五节　机械化施工组织 ………………………………… 169

第八章　公路工程施工招标投标管理 ……………………… 176

第一节　公路工程施工招标投标管理要求 ……………… 176

第二节　公路工程施工招标条件与程序 …………………… 181

　　第三节　公路工程施工投标条件与程序 …………………… 183

第九章　公路工程项目施工管理实务 …………………… 186

　　第一节　公路工程施工进度管理 …………………………… 186

　　第二节　公路工程施工质量管理 …………………………… 192

　　第三节　公路工程安全管理 ………………………………… 203

　　第四节　公路工程项目施工成本管理及合同管理 ………… 222

结　语 ………………………………………………………… 244

参考文献 ……………………………………………………… 245

第一章 路基施工准备工作

第一节 路基施工方法及施工准备工作

一、施工的重要性

路基是支撑路面的土工构筑物。在挖方地段，路基是开挖天然地层形成的路堑；在填方地段，则是用压实的土石填筑而成的路堤。由于路基在使用过程中要承受由路面传递而来的行车荷载作用并抵御各种环境因素的影响，因此要求路基必须具有足够的强度、良好的水温稳定性和耐久性。所谓路基施工，就是以设计文件和施工技术规范为依据，以工程质量为中心，有组织、有计划地将设计图纸转化为工程实体的建筑活动。

路基施工的重要性，突出表现为对工程质量的高标准要求。强度高、稳定性和耐久性良好的路基将成为路面结构的良好支承体系，有利于提高路面整体强度和使用性能，延长路面使用寿命，同时还可以降低路面工程造价和公路养护维修费用。反之，若路基工程质量低劣，将给路面和路基自身留下许多隐患，路面的使用品质和使用寿命会因此而降低；严重的路基或路面破坏甚至会中断交通，造成重大经济损失。尤其严重的是路基自身存在的问题将后患无穷，难以根治，这会大大增加公路建成后的养护维修费用。由此可见，必须重视路基施工，切实保证路基工程质量，为提高公路建设的经济效益和社会效益提供切实的保障。

路基施工的重要性还在于工程质量受到多种因素的不利影响。虽然路基施工主要包括开挖、运输、填筑、压实等比较简单的工序，但由于路基施工存在着条件变化大、工程数量大、施工难度大、施工方法多样等特点，对于保证路基工程质量有相当的难度。特别是地质不良的特殊路段及隐蔽工程较多的路基，在施工时常会遇到复杂的技术问题和各种突发性事故需要处理，可以说路基施工技术简单中蕴含着复杂。在与人工构造物的关系方面，路基自身的施工既与排水、防护及加固等工程的施工相互制约，有时又与桥梁、隧道、路面等分项工程的施工相互交叉、相互影响；在其他如气候、交通条件等方面，由于公路施工为野外作业，工程质量受气候条件影响很大，雨季时土质路基往往无法施工；交通运输不便会使物资、设备和施工队伍调遣困难。所有这些因素的影响都必须加以克服，才能保证路基工程质量。

二、施工方法

路基一般为土石方工程。施工方法有人工施工、简易机械施工、机械化施工及爆破等，施工时应根据工程性质、岩土类别、工程量、施工期限、施工条件等选择一种或几种。人工施工是传统的施工方法，施工时主要是工人用手工工具进行作业。这种方法劳动强度大、工效低、进度慢且工程质量难以得到保证，已不适应现代公路工程施工的要求，只能作为其他施工方法的辅助和补充。

简易机械施工是在人工施工的基础上，对施工过程中劳动强度大和技术要求相对较高的工序用机具或简易机械完成，以利加快工程进度、提高施工效率和工程质量。但这种施工方法工效有限，只能用于工程量较小、工期要求不严的路基或构造物施工，不适宜高速公路和一级公路路基的大规模施工。

机械化施工是通过合理选用施工机械，将各种机械科学地组织为有机的整体，优质、高效地进行路基施工的方法。若选用专业机械按路基施工要求对施工的各工序进行既分工又联合的作业，则为综合机械化施工。实现机械化施工是中国路基施工的发展方向，特别是对于工程量大、技术要求高、工期紧的高速公路和一级公路路基工程，必须采用机械化施工。组织机械化施工时，应使机械合理配套、科学组织，最大限度地发挥各种机械的效能。爆破法施工是利用炸药爆破的巨大能量炸松土石或将其移到预定位置。这种施工方法主要用于石质路堑的开挖，特殊情况下也用于土质路堑开挖或清除淤泥。在施工时若采用机械钻孔、机械清运，也属于机械化施工之列。

三、施工准备工作

路基施工需要消耗大量的人工、物资、机械和时间等资源，是一项施工时间长、技术要求高的工作。施工准备是工程顺利实施的基础和保证。施工准备工作的好坏，直接影响工程的进度质量和施工方的经济效益，因此必须高度重视，认真对待。路基施工前，必须根据工程的实际情况做好组织准备、物质准备和技术准备工作，使各项施工活动能正常进行。在施工过程中，所有的施工活动都必须严格按有关施工规范进行，以确保工程质量，最后得到质量优良的路基实体。

1. 组织准备

开工前的组织准备工作包括建立健全施工组织机构和组建劳动组织机构两方面。明确各自的施工任务，制定施工过程中必要的规章制度，确定工程应达到的目标等。组织准备是其他准备工作的开始。

（1）我国建立施工组织机构与国际施工管理接轨，工程建设已全部按照FIDIC合同条件进行施工与建立。因此对一个施工单位来讲，主要是实行项目经理负责制，即项目经理全面负责的目标责任制。

（2）建立劳动组织体系。根据所承担的工程量的大小和工期要求，安排出总进度计划网络图，并进一步估算出全部工程用工工日数，平均日出工人数，施工高峰期日出工人数，以及技术工种、机械操作工作、普通工种等用工比例，选择能够适应其工程质量、工期进度要求的作业队伍，并与施工劳动作业单位签订劳务合同，实行合同管理。

考虑到所担负工程的具体情况，结合施工队伍施工特点、技术装备情况、技术熟练程度和施工能力，施工队伍应进行适当的培训，以满足工程施工的要求。

2. 物质准备

路基施工要消耗大量的人工、材料和机具，因此开工前应进行所需材料的购进、采集、加工、调运和储备等工作；同时还要检修或购置施工机械，做好施工人员的生活、后勤保障准备，正所谓"兵马未动，粮草先行"。劳动力、机械设备和材料的准备工作是路基施工组织计划的重要组成部分。

（1）机械设备准备。根据实施性施工组织计划，一次或分批配齐足够的施工机械和工具。机械设备要配套选择，充分发挥机械设备的性能，要保证机械设备的正常操作使用。施工设备的放置应考虑到施工的要求。

（2）材料准备。路面用自采材料和外运材料，经检验和选择，按需要的规格和数量运到现场，堆放位置应根据实施性组织计划进行合理的设计。具体应做到以下几点：做好材料预算，提出材料的需用量计划及加工计划；根据施工平面图安排和落实材料的堆放及临时仓库设施；组织材料的分批进场，当场地狭小时，要考虑场地的多次周转使用，按时间、地点使用场地；组织材料的加工准备，尽可能地集中加工，如对水泥混凝土、沥青混合料的集中配料拌和等。通过对材料的集中加工，可以减少材料消耗，提高材料的利用率，保证材料质量；也可以减轻劳动强度，提高机械化和专业化水平；还可以减少临时设施的规模，节约施工临时用地，有利于实现文明施工。

（3）生活设施准备，如工地人员的食宿位置、办公地点、房舍区域和生活必需设备的准备；安全防护准备按照施工安全要求，切实做好防火、防爆工作，准备好各种安全防护和劳动防护用品，并要求全体人员严格遵守安全技术操作规程进行施工。安全工作要以预防为主，消除事故隐患。另外，不应把做好安全生产单纯看作技术性的工作，必须从思想上、组织上、制度上、技术上采取相应的措施，综合治理才能奏效。

3. 技术准备

路基施工前的技术准备包括熟悉设计文件、制订施工组织计划、技术交底等工作。对于高速公路和一级公路或采用新技术、新工艺及新材料的其他等级公路，除做好上述准备工作外，还应在大规模施工前铺筑试验路，为正式施工提供技术指导。

（1）熟悉设计文件。组织技术人员领会设计文件的意图，熟悉设计文件中的各项技术指标，仔细考虑其技术经济的合理性和施工的可行性。对设计文件中有疑问、错误或设计不妥之处，应及时与建设业主、设计单位和工程监理联系，到实地现场调查了解，选择合理的解决方案。对于一些不确定因素如阴雨、交通干扰等，技术人员应心中有数，以便对相应的施工环节做充分的考虑。

（2）制订施工组织计划。制订路基施工的实施性施工组织计划，是路基施工前非常重要的技术准备工作，施工单位应根据设计文件、工程实际条件、工程量、施工难易程度以及设备、人员、材料供应情况和工期要求等认真编制。所编制的施工组织计划应针对工程实际，科学合理、易于操作，有利于保证工程质量和工程进度，做到"运筹"，使路基施工能连续、均衡地进行。在编制工程中，施工单位应对设计文件和设计交底全面熟悉、认真研究，组织有关人员进行现场核对和施工调查；若有必要，应按有关程序提出修改设计意见并报请变更设计。根据设计文件中的施工组织设计和建设业主在承包合同中的具体要求，结合工程项目特点、具体施工条件及工程承包单位的情况，编制具体、可行的实施性组织计划，并报工程监理和建设业主批准。

（3）技术交底。工程开工前，为了使参与施工的人员及工人了解所承担的工程任务的技术特点、施工方法、施工程序、质量标准、安全措施等，必须实施技术交底制度，认真做好交底工作。

技术交底不仅要针对技术干部，而且要把它交给所有从事施工的操作工人，从而提高他们自觉研究技术问题的积极性和主动性，为更好地完成施工任务和提高技术水平创造条件。

技术交底按技术责任制的分工，分级进行。施工单位的技术总负责人，应将公路施工质量标准、施工方法、施工程序、进度要求、安全措施，各分部工程施工组织的分工和配合，主要施工机具的安排和调配等，连同整个工程的施工计划，向所属工程队长及全体技术人员进行交底。工程队技术负责人应将本队承担的工程项目，向所属班组长及全体技术人员进行交底。班组技术负责人应将本班组承担工程项目的施工方法、劳动组合、机具配备等，对全组工人进行交底。班组技术交底是技术交底制度的最重要环节，班组工人应在接受交底后进行讨论，目的是要使参加施工实际操作的所有人员充分了解自己施工中应掌握的正确方法和应尽的具体责任，并对改进施工劳动组织和操作方法，以及提高工程质量和保证施工安全等方面提出合理化建议。因为工人是对施工操作最熟悉、经验最丰富的实践者，他们的意见和建议往往能切中要害，能提出和解决工程师考虑不到的问题，对完善施工计划能起到良好的促进作用。

分级交底时，都应做好记录，作为检查施工技术执行情况和检查技术责任制的一项依据。

上述各项交底一般用口头方式进行，辅以图表，必要时可做示范操作或建立质量样板，以使上岗人员充分掌握要领。

第二节　路基施工放样及场地准备

一、施工测量

1. 导线的复测与固定

公路的中线及其沿线构造物的位置是由导线控制的，施工单位必须对设计单位提供的导线点坐标及其现场桩橛认真进行复测核对；若设计单位设置的导线点过稀而不便使用，或导线点落在施工操作范围之内而可能遭到损坏时，应对导线点进行加密或移位。导线测量是平面控制测量，要有较高的精度。公路是带状建筑物，导线多从某个高级控制点（如国家平面控制点）出发，沿着公路旁侧布设，最后附合到另一个高级控制点上。支导线不闭合亦不附合于已知导线点上，错误与否难以核对，故点数不宜超过两个。

导线点的位置应选在地势较高、视野开阔、方便安置仪器的地方，以利于以后恢复中线及构造物放样之用；相邻两导线点必须通视，才能量角、测距；导线点间距视地形地物情况和工程需要而定，一般以不超过 1 km 为宜，且相邻边长应尽量不要相差悬殊。

2. 中线的复测与固定

路基开工前需要进行详细的中线测量工作，就是通过测设直线或曲线，将公路中心线的平面位置准确、具体地标定在地面上。中线测量的传统手段是用经纬仪定向，钢尺量距。

（1）将标定路线平面位置的各点在地面上重新钉出，在平曲线特征点、地面突变点、土石方成分变化点等处增钉加桩。

（2）如发现丈量错误或需要局部改线时，应做断链处理，注明前后里程关系及长（或短）链距离。

（3）对高等级公路，应采用坐标法恢复主要控制桩。

（4）桩点丢失时，要及时补上；交点桩丢失时，可由前后的点定出切线并延长切线，交出丢失的交点桩，并钉桩固定；转点桩丢失时，可用正倒镜延长直线，重新补设；曲线特征点桩丢失时，可对曲线重新测设补桩。

3. 固定控制点

路线的主要控制点，如交点、转点、曲线的起讫点，以及起控制作用的百米桩和加桩，应视当地的地形条件和地物情况，采取有效的方法加以固定。

4. 定桩

位于路基范围内的桩因施工无法保留时，应另用桩移钉于路基范围之外。

直线段上的点，其移钉方向为垂直于路中线；曲线上的点，其移钉方向为垂直于该点的切线方向；当受地形条件限制时也可用其他方法将主要控制点移钉于路基范围之外，但在移钉的桩上及记录簿中均应注明桩号及移钉距离。

5. 加钉护桩

加钉护桩的方法，一般所需要固定的控制点桩为交叉点，沿两个大致互相垂直的方向，在每条方向线上，将桩点移到路基施工范围以外。可在相距一定距离处，钉上两个带钉木桩，桩上标出相应的桩号和量出的距离，同时绘草图，并记入记录簿内，以备查用。恢复中线时应注意与独立施工的桥梁、隧道及相邻施工段的中线闭合，发现问题及时查明原因，并报监理工程师。

6. 路线高程复测与水准点的增设

中线恢复后，对沿线的水准点做复核性水准测量，以复核水准点一览表中各点的水准基点高程和中桩的地面高程。当相邻水准点相距太远时，为便于施工期间引用，可加设一些临时水准点。在如桥涵、挡土墙等较大构造物附近，以及高路堤、深路堑等集中土石方地段附近，应加设水准点。临时水准点的标高必须符合精度要求。

7. 横断面的检查与补测

中线横断面应详细检查与核对，发现疑问与错误时，必须进行复测。在恢复中线时新设的桩点，应进行横断面的补测。此外，应检查路基边坡设计是否恰当，与有关构造物如涵洞、挡土墙的设计是否配合相称，取土坑、弃土堆的位置是否合适。应当注意，凡是在恢复路线时发现原设计中的一切不正确之处，都应在图纸上明确地记录下来，并与复测的结果一起呈报监理工程师复核或审批。

8. 竣工测量

竣工后测量工程师安排监理测量组进行下列工作。

（1）检查承包人全线（已竣工路段）恢复定线和路线竣工验收测量工作，审批竣工测量报告，视情况组织部分路段复测。

（2）检查承包人全线（已竣工）桥涵及其他设施竣工验收的测量资料，按总监或驻地监理要求组织复核测量，审核批准测量报告。

（3）核实因变更设计引起工程数量变动所需的测量内容。

（4）检查、督办总监、高级驻地和现场监理人员要求的其他测量工作。

二、路基放样

1. 路基边桩的放样

路基边桩的放样就是将每一个横断面的路基两侧的边坡线与地面的交点，用木桩标定在实地上作为路基施工的依据。常用的有以下几种方法。

图解法：直接在路基横断面图上按比例量取中桩至边桩的距离。然后到实地用皮尺测定其位置。在填挖方不大时常用此法。

解析法：通过计算求出路基中桩至边桩的距离。分在平坦地面和在倾斜地面两种。

2. 路基边坡的放样

测设出边桩后，为了保证填、挖边坡达到设计要求，还应把设计边坡在实地标定出来，以便于施工。

3. 施工前的复查与试验

路基施工前，施工技术人员应对路基施工范围内的地质、地形、水文情况进行详细调查。根据设计文件提供的资料，除对取自挖方、借土场、料场的路堤填料进行复查和取样试验外，还应进行环境保护分析并提出报告，经批准后方可使用。

4. 场地准备

施工场地的准备，一般由建设单位（业主）来提供，施工单位进行场地准备，或根据合同文件情况由建设单位配合施工单位来准备。路基施工前应先办好有关土地的征用、占用手续，依法使用土地。路基范围内的既有建筑物、道路、沟渠、通信及电力设施等，施工单位应协同有关部门事先进行拆除或迁建。对路基附近的危险建筑物应进行适当加固，对文物古迹应妥善保护。

（1）用地划界及拆迁建筑物施工前，根据实际情况确定用地范围，进行公路用地测量，并绘制用地平面图及用地划界表，送交有关单位办理拆迁及占用土地手续。施工前对路基范围内的所有地物均应妥善处理。路基施工范围内的所有建筑物、设施等，均应会同有关部门事先拆迁或改造。因路基施工影响沿线附近建筑物的稳定时，应予以适当加固。

（2）砍伐树木在路基施工范围内，对妨碍视线、影响行车的树木、灌木丛，均应在施工前进行砍伐或移植清理。砍伐后的树木应堆放在不妨碍施工和不影响农业生产的地方。

高速公路、一级公路及填土高度小的其他公路，应将路基范围内的树根全部挖除；填土高度在1 m以上的其他公路，允许保留树根。采用机械施工的路堑及取土坑等，均应将树根全部挖除。

（3）场地排水。场地排水是指疏干、排除场地上所积地表水，保持场地干燥，为施工提供正常条件。通常是根据现场情况，设置纵横排水沟，形成排水系统，将水引入附近河渠、低洼处排除。为节省工程量，避免返工浪费，所开挖的排水沟应按所设计的路基排水系统布置。

在受地面积水或地下水影响的土质不良的地段施工时，为了保证工程质量，减少土方挖掘、运送和夯实的困难，施工前也应切实做好场地排水工作。

第三节　试验路段铺筑

一、试验路段的目的

高速公路和一级公路、特殊地区公路或采用新技术、新工艺、新材料的路基，在正式施工前，应采用不同的施工方案和施工方法，铺筑试验路并进行相关试验分析，从中选出最佳施工方案和施工方法以指导大面积路基施工。所铺筑的试验路应具有代表性，试验路长度不小于100 m，施工机械和工艺过程要与以后全面施工时相同。根据调查报告编写试验路段的开工报告并报批（附拟定的施工组织设计方案、施工工艺等）。

二、试验路段施工的内容

通过试验路铺筑可确定不同压实各种填料的最佳含水率、适宜的松铺厚度、相应的碾压遍数、最佳机械配置和施工组织方法等。通过填料试验，检验路堤填筑材料是否符合要求，并完成检测报告等。通过压实试验，确定压实工艺主要参数，包括机械组合、压实机械规格、松铺厚度、碾压遍数、碾压速度、最佳含水量及碾压时含水量允许偏差等。通过试验段填筑，确定过程质量控制方法和指标、质量评价指标和标准以及优化后的施工组织方案和工艺，并对试验做好原始记录和过程记录，对施工设计图提出修改建议等。根据试验路段施工所得到的成果编写试验路段的总结报告并报批（附路基施工组织设计方案、施工工艺等）。

试验路段总报告审批后再进行全线路基单位工程的开工报告报批，接着编制路基分部工程、分项工程的开工报告报批。

2020年7月，以临（湘）长（沙）高速公路土建工程第四合同段路基土石方施工的试验段K48+050-K48+380段（含取土区、填土区等）为例，路基设计宽24.0 m，设计行车速度100 km/h，双向四车道。对试验路段铺筑展开说明。

1. 高速公路填方路基试验路段施工准备内容

（1）施工现场调查。

在进行填方路基试验段施工之前，组织技术人员与施工作业人员了解施工场地，选取填方长度大于100 m、且相邻段落有挖方的施工地段K48+050-K48+380段为试验路。

（2）土工试验。

按规定对本段填方基底、挖方取土场提取土样，进行土工试验，以确定填方基底土样和取土段填料的相关试验数据，如最佳含水量、最大干密度、液限以及塑性指数等，为检查基底和填方压实质量提供依据。

（3）前期施工作业。

①纵向便道的拉通。

依据现场情况，便道设置在公路用地红线边的内侧，为施工机械的进出、路基填料的运输提供通道。因在K48+160、K48+370处为当地灌溉泄洪大渠道，各埋设1-1-D150涵管8.0 m。

②清表、回填。

取土（挖方 K48+050-K48+150 段）地段为山体，需按要求清除树木灌木，清除表土 30 cm；填方地段（K48+200-K48+350 段）为水田，先排水疏干，按要求清除淤泥。

③地表、地下水的处理。

本填方段为低洼处，有地表水、地下水和灌溉水。采取措施为：沿路基纵向边线开挖纵向排水沟，辅之开挖纵横连通的表面小水沟，以排除地表水和降低地下水；因当地农田灌溉的需要，在 K48+285 处埋设 1-D75 横向涵管以引流。

④施工测量。

清表完成后，在高速公路填方路基试验段填筑施工前，施工测量人员准确放出开挖与填筑（两侧各超填 50 cm）的边桩，以确定施工作业的范围。

2. 高速公路填方路基试验路段施工流程要点

（1）填料及路基排水施工。

在本试验路填方段清除淤泥后，试验人员需要按照业主的文件要求认真检测路基基底承载力，对不满足要求的局部面积进行换填处理。

①填料施工。

填料经土工试验检验合格。在卸料环节，采用分层松铺施工方法进行施工，并确定松铺厚度，一般而言，高速公路填料路基的松铺厚度不宜超过 30.0 cm。

②路基排水施工。

在施工期间，为了更好地提升高速公路填方路基的质量和稳定性，前期施工时，要重视地表水和地下水的合理处置，以避免其对路基的破坏。

（2）摊铺与整平。

第一层路基填料卸完之后，使用推土机进行填料的初步摊铺整平，然后利用平地机对路基进行精平处理。

（3）压实。

①因本合同段的填方高度普遍较高，故本段试验路的重点为：解决 93 区填方路基的试验路的设备组合、施工工艺、压实遍数等，为全合同段路基土石方的开工创造条件。待路基施工的后期，即路基已基本成型后，再考虑 94 区、96 区填方路基的试验路。

②路基压实施工环节，遵循"先轻后重、先静后振、先低后高、先慢后快"的施工原则。因本段为直线路段，在碾压路基的过程中，要从两边逐渐向中间推进。压路机压实行进的速度以 2~4 km/h 为宜，一般宜采取纵向碾压，轮迹重叠宽度不宜超过 50.0 cm。

③在填土路基碾压前，施工人员要认真检查铺筑土层厚度和宽度，试验人员检查填料的现场含水量，因本段取土区的土源为砾石土，在平地机精平后，可立即进行碾压。

④填土路基的碾压施工机械设备为重量不小于 12 t 的自行式振动压路机，碾压的程序可采用：静压 2 遍→小振 2 遍→大振 2~3 遍→光面 1 遍。

第四节 安全文明施工及环保措施

一、工程项目的安全与环境管理

基本建设是现代化大生产的一项工程，从计划建设到建成投产要经过许多阶段和环节，有其客观规律性。基本建设工程一般可划分为建设项目、单项工程、单位工程、分部工程、分项工程五级。

1. 工程项目施工的安全管理

加强现场管理，做好工程的保卫、防盗工作，搞好永久工程和临时工程安全，防止发生安全事故。在每一个工程项目中，制定安全生产的组织措施，并制定严密的安全生产规程；留有足够的安全生产费用，购置安全生产的设备和器件，保证施工生产现场的紧急事故处理的开支。

2. 安全生产教育和预防措施

加强安全生产教育和预防措施，为施工人员办理保险，并制定以下预防措施，以保证员工的安全健康。

（1）对于施工现场及其周围的高压电线、变压器等设置醒目的安全标志，对处于交通要道处的开挖地段，派专人看守或设置明显的标志，防止过往行人或车辆发生事故。

（2）对于基础工程或土方挖施工，要注意预防塌方发生，及时采取防护措施。

（3）结构工程施工中，高空或河上作业场所应绑好安全网，施工人员应戴好安全帽、系好安全带，防止落人落物，对架板等设计应注意起吊的安全与平稳。

（4）对材料和设备储存的库房、堆放点以及施工人员生活区，应特别注意防火安全，配备足够数量的消灭器具、消防水管和消防栓等，以备急需。

（5）项目经理亲自抓安全生产和安全教育，定期召开安全生产会议，检查安全生产规章执行落实情况，建立安全生产奖罚制度，促使人人重视安全，安全生产有奖，使安全生产教育落到实处。

3. 工程中的环境保护管理

加强工程中的环境保护管理，强化安全生产，随时清除施工场地不必要的障碍物，设备、材料及各类存储物品安全堆放，既要保持施工现场环境的清洁整齐，又要对安全生产有利。

自觉遵守有关机构对卫生及劳动保护的要求，及时清理工地上的废物、垃圾等，在全部工程竣工移交之前将场地恢复原状，减少由于不合格环境规定而导致的罚款和经济损失，创造良好的文明施工环境。

二、保证安全的主要措施

为杜绝重大事故和人身伤亡事故的发生，把一般事故降低到最低限度，确保施工的顺利进展，特制定安全措施如下。

（1）建立安全保证体系，项目部和各施工队设专职安全员，专职安全员属质检科，在项目经理和副经理的领导下，履行保证安全的一切工作。

（2）利用各种宣传工具，采用多种教育形式，使职工树立安全统一的思想，不断强化安全意识，建立安全保证体系，使安全管理制度化、教育经常化。

（3）各级领导在下达生产任务时，必须同时下达安全技术措施检查工作，必须总结安全生产情况，提出安全生产要求，把安全生产贯彻到施工的全过程中。

（4）认真执行定期安全教育、安全讲话、安全检查制度，设立安全监督岗，积极发挥群众安全人员的作用，对发现事故隐患和危及工程人身安全的事项，要及时处理，做出记录，及时改正，落实到人。

（5）施工中临时结构必须向员工进行安全技术交底。对临时结构须进行安全设计和技术鉴定，合格后方可使用。

（6）石方开挖，必须严格按施工规范进行，炸药的运输、保管必须严格遵守国家和地方政府制定的安全法规，爆破施工要严密组织，严格控制药量，确定爆破危险区，采用有效措施，防止人、畜、建筑物和其他公共设施受到危害或损坏，确保安全施工。

（7）架板、起重、高空作业的技术工人，上岗前要进行身体检查和技术考核，合格后方可操作。高空作业必须按安全规范设置安全网，施工人员应拴好安全绳，戴好安全帽，并按规定佩戴防护用品。

（8）工地修建的临时房、架设的照明线路和库房，都必须符合防火、防电、防爆炸的要求，配置足够的消防设施及安全避雷设备。

三、安全管理制度

1. 安全管理

（1）建立、健全各级各部门的安全生产责任制，责任落实到人。各项经济承包有明确的安全指标和包括奖惩办法在内的保证措施。有劳务使用和机械租用安全生产协议书。

（2）工人应掌握本工种操作技能，熟悉本工种安全技术操作规程。

（3）施工组织设计应有针对性的安全技术措施，经技术负责人审查批准。

（4）进行全面的、有针对性的安全技术交底，受交底者履行签字手续。

（5）建立定期安全检查制度，有时间、有要求，明确重点部位、危险岗位。安全检查要有记录。对查出的隐患应及时整改，做到定人、定时间、定措施。

（6）班组在班前须进行上岗交底、上岗检查、上岗记录的"三上岗"和每周一次的"一讲评"安全活动。对班组的安全活动，要有考核措施。

（7）遵章守纪、佩戴标记。

2. 施工用电

（1）支线架设。

配电箱的电缆线应有套管，电线进出不混乱，不容许在配电箱上进线加滴水弯；支线绝缘好，无老化、破损和漏电；支线应沿墙或电杆架空敷设，并用绝缘子固定；过道电线可采用硬质护套管理并做标记；室外支线应用橡皮线架空，接头不受拉力并符合绝缘要求。

（2）现场照明。

一般现场采用220 V电压。危险、潮湿场所和手持照明灯具应采用符合要求的安全电压，照明导线应有绝缘子固定，严禁使用花线或塑料胶质线，导线不得随地拖拉或绑在脚手架上，照明灯具的金属外壳必须接地或接零，单相回路内的照明开关箱必须装设漏电保护器。室外照明灯具距地面不得低于3 m，室内距地面不得低于2.4 m。

（3）架空线。

架空线必须设在专用电杆上，严禁架设在树或脚手架上；架空线应装设横担和绝缘子，其规格、线间距离、档距等应符合架空线路要求，其电板线离地25 m以上应加绝缘子；架空线一般应离地4 m以上，机动车道为6 m以上。

（4）大梁吊装施工。

三保险（吊钩、绳筒、断绳）和五限位（吊钩高度、变幅、前后行走、起重刀矩、驾驶室升降）必须齐全、灵敏、可靠；操作人员、指挥人员必须持有效证件上岗；严格按超重机使用说明安装、调试；验算大梁实际重量和吊车最不利情况的最小荷载；吊装之前必须经过荷重试吊合格后，方可正式使用，并按统一手势信号，在统一指挥下进行作业；大梁达到设计吊装强度后才能予以吊装，并且按照设计吊点安装吊钩；大梁安装就位之后，立即进行有效的支撑和连接。

（5）各类路基土方施工机械安全措施。

项目部机务科对工地所有机械统一定期进行安全检查，发现问题及时解决，消除不安全的因素；各种机械设备均要制定安全技术操作规程，并认真检查落实情况；机动车严禁无证驾驶。非机动机械需持操作证操作机械；定期检查机械设备的安全保护装置和安全批示装置，以确保以上两种装置的齐全、灵敏、可靠；机械操作人员必须听从施工人员的正确指挥，精心操作。但对施工人员违反操作规程和可能引起危险事故的指挥，操作人员有权拒绝执行，并及时向工地负责人反映。

（6）安全管理网络。

安全管理网络由项目经理牵头负责，由项目副经理、总工程师、主任经济师三条线分管共抓。项目副经理分管安全工程师和材料、机务部，具体进行安全措施的制定落实；总工程师分管工程部、质检部，从技术方案角度来落实安全生产措施；主任经济师分管财务部，主要考虑安全生产措施的预结算和资金。项目经理还要建立专职安全员和分包安全员责任制度，并由他们抓好班组长和兼职安全员，将安全生产落实到人，保证项目的顺利实施。

第二章 土质路基施工

第一节 路基施工方法

1. 人工及简易机械化方法

人力施工是传统方法，使用手工工具，劳动强度大、功效低、进度慢、工程质量亦难以保证，但限于具体条件，短期内还必然存在并适用于地方道路和某些辅助性工作；简易机械施工是在人工施工的基础上，对施工过程中劳动强度大和技术要求相对较高的工序用机具或简易机械完成，以利加快工程进度、提高施工效率和工程质量，但这种施工方法工效有限，只能用于工程量小、工期要求不严的路基或构造物施工，特别不适宜高速公路和一级公路路基的大规模施工。

2. 综合机械化方法

为了加快施工进度，提高劳动生产率，实现高标准高质量施工，对于劳动强度大和技术要求高的工序，应配以数量充足、配套齐全的施工机械。机械化和综合机械化施工是保证高等级公路施工质量和施工进度的重要条件，对于路基土石方工程来说，更具有迫切性。在施工过程中，涉及运输、填筑、摊平、压实等工序都需机械设备作业，任何单一环节出现问题，都将影响施工作业的整体。实现机械化施工是中国路基施工的发展方向。因此，综合机械化方法成为路基施工现代化的重要途径。

3. 水力机械化方法

水力机械化方法是机械化方法的一种。通过利用水泵、水枪等水力机械，喷射强力水流，冲散土层并流运至指定地点沉积。这种方法需要充足的电能和水源，可挖掘比较松散的土质及地下钻孔，对于砂砾填筑路堤或基坑回填可起到密实作用（称为水夯法）。

4.爆破方法

石质路基开挖可采用爆破方法施工。另外，爆破方法还可用于冻土、泥沼等特殊路基施工，以及清除路面、开石取料与石料加工等作业。

选择施工方法，应根据工程性质、工程数量、施工期限以及可能获得的人力和机械设备等条件来考虑。在中国，已拥有大量的筑路机械，特别是根据高等级公路发展的需要，各地都引进了成套的现代化筑路设备，在一批高等级公路的施工中，基本实现了机械化或半机械化施工作业，因此，必须十分注意提高机械施工技术与管理水平，充分发挥机械设备的作用，提高劳动生产率，使中国公路建设事业早日全面实现施工现代化。

第二节　土质路堤填筑

一、填料选择

路堤通常利用沿线就近土石作为填筑材料。选择填料时应尽可能优先选择当地强度高、稳定性好并利于施工的土石做路堤填料。一般情况下，碎石、卵石、砾石、粗砂等具有良好的透水性，且强度高、稳定性好，因此可优先采用；亚砂土、亚黏土等经压实后也具有足够的强度，故也可采用；重黏土、黏性土、捣碎后的植物土等由于透水性差，做路堤填料时应慎重采用；粉性土水稳性差，不宜做路堤填料；泥炭、淤泥、沼泽土、冻结土，含残余树根和易于腐烂物质的土不宜用作填筑路堤；含盐量超过规定的强盐渍土和过盐渍土不能用作高等级公路路基填料；膨胀土除非表层用非膨胀土封闭，一般也不宜用作高等级公路路基填料。液限大于50%、塑性指数大于26、含水量不适宜直接压实的细粒土，不得直接作为路基填料；需要使用时，必须采取措施处理土质。路基取土与填筑必须有计划，有步骤地进行操作，这不仅是文明施工的需要，而且是选土和合理利用填土的保证。不同性质的路基用土，除按规定予以废弃和适当处置外，一般不允许任意混填。

二、基底处理

为使填筑在天然地面上的路堤与原地面紧密结合以保证填筑后的路堤不至于产生沿基底的滑动和过大变形，填筑路堤前，应根据基底的土质、水文、坡度、植被和填土高度采取一定措施对基底进行处理。

1. 密实稳定的土质基底

（1）当地面横坡度 i<1：1且路堤高度超过 0.5 m 时，一般不做处理，直接在地面上修筑路堤。

（2）当地面横坡度 i=1：5~1：1 时，需清除草皮、杂物，处理深度不小于 15 cm。

（3）当地面横坡度 i>1：5 时，清除草皮、杂物后，需在地表挖台阶处理，台阶宽度不小于 1 m，高度为 0.2~0.3 m。

2. 耕地或松土基底

（1）一般情况应清除有机土、种植土后压实。

（2）当耕地为深度大于 30 cm 的深耕地时，需先将耕地翻松，结块土打碎后整平压实。

（3）当遇到水田时，需首先排水、疏干，然后进行换填土处理。

3. 覆盖层不厚的倾斜岩石基底

当地面横坡为 1：5~1：2.5 时，需挖除覆盖层，并将基岩挖成台阶。当地面横坡度陡于 1：2.5 时，应进行个别设计，特殊处理，如设置护脚或护墙。

当路基稳定受到地下水影响时，应予拦截或排除，引地下水至路堤基底范围以外。如处理有困难时，则应在路堤底部填以渗水土或不易风化的岩块。

三、填筑方式及机械配置

1. 土质路堤填筑

土质路堤（包括石质土），按填土顺序可分为分层平铺、竖向填筑和混合填筑。

（1）分层平铺。

分层平铺是一种将不同性质的土有规则地分层填筑和压实的填筑方法，该法易于达到规定的压实度，易于保证质量，是填筑路堤的基本方法。分层平铺又分为水平分层填筑法和纵向分层填筑法。水平分层填筑法填筑按照横断面全宽分成水平层次，逐层向上填筑。如原地面不平，应由最低处分层填起，每填一层，经压实合格后再填上一层。此法施工操作方便、安全，压实质量容易保证。纵向分层填筑法适用于推土机或铲运机从路堑取土填筑运距较短的路堤，依纵坡方向分层、逐层推土填筑。原地面纵坡小于20°的地段可用此法施工。

分层平铺应遵守以下规定。

①用不同性质的土填筑路堤时，应分层填筑，层数应尽量减少，每种填料总厚不小于0.5 m，不得混杂乱填。在纵向使用不同的土质填筑相邻路堤时，为防止发生不均匀变形应将交接处做成斜面，将透水性差的土填在斜面下部。

②用透水性较小的土填路堤下层时，应做成4%的双向横坡；如用以填筑上层时，不应覆盖在透水性较大的土所填筑的下层边坡上。

③凡不因潮湿及冻融而变更其体积的优良土应填在上层，强度较小的土应填在下层。

④河滩路堤填土应在整个宽度上连同护道在内一并分层填筑，受水浸淹部分的填料，选用水稳定性好的土料。

⑤桥涵、挡土墙及其他构造物的回填土，以采用沙砾或砂性土为宜，并应适时分层回填压实。分层填筑方式有利于压实，可保证强度，不同用土按规定层次填筑。分层平铺时应注意用土不含有害杂质（草木、有机物等）及未经处治的劣土（细粉土、膨胀土、盐渍土与腐殖土等）；桥涵、挡土墙等结构物的回填土以砂性土为宜，防止不均匀沉降，并按有关操作规程回填和夯实。

（2）竖向填筑。

竖向填筑指沿道路中心线方向逐步向前深填。路线跨越深谷或池塘时，地面高差大，填土面积小，难以水平分层卸土以及陡坡地段上半填半挖路基，局部路段横坡较陡或难以分层填筑等情况，可采用竖向填筑方式。竖向填筑的质量在于密实程度，为此宜采用必要的技术措施。如选用振动式或锤式夯击机，选用沉陷量较小及粒径较均匀的砂石填料；路堤全宽一次成型；暂不修建较高级的路面，容许短期内自然沉落。

（3）混合填筑。

混合填筑指路堤下层采用竖向填筑法而上层采用水平分层填筑法，因而其上部经分层碾压容易达到足够的压实度。必要时可考虑参照地基加固的注入、扩孔或强夯等措施，以保证填土具有足够的密实度。

土质路堤填筑所使用的机械设备有平土机、推土机、铲运机等。

2. 桥涵等构造物处的填筑

桥台台背、涵洞两侧及涵顶、挡土墙墙背的填筑在这些构造物基本完成后进行。由于场地狭窄，又要保证不损坏构造物，填筑压实比较困难，而且容易积水。如果填筑不良，完工后填土与构造物连接部分出现沉降差，就会发生跳车，影响行车的速度、舒适与安全，甚至影响构造物的稳定；养护期间经常修补路面，也会导致交通堵塞。所以要注意选好填料和认真施工。

（1）填料。

在下列范围内一般应选用渗水性土填筑：台背顺路线方向，上部距翼墙尾端不少于台高加 2 m，下部距基础内缘不少于 2 m；拱桥台背不少于台高的 4 倍；涵洞两侧不少于孔径的 2 倍；挡土墙墙背回填部分。如果台背采用渗水土有困难时，在冰冻地区自路堤顶面起 2.5 m 以下，非冰冻地区高水位以下，可用与路堤相同的填料填筑。特别要注意，不要将构造物基础挖出来的劣质土混入填料中。

（2）填筑

桥台背后填土应与锥坡填土同时进行，涵洞、管道缺口填土，应在两侧对称均匀回填；涵顶填土的松铺厚度小于 50 cm 时，不得通过重型车辆或施工机械；靠近构造物 100 cm 范围内不得有大型机械行驶或作业。

（3）排水

桥涵等结构物处填土，在施工中要竭力防止雨水流入，对已有积水应挖沟或用水泵将其排除。对于地下渗水，可设盲沟引出。当不得不用非渗水土填筑时，应在其上设置横向盲沟或用黏土等不透水材料封顶。挡土墙墙背应做好反滤层，使水能顺利地从泄水孔流出。

（4）压实

应在接近最佳含水量状态下分层填筑，分层压实。每层松铺厚度不宜超过 20 cm。密实度应达到设计要求。如设计无专门规定，则按路基压实度标准执行。用非渗水土填筑时，必须加强压实措施，或对填土性能进行改善处理（如掺生石灰），以提高强度和减少雨水的渗入。

为了保证填土压实质量，在比较宽阔部位应该尽量使用大型压实机械，只是在临近构造物边缘及涵顶 50 cm 内,才采用小型夯压机械,分薄层认真夯压密实。夯压遍数应通过试验确定,以达到压实度要求为准。

四、填土压实与质量控制

在公路路基修筑过程中,常常会遇到天然土层强度较低,经汽车荷载作用产生较大沉陷而影响工程质量的现象。尤其是取土填筑路基时,由于原有结构状态被施工挖运破坏,致使其结构松散、强度降低、水稳性差。土在压实过程中,因土粒受到瞬时荷重或振动力的作用,使土粒调整位置重新组合,彼此挤紧,较小颗粒被挤入较大颗粒间的空隙中。颗粒位置转移稳定,空隙缩小,土的单位重量提高,形成密实整体,从而致使强度增加,稳定性提高。为了使路基具有足够的强度与稳定性,必须予以压实,以提高其密实程度。所以路基的压实工作是路基施工过程中的一个重要工序,亦是提高路基强度与稳定性的根本技术措施之一。大量试验和工程实践证明:土基压实后,路基的塑性变性、渗透系数、毛细水作用及隔温性能等均有明显改善。因此,压实是改善土工程性质的一种经济合理措施。

1.影响压实效果的主要因素

根据试验研究可知,土的压实过程和结果受到多种因素的影响。对具有塑性的细粒土,影响压实效果的因素有内因和外因两方面:内因主要是土质和含水量,外因主要是压实功能、压实机具和压实方法等。掌握这些因素的规律,对深入了解土的压实原理和指导压实工作,都有重要的意义。

(1)含水量对压实效果的影响

土中含水量对压实效果的影响比较显著。当含水量较小时,由于粒间引力(可能还包括了毛细管压力)使土保持着比较疏松的状态或凝聚结构,土中孔隙大都互相连通,水少而气多,在一定的外部压实功能作用下,虽然土孔隙中气体易被排出,密度可以增大,但由于水膜润滑作用不明显以及外部功能也不足以克服粒间引力,土粒相对移动不容易,因其压实效果比较差;当含水量逐渐增大时,水膜变厚,引力缩小,水膜又起着润滑作用,外部压实功能比较容易使土粒移动,压实效果渐佳;土中含水量过大时,孔隙中出现了自由水,压实功能不可能使气体排出,压实功能的一部分被自由水所抵消,减小了有效压力,压实效果反而降低。

然而,含水量较小时,土粒间引力较大,虽然干容重(干密度)较小,但其强度可能比最佳含水量时还要高。此时因密实度较低，孔隙多，一经饱水，其强度会急剧下降。这又得出一个结论：在最佳含水量情况下压实的土水稳性最好。

最佳含水量和最大干容重是两个十分重要的指标，对路基设计与施工很有用处。试验表明，一般塑性土的最佳含水量（按轻型击实标准）大致相当于该种土液限含水量的 0.58~0.62 倍，平均约 0.6 倍。

（2）土质对压实效果的影响。

不同的土质，其压实效果不同。不同的土质具有不同的最佳含水量及最大干密度。分散性（液限、黏性）较高的土，其最佳含水量较高而最大干密度较低，这是由于土粒愈细，比面积愈大，土粒表面的水膜愈多，加之黏土中含有亲水性较高的胶体物质所致。对砂土，由于其颗粒粗并且呈松散状，水分易于散失，故最佳含水量对其没有更多的实际意义。

（3）压实功能对压实效果的影响。

压实功能系指压实机具重量、碾压次数、作用时间等。压实功能是影响压实效果的又一重要因素。

通常对同一种土，随着压实功能的增大，最佳含水量会随之减小而最大干密度随之增加。当含水量一定时，压实功能越大则密实度越高。因此，增大压实功是提高土基密实度的又一种方法，但压实功增大到一定程度后，土的密度增长就不明显了。这表明，对于某一种土来说，如果超过某一限度，再采用增加压实功的办法来提高土的密实度就不经济了，因此最经济的办法是严格控制工地现场含水量，使碾压在接近最佳含水量时进行，这样便能容易地达到规定的压实度。

（4）压实机具和压实方法对压实效果的影响。

不同的压实机具，其压力作用深度不同，因而压实效果也不同。通常夯击式作用深度最大，振动式次之，静力碾压式最浅。根据这一特性即可确定各种机具的最佳压实厚度。然而，一种机具的作用深度，在压实过程中并不是固定不变的。例如，光面碾开始碾压时，因土体松软，压力传递较深，但随着碾压次数的增加，土的强度相应提高，其作用深度就逐渐减小。

不同压实厚度其压实效果也不同。通常情况下，夯击不宜超过 20 cm，8~12 t 光面碾不宜超过 20 cm。

压实作用时间愈长，土密实度愈高，但随时间进一步加长，其密实度的增长幅度会逐渐减小，故压实时，要求压实机具以较低速度行驶，以便达到预期的压实效果。

2. 路基压实标准

通常采用干密度表征土的密实程度。在路基施工中，用压实度表征土基密实程度的指标。

压实度是指压实后土的干密度与该种土室内标准击实试验下所得的最大干密度之比。

压实土体的干密度可按下式计算：

$$\gamma_\omega = \gamma_0 / (1+0.01\omega)$$

式中：γ_ω——土的湿密度，g/cm。

γ_0——土的含水量，%。

不同道路等级及路床不同深度，其压实度要求不同。道路等级愈高压实度要求也愈高，路基上部压实度比路基下部高。路基压实过程中只有达到规定的压实度，才能保证路基的强度和稳定性。

压实度是以室内标准击实试验所得最大干密度为标准的。同一压实度时如采用不同击实标准，其实际密实度是大不一样的。标准击实试验有轻型击实试验和重型击实试验两种。已经证明，对同一土体，重型击实比轻型击实可获得更高的最大干密度和相对较低的最佳含水量。随着高等级公路的发展，对公路路基质量的要求越来越高。因此，对高等级公路和城市重要干道，采用重型击实标准来控制压实度，对于确保路基路面质量、提高道路使用品质具有非常重要的意义。

3. 压实方法及机械

压实土层的密实度随深度递减，表面 5 cm 的密实度最高。填土分层的压实厚度和压实遍数与压实机械类型、土的种类和压实度要求有关，应通过试验路来确定。同样质量的振动压路机要比光轮静碾压路机的压实有效深度大 1.5~2.5 倍。如果压实遍数超过 10 遍仍达不到压实度要求，则继续增加遍数的效果很小，不如减小压实层厚。

碾压时，横向接头的轮迹应有一部分重叠，对振动压路机一般重叠 40~50 cm，对三轮压路机一般重叠 1/2 后轮宽；前后相邻两区段亦宜纵向重叠 1.0~1.5 m。应做到无漏压、无死角和确保碾压均匀。

压路机行驶速度过慢则影响生产率，行驶过快则与土的接触时间过短，压实效果较差。一般光轮静碾压路机的最佳速度为 2~5 km/h，振动压路机为 3~6 km/h。所以各种压路的最大速度不宜超过 4 km/h。对压实度要求高，以及铺土层较厚时，行驶速度更要慢些。碾压开始宜用慢速，随着土层的逐步密实，速度逐步提高。压实时的单位压力不应超过土的强度极限，否则土体将会遭到破坏。开始时土体较疏松，强度低，故宜先轻压，随着土体密度的增加，再逐步提高压强。所以，推运摊铺土料时，应力求机械车辆均匀行驶在整个路堤宽度内，以便填土得到均匀预压，否则要采用轻型光轮压路机（6~8 t）进行预压。正式碾压时，若为振动压路机，第一遍应静压，然后由弱振至强振。

碾压时，在直线路段和大半径曲线路段，应先压边缘，后压中间；小半径曲线地段因有较大的超高，碾压顺序宜先低（内侧）后高（外侧）。路堤边缘往往压实不到，仍处于松散状态，雨后容易滑坍，故两侧可采取多填宽度 40~50 cm，压实工作完成后再按设计宽度和坡度予以刷齐整平。也可以采用卷扬机牵引的小型振动压路机从坡脚向上碾压，或采用人工拍实。坡度不陡于 1∶1.75 时，可用履带式推土机从下向上压实。

不同的填料和场地条件要选择不同的压实机械。常用的压实设备有光面碾、羊足碾、轮胎碾、振动碾、夯实机等，技术性能可查阅相对应的机械设备技术性能参数手册。

4. 压实质量控制与检查

土的压实应在接近最佳含水量的情况下进行。天然土通常接近最佳含水量，因此填铺后应随即碾压。含水量过大时，应将土摊开晾晒至要求的含水量时再整平压实。

填土接近最佳含水量的容许范围，与土的种类和压实度要求有关。在一定的压实度要求情况下，砂类土比细粒土的范围大；在同一种土类的情况下，压实度要求低的比要求高的范围大。范围的具体值可从该种土的击实试验曲线上查得，即在该曲线图的纵坐标上按要求的干密度处画一横线，此线与曲线相交的两点所对应的含水量值就是它的范围。

在压实过程中，施工单位的自检人员应经常检查压实度是否符合要求。压实度试验方法可采用环刀法、蜡封法、水袋法、灌砂法或核子密度湿度仪法。环刀法适用于细粒土，灌砂法适用于各类土。核子密度湿度仪法应与环刀法、灌砂法等进行对比标定后才可应用。每一压实层均应检验压实度，合格后方可填筑其上一层。

检验取样频率，当填土宽度较窄时（如路堤的上部），沿路线纵向每200 m检查4处，每处左右各1个点；当填土较宽时，每2 000 ㎡检查8个点。必要时可增加检查点数，以防止压实不足处漏检。

路槽底弯沉值反映路基上部的整体强度，而压实度反映路基每一层的密实状态，只有弯沉值和压实度两者都合格，路基的整体强度、稳定性和耐久性才能符合要求。如果经过反复检查，各层压实度均合格，而表面弯沉值仍然达不到设计要求值时（这种情况极少），应考虑按实测弯沉值调整路面结构设计，以适应该压实土所能达到的强度。

第三节　土质路堑开挖

路堑施工就是按设计要求进行挖掘，并将挖掘出来的土方运到路堤地段作为填料，或者运往弃土地点。它虽然不像路堤填筑那样有填料的选择和分层压实等问题，但是，路堑是由天然地层构成的，天然地层在生成和演变的长期过程中，一般具有复杂的地质结构。处于地壳表层的路堑边坡，开挖暴露于大气中，受到各种自然和人为因素的影响，比路堤边坡更容易发生变形和损坏。路堑边坡的稳定与施工方法有着密切的关系，例如，施工开挖边坡过陡，弃土堆距坡顶太近，施工中排水不良，支挡工程未及时做好，都会引起边坡失稳，发生坍滑。

一、路堑开挖施工技术的意义

1. 保障路堑施工质量

在路堑施工过程中，为了保证工程的施工质量，施工人员务必对施工现场进行全面的考察，并根据现场的实际情况采取恰当的开挖技术，从而确保工程的顺利进行。通常情况下，为了提高工程的施工进度和效率，在开挖过程中会将挖机等设备与人工一起共同开挖，并且要严格按照施工工艺技术的要求执行，从而保证工程路基边坡的稳固性和安全性。此外，路基的边坡一般受到水分含量的影响比较大，因此，施工单位应做好排水系统，保证路基路堑的干燥性，从而保证路堑的质量。

2. 促进施工效率提高

在开挖路基路堑过程中，施工人员应根据现场的土质情况采取正确的开挖技术，同时还需要做好相关的操作流程和措施，对每个环节的重点和难点都进行详细的分析和研究，然后对机械设备和人工进行优化配置，尽可能地发挥出机械设备的作用。这样可以大大地提高工程的施工效率，同时也是保证工程施工质量的重要工作。

二、开挖方式

路堑开挖方式应根据路堑的深度和纵向长度，以及地形、土质、土方调配情况和开挖机械设备条件等因素确定，以加快施工进度和提高工作效率。路堑开挖可根据具体情况采用横挖法、纵挖法或混合式开挖法。

1. 横挖法

从路堑的一端或两端按横断面全宽逐渐向前开挖，称为横挖法。这种开挖方法适用于较短的路堑。

路堑深度不大时，可以一次挖到设计标高，称单层横挖法；路堑深度较大时，可分成几个台阶进行开挖，称分层横挖法，各层要有独立的出土道和临时排水设施。用人力按分层横挖法开挖路堑时，每层深度视工作与安全而定，一般宜为 1.5~2.0 m，无论自两端一次横挖到路基标高或分台阶横挖，均应设单独的运土通道及临时排水沟。分层横挖使得工作面纵向拉开，多层多向出土，可以容纳较多的施工机械，加快开挖速度。若用挖掘机配合自卸汽车进行，台阶高度宜为 3~4 m。

2. 纵挖法

沿路堑纵向将高度分成不大的层次依次开挖，称为纵挖法。这种开挖方法适用于较长的路堑。

如果路堑的宽度及深度都不大，可以按横断面全宽纵向分层挖掘，称为分层纵挖法；如果路堑的宽度及深度都比较大，可沿纵向分层，每层先挖出一条通道，然后开挖两旁，称为通道纵挖法，通道可作为机械通行或出口路线，以加快施工速度。分段纵挖法是沿路堑纵向选择一个或几个适宜处，将较薄一侧路堑横向挖穿，使路堑分成两段或数段，各段再进行纵向开挖的方法。分段纵挖法适用于路堑较长、运距较远的路堑。

3. 混合式开挖法

混合式开挖法是将横挖法、通道纵挖法混合使用，先沿路堑纵向开挖通道，然后沿横向开挖横向通道，再双通道沿纵横向同时掘进的路堑开挖方式，每一坡面应设一个施工小组或一台机械作业。

三、措施

1. 排水施工

排水施工对路基路堑工程具有重要的作用，为了保证排水系统的质量，施工人员必须积极采取正确的措施进行施工。在排水系统中主要有地下水和地面水两种，而这两种的排水措施各不相同。例如，地面水的排水措施在通常情况下采用修建排水沟、隔离带和储水池等措施，而地下水则需要挖掘堵水沟等。这些措施都能够对地面水和地下水进行有效的控制，达到排水效果。

2. 边坡施工

边坡处理工作对整个工程的质量具有重要的作用，在施工过程中，一旦路堑开挖后就会影响边坡的稳定性，如果不能采取正确的措施进行处理，则路堑就会发生滑坡或者倒塌的现象。因此，施工单位应重视对边坡结构的处理，通常情况下，会采用种植绿植、设置栅栏等措施进行稳固。

3. 废土处理

在挖掘过程中会产生废土，这些废土如果处理不当，将会对现场的施工造成很大的影响，如容易造成水土的流失和影响现场车辆的安全行驶等。一般情况下，废土可以用于回填坡脚和路堑顶，这样不仅提高了坡脚的稳定性，而且可以提高废土的利用率。

4. 质量检查

在施工完成之后，施工单位要对工程的质量进行验收，特别是地基的处理、边坡的加固、路基的压实、路堑的宽度、排水系统的建设等工程都需要进行全面的检查。在检查过程中一旦发现不合理，应及时整改，从而保证每个环节的质量都符合施工要求。

第四节 土方机械化施工

一、土方施工机械及其作业方式

路堑土方应按工程的具体情况,选备适宜的挖掘机械、装运机械、平整机械和压实机械,最大限度地发挥机械的效能。路基工程从准备工作到整修工作,作业项目很多,选用机械要从技术和经济两个方面并结合本单位本工点的具体情况来考虑。路基土方工程适用的机械随土质、运距、土方量和场地大小等因素而定,应当选用在技术性能上最适合于该项作业的机械,但每一种机械常可完成几种作业。因此,现场缺乏某种机械时,经常采用以下土方机械的作业方法。

1. 推土机作业

推土机作业由切土、运土、卸土、倒退(或折返)、回空等过程组成一个循环。影响作业效率的主要因素是切土和运土两个环节。因此,以最短的时间和距离切满土,尽可能减少土在推运中的散失,是衡量推土机作业方式优劣的依据。基本作业方式有下坡推土、并列推土、拉槽推土、接力推土、波浪式推土五种。

2. 铲运机作业

铲运机能够独立完成土方的铲装、运输、铺填、整平和预压等项作业,而且具有相当的机动灵活性,主要用于运输距离大、土方量集中的铲运工作。铲运机的作业由铲装、运送、卸铺、回程四个过程组成一个循环。欲提高铲运机效率,应尽量在最短的距离和时间内装满铲斗,在运送和回空中应尽量提高速度。铲运机有以下几种铲土方法:一般铲土、波浪式铲土、跨铲铲土、下坡铲土、顶推铲土。

3. 挖掘机作业

挖掘机有正铲挖掘机、反铲挖掘机、拉铲挖掘机之分。正铲挖掘机的基本作业方式有侧向开挖、正向开挖;反铲挖掘机的基本作业方式有沟端开挖、沟侧开挖;拉铲挖掘机的基本作业方式有沟侧开挖、沟端开挖。

4. 装载机作业

装载机是一种工作效率较高的铲土运输机械,它兼有推土机和挖掘机两者的工作能力，可以进行铲掘、推运、整平、装载和牵引等多种作业。其优点是适应性强，作业效率高，操纵简便，是一种发展较快的循环作业式机械。装载机与运输车辆配合，可采用如下作业方式："I"字形作业、"V"字形作业、"L"字形作业。

5.平地机作业

平地机是一种铲土、运土、卸土同时进行的连续作业机械。主要工作装置是一把刮刀，它可以调整四种作业动作，即刮刀平面回转、刮刀左右端升降、刮刀左右引申和刮刀机外倾斜，来完成刮刀刀角铲土侧移、刮刀刮土侧移、刮刀刮土直移和机身外刮土等作业。

二、土石方机械

1.推土机

（1）推土机的类型与应用特点。

推土机是一种自行式的铲土运输机械。由拖拉机和推土装置组成。推土装置包括带有刀片的推土铲、顶推架（推杆）和操作机构。其中刀片和推土铲分别是推土机的挖土和运土装置。推土机的工作过程：工作时，推土铲放下，下部边缘的刀片切入土壤，被切出来的土壤向上翻起，并堆积在推土铲前面，随着推土机前进而被运走。推土机的经济合理运距一般不超过120 m。

①推土机的优点。

能单独完成多种土方工程，包括挖土、运土、卸土和铺平土壤等工序，使施工过程和组织工作简单化；所有工序都可由单人完成，施工效率高；推土机工作装置简单，便于维修，使经营管理费用降低；工作机动性大，能将土推向前方和两侧，同时可以平整地面；可灵活调整工作运动速度，能就地转向；越野性能强，通过性好。

②推土机的主要类型。

A.按推土铲的安装方法，可分为固定式和回转式。

固定式推土铲在垂直于推土机纵轴方向刚性地固定在顶推架上。

回转式推土铲除了可在水平面向左或向右做平斜25°~30°角安装外，也能在垂直面相对水平线转动安装，同时推土铲的切角还能在44°~72°调整变更，也就是说推土铲的安装位置可按工作需要变更。这种形式也称为"万能式"。

B. 按底盘分类，可分为轮式推土机和履带式推土机。

轮式推土机机动性能好，底盘结构较简单，但接地比压较高，附着牵引性能较差。履带式推土机因其履带与地面的附着力比较大，能发挥出足够的牵引力。履带式推土机按接地比压的大小及用途，可将推土机分为高比压（13 N/cm² 以上）、中比压和低比压（5 N/cm² 以下）3 种形式。高比压的履带式推土机主要用于矿山及石方作业地带进行岩石剥离或推运工作，中比压主要用于一般性推运作业，低比压适用于湿地、沼泽地带工作。

C. 按功率分，可分为：小型推土机，功率在 37 kW 以下；中型推土机，功率在 37~250 kW；大型推土机，功率在 250 kW 以上。

（2）推土机的基本构造。

履带式推土机以履带式拖拉机配置推土铲刀而成，有些推土机后部装有松土器，遇到坚硬土质时，先用松土器，然后再推土。推土机主要由发动机、底盘、液压系统、电气系统、工作装置和辅助设备等组成。

发动机是推土机的动力装置，大多采用柴油机。发动机往往布置在推土机的前部，通过减振装置固定在机架上。

电气系统包括发动机的电启动装置和全机照明装置。辅助设备主要由燃油箱、驾驶室等组成。

①底盘。

底盘部分由主离合器（或液力变扭器）、变速器、转向机构、后桥、行走装置和机架等组成。底盘的作用是支撑整机，并将发动机的动力传给行走机构及各个操纵机构，主离合器装在柴油机和变速器之间，用来平稳地接合和分离动力。如为液力传动，液力变扭器代替主离合器传递动力。变速器和后桥用来改变推土机的运行速度、方向和牵引力。后桥是指在变速器之后，驱动轮之前的所有传动机构，转向离合器改变行走方向。行走装置用于支承机体，并使推土机行走。机架是整机的骨架，用来安装发动机、底盘及工作装置，使全机成为一个整体。

②行走装置。

行走系统是直接实现机械行驶和将发动机动力转化成机械牵引力的系统，包括机架、悬挂装置和行走装置三部分。机架是全机的骨架，用来安装所有总成和部件。行走装置用来支承机体，并将发动机传递给驱动轮的转矩转变成推土机所需的驱动力。机架与行走装置通过悬挂装置连接起来。

履带式推土机行走装置由驱动轮、支重轮、托轮、引导轮、履带（统称为"四轮一带"）、张紧装置等组成。履带围绕驱动轮、托轮、引导轮、支重轮呈环状安装，驱动轮转动时通过轮齿驱动履带使之运动，推土机就能行驶。支重轮用于支承整机，将整机的荷载传给履带。支重轮在履带上滚动，同时夹持履带防止其横向滑出；转向时，可迫使履带在地面上横向滑移。托轮用来承托履带，防止履带过度下垂，以减小履带运动中的上下跳振，并防止履带横向脱落。引导轮是引导履带卷绕的，使履带铺设在支重轮的前方。张紧装置可使履带保持一定的张紧度，以防跳振和滑落，还可缓和履带对台车架的冲击。

轮式推土机的行走系统包括前桥和后桥。推土机的行驶速度低，车桥与机架一般采用刚性连接（刚性悬架）。

③传动系统。

传动系统的作用是将发动机的动力减速增扭后传给行走装置，使推土机具有足够的牵引力和合适的工作速度。履带式推土机的传动系统多采用机械传动或液力机械传动，轮胎式推土机多为液力机械传动。传动系统一般包括主离合器、变速箱、驱动桥等部件。驱动桥内部装有中央传动装置、转向离合器、制动器、最终传动装置。

（3）推土机的运用。

推土机是一种循环作业机械，它具有机动性大、动作灵活、能在较小的工作面上工作、短距离运土效率很高的特点，因此是土方工程施工中最常用的机械。

推土机的作业循环：切土—推土—卸土—倒退（或折返）回空。

切土时用Ⅰ挡速度（土质松软时也可用Ⅱ挡）以最大的切土深度（100~200 mm）在最短的距离（6~8 m）内推成满刀，开始下刀及随后提刀的操作应平稳。推运时用Ⅱ挡或Ⅲ挡，为保持满刀土推送，应随时调整推土刀的高低，使其刀刃与地面保持接触。卸土时按照施工要求，或者分层铺卸，或者堆卸。往边坡卸土时要特别注意安全，其措施一般是在卸土时筑成向边坡方向一段缓缓地上坡，并在边上留一小堆土，如此逐步向前推移。卸土后在多数情况下是倒退回空，回空时尽可能用高速挡。

①直铲作业。

直铲作业是推土机最常用的作业方法，用于将土和石渣向前推送和场地平整作业。其经济作业距离为：小型履带推土机一般为 50 m 以内；中型履带推土机为 50~100 m，最远不宜超过 120 m；大型履带推土机为 50~100 m，最远不宜超过 150 m；轮胎式推土机为 50~80 m，最远不宜超过 150 m。

②侧铲作业。

侧铲作业主要用于傍山铲土、单侧弃土。此时推土板的水平回转角一般为左右各 25°。

作业时能一边切削土壤，一边将土壤移至另一侧。侧铲作业的经济运距一般较直铲作业时短，生产率也低。

③斜铲作业。

斜铲作业主要应用在坡度不大的斜坡上铲运硬土及挖沟等作业，推土板可在垂直面内上下各倾斜 9°。工作时，场地的纵向坡度应不大于 30°，横向坡度应不大于 25°。

④松土器的劈开作业。

一般大中型履带式推土机的后部都可悬挂液压松土器。松土器有多齿和单齿两种。多齿松土器挖凿力较小，主要用于疏松较薄的硬土、冻土层等。单齿松土器有较大的挖凿力，除了能疏松硬土、冻土外，还可以劈裂风化岩和有裂缝或节理发达的岩石，并可拔除树根。用重型单齿松土器劈松岩石的效率比钻孔爆破法高。为了提高劈松岩石能力，也可用推土机助推。

2. 装载机

（1）概述。

装载机是一种用装载斗铲装物料进行循环作业的土方工程机械。它主要用来装载不太硬的土方和松散材料，还可以用于松软土壤的表层剥离、地面平整和场地清理等工作。

大多数的装载机还备有多种可换装的工作装置，如货叉或起重设备等，使装载机稍加改装就可成为叉车或起重机。有的在一台基础车上可同时安装装载和挖掘两套工作装置，故单斗装载机有一机多用的特点。

单斗装载机的形式较多，通常按下列方法分类。

①按发动机功率分类。

装载机按发动机功率可分为小型、中型、大型、特大型 4 种。

小型：功率小于 74 kW。

中型：功率为 74~147 kW。

大型：功率为 147~515 kW。

特大型：功率大于 515 kW。

②按传动形式分类。

轮式装载机共 4 种：机械传动、液力机械传动、液压传动、电传动。

③按行走系统分类。

履带式装载机是以专用底盘为基础，装上工作装置并配装适当操作系统而成的。其优点：履带接地面积大，接地比压小，通过性好；履带式重心低，稳定性好；质量大，附着性能好，牵引力较相同质量轮式装载机大；对路面要求不高。履带式装载机的缺点：速度低，机动性差，行走时破坏路面，转移工作场地需平板车拖运。因此，它常用在工程量大、作业点集中、不经常移动、路面条件较差的场合。

④按装载方式分类。

A.前卸式：装载机在其前端铲装和卸载，卸载时，装载机的工作装置须与运输车辆垂直。这种卸载方式调车费时，但因结构简单、工作可靠、驾驶操纵视野好，故应用最为广泛。

B.回转式：回转式装载机的工作装置安装在可回转 90°~360° 的转台上，铲斗在前端装料后，回转至侧面卸载。装载机不需要调车，也不需要较严格的对车，作业效率高，适宜场地狭小的地区工作。但这种装载机需增设一套回转装置，使结构复杂，增加质量和成本，而且在回转卸载时是偏心卸载，两侧轮胎受载不一，有一侧轮胎超载很大，侧向稳定性较差，因此斗容不能过大。

C.后卸式：装载机在前端装料，向后端卸料。作业时，装载机不需调车，可直接向停在其后面的运输车辆卸载，可节约时间，作业效率高；但卸载时，铲斗因越过驾驶员上空很不安全，因此应用不广泛。

D.侧卸式：除拥有前卸式全部功能外，还可侧面卸载物料，多用于隧道或特殊场地施工。

使用最多的是装载斗非回转，铰接式机架、液力机械传动的单斗轮式走行装载机。

轮式装载机因为具有用途广、机动性好、生产率高、作业成本低等优点，因此随着工程建设的发展需要，当今世界不但设计制造新型的大功率、大斗容量轮式装载机，同时，小型装载机亦在迅速发展。

（2）装载机的构造。

轮胎式装载机由动力装置、车架、行走装置、传动系统、转向系统、制动系统、液压系统和工作装置等组成。轮胎式装载机采用柴油发动机为动力装置，大多采用液力变扭器、动力换挡变速器的液力机械传动形式（小型装载机有的采用液压传动或机械传动）、铰接式车架、液压操纵和反转连杆机构的工作装置等。

①工作装置。

装载机的铲掘和装卸物料作业通过其工作装置的运动来实现，轮胎式装载机的工作装置由铲斗、动臂、摇臂、连杆及其液压控制系统所组成。整个工作装置铰接在车架上，铲斗通过连杆和摇臂与转斗油缸铰接，动臂与车架、动臂油缸铰接，铲斗的翻转和动臂的升降采用液压操纵。

装载机作业时工作装置应能保证铲斗的举升平移和自动放平性能。当转斗油缸闭锁、动臂油缸举升或降落时，连杆机构使铲斗上下平动或接近平动，以免铲斗倾斜而撒落物料；当动臂处于任意位置、铲斗绕动臂的铰点转动进行卸料时，铲斗卸载角不小于45°，保证铲斗物料的卸净性；卸料后动臂下降时，又能使铲斗自动放平。

装载机的铲斗主要由斗底、后斗壁、侧板、斗齿、上下支承板、主刀板和侧刀板等组成。

铲斗斗齿分为4种。选择齿形时应考虑其插入阻力、耐磨性和易于更换等因素。齿形分尖齿和钝齿，轮胎式装载机多采用尖形齿，而履带式装载机多采用钝形齿。

工作装置的动臂被用来安装和支承铲斗，并通过举升油缸实现铲斗升降。

动臂的结构按其纵向中心形状可分为曲线形和直线形两种。

动臂的断面有单板、双板和箱形3种结构形式。单板式动臂结构简单，工艺性好，制造成本低，但扭转刚度较差。中小型装载机多采用单板式动臂，而大中型装载机则多采用双板形或箱形断面结构的动臂，用以加强和提高抗扭刚度。

工作装置的摇臂有单摇臂和双摇臂两种。单摇臂铰接在动臂横梁的摇臂铰销上，双摇臂则分别铰接在双梁式动臂的摇臂铰销上。在动臂下侧焊有动臂举升油缸活塞杆铰接支座，油缸活塞杆铰接在支座内的销轴上，销轴和铰接支座承受举升油缸的举升推力。

为保证装载机在作业过程中动作准确、安全可靠，在工作装置中常设有铲斗前倾、后倾限位、动臂升降自动限位装置和铲斗自动放平机构。

在铲装、卸料作业时，对铲斗的前后倾角度有一定要求，对其位置进行限制，铲斗前、后倾限位常采用限位块限位方式。后倾角限位块分别焊装在铲斗后斗臂背面和动臂前端与之相对应的位置上，前倾角限位块焊装在铲斗前斗臂背面和动臂前端与之相对应的位置上，也可以将限位块安装在动臂中部限制摇臂转动的位置上。这样可以控制前倾、后倾角，防止连杆机构超过极限位置而发生干涉。

②操纵系统。

ZL50装载机工作装置液压系统是一个优先开式系统，又称互锁油路。

铲斗和动臂处于闭锁位置，两个换向阀位于中位，此时油泵输出的油液通过换向阀直接返回油箱，油泵处于卸荷状态。转斗油缸换向阀是一个三位六通阀，它可以控制铲斗后倾、保持和前倾3个动作，被安置在动臂换向阀之前。当转斗油缸换向阀离开中位即切断了去动臂换向阀的通路，欲使动臂动作，必先使转斗油缸换向阀回到中位，因此，动臂与铲斗不能同时动作。在转斗油缸两腔都装有双作用安全阀，它的作用：一是在动臂的升降过程中，因工作装置的连杆不完全是平行四边形结构，使转斗油缸活塞，有可能被拉伸或受压，若换向阀又在中位，就有可能造成转斗油缸油压过高或者产生真空现象，因此必须及时泄压或少量补油；二是当动臂在最高位置向前倾卸载时，当铲斗重心已超过支点之后，铲斗和物料将靠自重迅速前倾拉动活塞，这时应大量补充油液，以免造成后腔真空。

动臂油缸换向阀是四位六通阀，可控制动臂提升、闭锁、下降和浮动，提升或下降速度是依靠改变换向阀阀口的开度进行调节的，当动臂上升或下降到极限位置时，换向阀亦有自动复位装置，以防损坏机件，可使空斗迅速下降。此外，在坚硬的地面上进行铲取物料或反向刮平作业时，亦需要铲斗在地面上浮动。安全阀是用来限制系统的压力的，当系统压力超过某一数值时，就自动打开泄压，保护液压系统不受损坏。

3.铲运机

（1）铲运机的用途和分类。

铲运机是一种能集铲土和运土于一体的土方工程机械。它一般被用来完成填筑路堤、开挖路堑、平整场地以及浮土剥离等工作。它的经济运距比推土机大。一般拖式铲运机的经济运距为 500 m，自行式铲运机的经济运距可达 1 500 m。

铲运机按卸土方式的不同，可分为自由卸土式、强制卸土式和半强制卸土式 3 种类型。

自由卸土式：当铲斗倾斜时，土靠其自重而卸出。这种卸土方式的缺点是土不易卸净（特别是黏性土壤）。但由于其结构较简单，卸土时所消耗的功率较小，故一般小型铲运机通常采用这种卸土方式。

强制卸土式：利用可移动的后斗壁将土壤从铲斗中强制向前推出，故卸土较干净。通常大、中型的铲运机都采用这种卸土方式。

半强制卸土式：靠斗底倾斜时土壤的自重和斗底连同后斗壁沿侧壁运动时对土壤的推挤作用共同将土卸出。它的优点介于自由卸土式和强制卸土式之间。

铲运机按运行方式的不同，可分为拖式和自行式两种。

拖式铲运机工作时需有牵引车来拖驶。使用较普遍的牵引车是履带式拖拉机。拖式铲运机的缺点是整机长度较长，故转弯半径较大。

自行式铲运机的牵引车一般为特制的轮胎车，因此，行驶速度高，机动性好，适用于运距较长的土方工程施工。

（2）铲运机的构造。

①铲斗车。

铲斗车由辕架、铲斗、尾架、单轴后轮和液压缸组成，采用液压操纵。辕架呈拱形，由立轴与牵引车的中央枢架相连。铲斗车与牵引车可以相对摆动 20°，以适应在不平地面上的作业。铲斗后壁可以前移，以实现强制卸土和铲斗的提升。下降和铲土依靠提斗液压缸，斗门的开闭依靠斗门液压缸，后壁强制卸土依靠卸土液压缸。3 组液压缸由泵经过多路换向阀驱动，操纵换向阀，可以实现铲斗强制铲土、斗门强制闭合和后壁强制卸土。

②牵引车。

牵引车采用液力传动，其变矩器为双导轮液力变扭器。变矩器泵轮和涡轮之间装有闭锁离合器，可直接输出动力。牵引车采用全液压整体转向，由转向液压缸和拉杆推动而转动。牵引车可以相对铲斗车左右转动 90°。

CL7 型铲运机的传动系统是发动机通过功率输出箱、液力变扭器、变速箱、减速器、传动轴、差速器和轮边减速器驱动单轴车轮旋转而带动牵引车走行。液力变扭器装有闭锁离合器，必要时由动力直接输出，不需变矩。变速箱采用液压换挡，能够随着铲运阻力的变化而自动调节机械的行驶速度。

CL7型铲运机适合于开挖Ⅰ～Ⅲ级土壤，运距为800~3 500 m的大型土方工程。如运距为800~1 500 m（经济运距），铲削时常用一台58.8~74 kW功率的履带式推土机或11.7 kW功率的轮胎式推土机助铲，一台助铲机可服务于3台铲运机。如运距为1 500~3 500 m时，一台助铲机可服务于5台铲运机。

采用优先油路，其优先供油的顺序是：铲斗油缸→斗门油缸→后斗壁油缸。这样当上游油缸工作，下游油缸就得不到油泵压力油，起到一定的连锁作用。

此液压系统还有以下特点：

A.分配阀采用气压操纵。

B.铲斗升降和斗门开闭的换向阀上都装有一个过载阀和两个补油止回阀。过载阀的作用是防止过载，补油止回阀的作用是当油缸中产生真空时自动补油。

C.铲斗升降油缸中装有快落阀。它是两位阀，由气压操纵。在气压作用下，快落阀处于铲斗油缸两腔相通位置。其作用是使铲斗快速下降，提高作业效率；另外，当操纵气压降低到规定值以下时（气压操纵系统出故障），铲斗会自动放下，起紧急制动作用。

D.后斗壁推移油缸采用串联布置的并联油缸，且一个油缸行程较短。开始卸土时两个油缸共同作用，卸土推力增加一倍，解决卸土开始时阻力大的问题；当油缸运动到头时，仅一个油缸工作，加快了卸土速度。

三、公路施工机械化

（一）概述

公路工程机械化施工是指在整个工程项目的施工过程中，按照施工工艺过程，把各个工序使用的机械设备和机具，按给定的参数（如生产率指标或其他参数）相互协调，综合配套，顺序衔接，保证施工的连续性，并合理地组织机械化施工。从而谋求工程进度最快，质量最好，机械性能和作用发挥最佳，使技术经济效益和社会效益均取得最好的成果。

公路工程采用机械化施工不仅可以保证工程质量，还可以加快进度，节约人力，改善劳动条件，实现安全、文明生产，提高经济效益。

在现代公路施工中，各项施工任务都是通过机械来完成的，机械作为主要生产手段，按一定的方式组织进行施工作业。由于施工机械的数量、种类和型号比较繁多，其结构和性能差异也很大，要保障这些机械在施工过程中能充分发挥它们各自的技术性能和效益，不断提高施工质量和生产效率，延长机械的使用寿命，降低工程成本，就必须根据工程性质、工程数量、施工工期等因素，合理地选择施工机械。

机械化施工的主要任务就是合理选择施工机械，组建施工机群，要求各种机械间有良好的协调性与配套性，充分发挥每台机械的生产效能。

（二）施工机械的选择和组合配套

为了使机械能更好地发挥效益和组合配套须遵循以下原则。

1. 机械选择原则

（1）所选的机械应适合工作的性质，适合施工对象的土质、场地大小和运输远近等施工条件，能充分发挥机械的效率。所选机械的生产能力，应满足施工强度的要求，施工质量应满足设计规范的要求。

（2）所选机械的技术性能是先进的，能满足现代施工的要求，具体表现在：机械设备的结构先进，生产效率高，操作可靠，构造简单，易于检修，安全舒适，环保性好，机动性好，便于转移工地。

（3）从经济效益上看，所选机械应与工程质量相适应。高性能的机械有较强的作业能力和较高的作业质量，但价格昂贵；低性能的机械作业能力低，但价格便宜。在选择时应根据具体情况而定，同时要注意机械的购置费和运转费，并通过技术经济比较，优选出生产率高、单位产品费用低的机械。

2. 施工机群的组合配套原则

（1）主要施工生产线上各种施工机械的生产能力，使用条件和配备的数量，均应协调一致，相互匹配。

（2）在一条生产线上，实现流水作业的组合机械的机种应尽量地少，组合机械的机种愈多，其作业效率愈低、组合的机种愈多，停工的概率就愈大。

（3）在组织机械化施工中，应组织几条生产线并列地进行施工，可避免组合机械中某一台机械发生故障，引起全面停工的现象。若有规格相同的两种机械设备，在一种机械发生故障时，可用"拆东补西"的办法修理应急。

（4）在组合机械中，应尽量选用型号性能相同的机械。这样既便于调度使用，又便于维修管理。

3. 选择施工机械的方法

机械的施工方案拟定和机械的选择是从分析单项工程的施工过程开始的，每项施工包括准备工作、基本工作和辅助工作。

在分析施工过程的基础上拟定施工方案，研究完成基本工作的机械，按照施工条件和工作面参数来选择主要机械，然后依据主要机械的生产能力和性能参数选择与其配套的组合机械。准备工作和辅助工作的内容依施工条件不同而有所差别，可以选用个别的机械，或选用配套的组合机械。将拟定的各种可能实施的施工方案进行技术经济比较，优选出最佳方案。

第五节　路基修整、检查验收与维修

一、路基修整与维修

路基修整应在路基工程陆续完毕，所有排水构造物已经完成并回填完毕之后进行。承包人应恢复各项标桩，按设计图纸要求检查路基的中线位置、宽度、纵坡、横坡、边坡及相应的标高等。根据检查结果，编制出整修计划。整修工作应在检查结果及整修计划经监理工程师核查与批准后方能动工。土质路基应用人工或机械刮土或补土的方法整修成型。深路堑边坡整修应按设计要求的坡度，自上而下进行刷坡，不得在边坡上以土贴补。在整修需加固的坡面时，应预留加固位置。当填土不足或边坡受雨水冲刷形成小冲沟时，应将原边坡挖成台阶，分层填补，仔细夯实。如填补的厚度很小（100~200 mm），而又是非边坡加固地段时，可用种草整修的方法以种植土来填补。土质路基表面做到设计标高后应采用平地机或推土机刮平，铲下的土不足以填补凹陷时，应采用与路基表面相同的土填平夯实。

石质路基表面应用石屑嵌缝紧密、平整，不得有坑槽和松石。修整的路基表层厚 150 mm 以内，松散的或半埋的尺寸大于 100 mm 的石块，应从路基表面层移走，并按规定填平压实。边沟的整修应挂线进行。对各种水沟的纵坡（包括取土坑纵坡）应用仪器检测，修整到符合图纸及规范要求。各种水沟的纵坡，应按图纸及规范要求办理，不得随意用土填补。填土路基两侧超填的宽度应予切除，如遇边坡缺土时，必须挖成台阶，分层填补夯实。在路面铺筑完成后或铺筑时，应立即填筑土路肩，同时按设计要求进行加固。路基整修完毕后，堆于路基范围内的废弃土料应予清除。路基工程完工后路面未施工前及公路工程初验后至终验前，路基如有损毁，承包人应负责维修，并保证路基排水设施完好，及时清除排水设施中的淤积物、杂草等。对中途停工较长时间和暂时不做路面的路基，亦应做好排水设施，复工前应对路基各分项工程予以修整。路基工程完成后，每当大雨、连日暴雨或积雪融化后，应控制施工机械车辆在土质路基上通行；若不可避免时，应将碾压的坑槽中的积水及时排干，整平坑槽，对修复部分重新压实。

二、检查验收与质量标准

土质路基验收标准如下：填土经压实后，不得有松散、软弹、翻浆及表面不平整现象；凡有影响路基质量及设计要求换土的路段，必须选点抽查，挖坑检验。坑深至 0.8 m，如发现不合格，必须重新处理；各类沟槽的回填土不得含污泥、腐殖土及其他有害物质；土质路基的压实度必须满足规范要求。检验频率：每摊铺层每 1 000 m² 为一组，每组至少为三点，必要时可根据需要加密。检验方法可用环刀法或灌砂法。

第三章 石质路基施工

第一节 填石路堤施工

填石路堤是指用挖方路段的石方弃渣或其他来源的石料填筑的路堤，它的填料性质、填筑方法、压实标准及边坡的防护等与土质路堤有很大差异。

一、填料的选择

用于填石路堤的石料强度不应小于 15 MPa，用于护坡的石料强度不应小于 20 MPa，填料最大粒径不宜超过分层压实厚度的 2/3。石料性质差异较大时，不同性质的石料应分层或分段填筑。若所利用的路堑挖方或隧道弃渣岩石为不同岩种互层时，允许使用挖出的混合石料填筑，但石料强度、粒径应符合要求。暴露在大气中风化速度较快的石块不应做填石路堤的填料，必须用这种强风化石料或软质岩石填筑路堤时，应先检验其 CBR 值是否符合土质路堤的填土质量要求，CBR 值符合要求的按土质路堤相关技术要求进行填筑，不符合要求的不得使用。高速公路和一级公路填石路堤路床顶面以下 50 cm 范围内用符合路床要求的土填筑，土的最大粒径不得超过 10 cm，分层压实。其他公路填石路堤路床顶面以下 30 cm 范围内用符合路床要求的土填筑，填料粒径不大于 15 cm。

二、填筑工艺

填石路堤的基底处理与土质路堤相同。高速公路、一级公路和铺设高级路面的其他等级公路的路堤应分层填筑、分层压实。在陡峻的山坡路段，当施工难度较大或大量爆破移挖作填时，二级及二级以下公路、铺设中低级路面的公路路堤下部可采用倾填方式填筑,但路床底面以下不小于 100 cm 范围内应改为水平分层填筑、分层压实。为保证路堤边坡的稳定性,倾填前应先用粒径不小于 30 cm 的硬质石料码砌路堤边坡。路堤高度在 6 m 以下的,码砌宽度不应小于 100 cm;路堤边坡高度超过 6 m 时,码砌宽度不应小于 200 cm。

高速公路和一级公路填石路堤填料的分层松铺厚度不大于 50 cm,其他公路不大于 100 cm。分层填筑时,应先安排好石料运输路线,按既定施工组织方案先低后高、先两侧后中央卸料,并用大型推土机水平分层,摊铺平整,个别不平处用人工以细石块、石屑找平。当填料级配较差、粒径较大、填层较厚、石块间空隙较大时,为保证填石路堤的强度和稳定性,在水源丰富的条件下可采用水沉积法填筑路基,即将石渣、石屑、中粗砂等扫入石块间空隙中,用压力水将这些细料冲入填料层下部,如此反复数次,使石料空隙填满。用人工铺筑粒径大于 25 cm 的石料时,应先铺大块石料,块石大面向下,小面向上,摆平放稳,再用小石块找平,石屑塞缝,最后压实。人工铺筑粒径小于 25 cm 的石料时,可直接分层铺填、分层压实。

三、压实及质量控制

填石路堤应使用工作质量 12 t 以上的振动压路机压实。当缺乏振动压路机时,可采用重型静载光轮压路机碾压并减薄分层厚度、减小石料粒径。适宜的压实厚度应通过试压确定,但最大厚度不超过 50 cm。若采用重型振动压路机压实,压实厚度可加至 100 cm。压路机碾压时应先压路堤两侧,后压中间部分;压实路线沿纵向保持平行,反复碾压,碾压轮迹重叠 40~50 cm;前后相邻施工段的衔接处应重叠碾压 100~150 cm。用夯锤夯实时应呈弧状布点,达到规定密实度后向后移动一个夯锤位置。

填石路堤压实到要求的密实度所需碾压(夯实)遍数应通过试压确定。石料的紧密程度用 12 t 以上振动压路机进行压实检验,若压实层顶面稳定,不再下沉,表面无轮迹,可判定为已碾压密实。用重型夯锤夯实时,以重锤下落时不下沉而发生弹跳现象为达到密实度要求。高速公路及一级公路填石路堤路床顶面以下 50 cm(其他公路为 30 cm)范围内的压实度要求与土质路堤相同。

第二节　石质路堑开挖

由于岩石坚硬，石质路堑的开挖往往比较困难，这对路基的施工进度影响很大，尤其是工程量大而集中的山区石方路堑更是如此。因此，采用何种开挖方法以加快工程进度，是石质路堑开挖需要解决的重要问题。通常，应根据岩石的类别、风化程度、节理发育程度、施工条件及工程量大小等选择爆破法、松土法或破碎法进行开挖。

一、爆破法开挖

爆破法是利用炸药爆炸的能量将土石炸碎以利挖运或借助爆炸能量将土石移到预定位置。用这种方法开挖石质路堑具有工效高、速度快、劳动力消耗少、施工成本低等优点。对于岩质坚硬，不可能用人工或机械开挖的石质路堑，通常要采用爆破法开挖。爆破后用机械清方是非常有效的路堑开挖方法。

根据炸药用量的多少，爆破法分为中小型爆破和大爆破，其中使用频率最高的是中小型爆破，大爆破的应用则受多种因素的限制。例如，开挖山岭地带的石方路堑时，若岩层不太破碎，路堑较深且路线通过突出的山嘴时，采用大爆破开挖可有效提高施工效率。但如果路堑位于页岩、片岩、砂岩、砾岩等非整体性岩体时，则不应采用大爆破开挖。尤其是路堑位于岩石倾斜朝向路线且有夹砂层、黏土层的软弱地段及易坍塌的堆积层时，禁止采用大爆破开挖，以免对路基稳定性造成危害。

爆破对山体破坏较大，对周围环境也有较大影响，因此必须按有关施工规范和安全规程进行作业，严格按设计文件实施。通常应做试爆分析，用试爆分析结果作为指导施工的依据。

二、松土法开挖

松土法开挖是充分利用岩体的各种裂缝和结构面，先用推土机牵引松土器将岩体翻松，再用推土机或装载机与自卸汽车配合将翻松的岩块运输到指定地点。

松土法开挖避免了爆破作业的危险性，而且有利于挖方边坡的稳定和附近建筑设施的安全，凡能用松土法开挖的石方路堑，应尽量不采用爆破法施工。随着大功率施工机械的使用，松土法愈来愈多地被应用于石质路堑的开挖，而且开挖的效率也愈来愈高，能够用松土法施工的范围也不断扩大。

松土法开挖的效率与岩体破裂面情况及风化程度有关。岩体被破碎岩石分隔成较大块体时，松开效率较高。当岩体已裂成小石块或呈粒状时，松土只能劈成沟槽，效率较低。砂岩、石灰岩、页岩等沉积岩有沉积层面，是比较容易松开的岩石，沉积层愈薄愈容易松开。片麻石、石英岩等变质岩，松开的难易程度要视其破裂面发育程度而定。花岗岩、玄武岩、安山岩等岩浆岩不呈层状或带状，松开比较困难。

多齿松土器适用于松动较破碎的薄层岩体，单齿松土器则适用于松动较坚硬的厚层岩体。松土器型号及松土间隔应根据岩石的强度、裂隙情况、推土机功率等选择，最好通过现场松土器劈松试验来确定。遇到较坚硬的岩石，松土器难以贯入，引起推土机后部翘起或履带打滑时，可用另一台推土机在松土器后面顶推。坚硬完整的岩石难于翻松，可进行适当的浅孔松动爆破，再进行松土作业。

三、破碎法开挖

破碎法开挖是利用破碎机凿碎岩块，然后进行装、运等作业。这种方法是将凿子安装在推土机或挖土机上，利用活塞的冲击作用使凿子产生冲击力以凿碎岩石，其破碎岩石的能力取决于活塞功率的大小。破碎法主要用于岩体裂缝较多、岩块体积小、抗压强度低于 100 MPa 的岩石。由于开挖效率不高，只能用于前述两种方法不能使用的局部场合，作为爆破法和松土法的辅助作业方式。

以上三种开挖方法各有特点，应视施工条件合理选用。

第三节　坡面防护工程施工

路基石质较差时，会在雨水、风力、气温变化、冰冻等自然因素的作用下出现风化、剥落、掉块等病害，严重时则会出现较大的溜方、变形、坍塌等破坏，因此应采取一定的技术措施保护路基边坡。一般应根据当地气候、水文、地形、地质条件及筑路材料分布情况等因地制宜地选择切实可行的防护措施。石质路基的防护设施主要有抹（捶）面、喷浆、喷射混凝土、护面墙、干（浆）砌片石护坡、浆砌水泥混凝土预制块等。防护工程施工前，应将坡面上的杂质、浮土、松动石块及表面风化层清除干净。当坡面有潜水出露时，应做引水或截水处理。

1. 抹面与捶面

抹面是用人工将水泥砂浆或多合土等材料抹覆在坡面上以封闭边坡，从而对坡面起保护作用。抹面适用于尚未严重风化的软质岩石边坡，边坡坡度可不受限制，但坡面应干燥。抹面的使用年限为8~10年，厚度为3~7 cm，施工时应分两次进行，底层抹全厚的2/3，面层抹全厚的1/3。

捶面是将多合土等材料经捶击、拍打后紧贴于坡面上，形成一紧密的保护层以保护路基边坡。捶面适用于易风化剥落的岩石边坡及土质边坡，边坡坡度不陡于1∶0.5。捶面的使用年限为10~15年，厚度为10~15 cm，一般采用等厚式截面，当边坡较高时可采用上薄下厚的截面形式。施工时应均匀捶打使多合土与坡面贴紧、粘牢，做到厚度均匀，表面光抹（捶）面的面积较大时，应设伸缩缝，缝距不超过10 m，缝宽1~2 cm；与未防护边坡接触的四周应严密封闭，坡脚设置一道1~2 m高的浆砌片石护墙。抹（捶）面在施工前应将坡面清理干净，表面要平整、密实、湿润。用于抹（捶）面的砂浆或多合土应经过试抹或试捶后确定配合比，保证能稳固地紧贴于坡面。

2. 喷浆及喷射混凝土

喷浆及喷射混凝土是用喷射设备将水泥砂浆或混凝土喷射在需防护的边坡上形成砂浆或混凝土保护层，防止边坡风化。这两种方法适用于易风化、裂隙和节理发育、坡面不平的岩石边坡。对于高且陡、上部岩层较破碎而下部岩层较完整的边坡及需要大面积防护的边坡，用这种方法防护比较经济。

喷浆防护所用的砂浆强度不应低于M10，厚度为5~10 cm。喷射混凝土强度不应低于C15，混凝土中集料最大粒径不超过15 mm，厚度为10~15 cm，分2~3次喷射，喷层厚度应均匀。喷浆及喷射混凝土护坡与未防护边坡的衔接处应严格封闭，以免水分渗入而造成防护层破坏，坡脚做一道1~2 m高的浆砌片石护坡。

喷浆及喷射混凝土施工前，岩体表面应冲洗干净，边坡上如有较大裂缝及凹坑时应嵌补牢固。在准备喷射混凝土的边坡上放置菱形金属网或高强聚合物土工格栅，用锚杆或锚钉将其固定在边坡上，可提高混凝土防护层的整体强度，增强喷射混凝土与边坡之间的连接，改善防护效果。将锚杆嵌入岩体时，应先将孔内冲洗干净，再插入锚杆，然后灌注水泥砂浆。菱形金属网或土工格栅与锚杆的连接应牢固可靠，不得外露，并与坡面保持规定的间距。严禁在大雨中或冰冻季节进行喷射作业。喷射后养护 7~10 d。

3. 灌浆及勾缝

坚硬的岩石边坡开挖后，应用水泥砂浆或混凝土对存在的裂隙做灌浆或勾缝处理，以免水分渗入岩石裂隙造成病害，改善边坡外观。灌浆适用于较坚硬而裂缝较大较深的岩石路堑边坡；勾缝则适用于较硬、不易风化、节理发育、裂缝多而细的岩石路堑边坡。

对岩体坡面进行灌缝或勾缝时，应先将缝内冲洗干净。灌浆用水泥砂浆的配合比为 1∶4 或 1∶5，裂缝很宽时可用体积比为 1∶3∶6 或 1∶4∶6 的混凝土灌注并振捣密实，灌至缝口并抹平。勾缝时用 1∶2 或 1∶3 的水泥砂浆或 1∶0.5∶3 或 1∶2∶9 的水泥石灰砂浆。施工后坡面应平整、密实、线形顺适。

4. 护面墙

护面墙能防治比较严重的坡面变形，适宜于易受侵蚀的土质边坡和易风化的软质岩石挖方边坡。护面墙可用片石、块石、混凝土预制构件以砂浆砌筑，也可采用现浇混凝土。砌筑砂浆强度不应低于 M5，寒冷地区不应低于 M7.5；混凝土强度不应低于 C15。护面墙基础应设置在稳定的地基上，埋深应根据地质条件确定，在冰冻地区应设置在冰冻线以下不小于 0.25 m，墙趾应低于边沟铺砌的底面。护面墙可分为实体式、窗孔式及拱式等类型，应根据边坡地质条件合理选用。实体式护面墙适宜防护坡度不陡于 1∶0.5 的边坡；窗孔式护面墙防护的边坡不应陡于 1∶0.75，窗孔内可采用干砌片石、草皮等辅助防护。窗孔宜采用半圆拱形，圆拱半径 1.0~1.5 m，高 2.5~3.5 m，宽 2~3 m。单级护面墙高度不宜超过 10 m，顶宽一般为 40~60 cm，底宽为顶宽加 0.1~0.2 倍墙高。护面墙每隔 10~15 m 应设一道 2 cm 宽的伸缩缝，并每隔 2~3 m 交错布设泄水孔，孔径 0.1 m。

5. 浆砌片石护坡

浆砌片石护坡常用于石料丰富、劳动力价格较低的地区。所用砂浆的强度等级不应低于M5，砌体厚度宜为25~50 cm，每隔10~15 m设置一道2 cm宽的伸缩缝，间隔2~3 m设置10 cm×10 cm的矩形泄水孔或孔径10 cm的圆形泄水孔，泄水孔后设置反滤层。需防护的边坡坡体应稳定、干燥，必要时设置粒料类垫层，以防因边坡过分潮湿、严重冻害而使护坡变形。

第四节　路基石方爆破

一、爆破原理

利用炸药爆炸的能量，将岩体破碎或将岩块抛移到预定位置的施工方法即为爆破法，是开挖石质路堑最有效的方法之一。爆破所使用的炸药称为药包，放置在岩体内部或外部，根据药包的形状和集结程度的不同，分为集中药包、延长药包和分集药包三种。药包爆破岩石的原理，可假定药包在无限介质（岩体）内爆炸，炸药在瞬间转化成气体状爆炸产物，体积增加数千倍乃至上万倍，形成高温高压，产生的冲击波以每秒数千米的速度自药包中心按球面等量扩展，传递到周围介质，在介质内产生各种不同程度的破坏和振动作用，这种作用随距药包中心距离的增大而逐渐消失。按介质被破坏程度的不同，药包爆炸影响的范围可分为四个区，如图3-1所示。

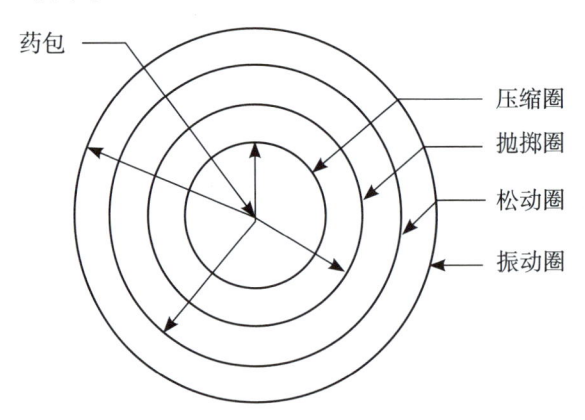

图3-1　药包爆炸影响范围

压缩圈：在此作用圈范围内，介质直接承受药包爆炸产生的巨大作用力。若介质为坚硬的脆性岩石则会被爆炸能量粉碎，若介质为可塑性土则会被压缩而形成空腔。以 $R_\text{压}$ 为半径的球形区称为压缩区。

抛掷圈：该区的介质原有结构将受到强烈冲击而破裂成碎块，且爆炸力尚有足够能量使这些碎块获得运动速度。若药包在有限介质内，这些碎块的一部分会向临空面（自然地面）方向抛掷出去。

松动圈：在松动区内的介质会受到一定程度的破坏，但不会产生较大的位移。

振动圈：振动区内的介质不会受到破坏而只会产生振动现象。在振动区以外，爆破作用的能量将逐渐消失。

药包在有限介质内爆炸后，在临空面的表面会出现一个爆破坑，一部分被炸碎的土石将被抛出坑外，一部分仍回落到坑底，爆破坑形状好像漏斗一样，故称爆破漏斗。爆破漏斗的形状和大小，既与药包量大小、炸药性能、介质类别有关，又与临空面的数量和所处边界条件有关。

二、常用爆破方法

爆破方法一般分为中小型爆破和大爆破。中小型爆破包括裸露药包法、炮孔法（钢钎炮、深孔炮）、药壶法（葫芦炮）、猫洞炮等。大爆破为洞室炮，炸药用量在 100 kg 以上。应根据工程量的大小和集中程度、地形、地质及路基横断面形式等因素确定经济适用、安全可靠的爆破方法。

（一）中小型爆破

1. 裸露药包法

裸露药包法是将药包放置在被炸岩石表面或经过清理的石缝中，药包表面用草皮、泥土或橡胶条网覆盖后进行爆破。由于炸药利用率低，这种方法仅限用于爆破孤石或大块岩石的二次爆破。

2. 炮孔法（钢钎炮）

炮孔法的炮孔直径小于 7 cm，深度小于 5 cm。由于炮孔浅，用药量少，每次爆破的石方量不大，在路基石方工程量大而集中时，很少采用这种方法。但这种爆破方法操作简单、机动性好、耗药量少，在工程分散、石方量少及地形艰险地段时仍是比较适宜的炮型。在大规模爆破工程施工中是一种改造地形、为其他爆破方法创造临空面的辅助爆破方法。炮孔法的炮孔深度根据岩石坚硬程度确定，通常等于要炸去的阶梯高度，可按下式计算。

$$L=CH$$

式中：L——炮孔深度，m；

H——爆破岩石的厚度或阶梯高度，m；

C——系数，坚石为1.0~1.15，次坚石为0.85~0.95，软石为0.7~0.9。

当采用成排炮孔进行爆破时，同排炮孔的间距应根据岩石类别、节理发育程度等参照下式确定。

$$a=BW$$

式中：a——炮孔间距，m；

W——最小抵抗线，m；

B——系数，采用电雷管起爆为0.8~2.3。

当采用群炮爆破时，炮孔应按梅花状布置，炮孔排距约为同排炮孔间距的0.86倍。各炮孔的装药长度一般为炮孔深度的1/3~1/2，特殊情况下不得超过2/3。对于松动爆破或减弱松动爆破，装药长度为炮孔深度的1/4~1/3。

3. 深孔爆破

深孔爆破的炮孔孔径大于7.5 cm，深度超过5 m，使用延长药包爆破，炮孔施工需要用大型凿岩机或钻孔机。这种爆破方法装药量大，一次爆破量大，施工进度快，爆破效率较高，对路基边坡稳定性的影响比大爆破小，爆破效果容易控制，比较安全。但这种方法需要使用大型机械，施工准备和转移工地比较困难。因此，多用于石方工程量大而集中的工地。深孔爆破后仍有10%~25%的大石块需进行二次爆破以方便清方。进行深孔爆破时，要先将地面修成阶梯状，坡面倾角 α 最好为60°~75°，高度宜为5~15 m；炮孔垂直向下，也可倾斜，孔径以100~150 mm为宜；炮孔超钻深度 h 大致是梯段高度 H 的10%~15%，岩石坚硬者 h 取大值。

4. 药壶法（葫芦炮）

药壶法俗称葫芦炮，钻孔时经一次或多次烘膛后扩大成葫芦形，爆破时先将少量炸药装入炮孔底部，这样炸药将基本集中于炮孔底部的药壶内，使爆破效果大大提高。药壶法炮孔深度常为 5~7 m，装药量 10~60 kg，适于开挖均匀致密的黏土（硬土）、次坚石、坚石。但对于炮孔深度小于 2.5 m、节理发育的软石、地下水较发育或在雨季施工时不宜采用。

药壶炮每次可炸岩石数十方到百余方，是中小型爆破中最省炸药的方法。一般布置在有较大较多临空面、地面横坡较陡的地段，但不宜靠近设计边坡布设，药室至设计边坡线的水平距离不宜小于最小抵抗线。炮孔烘膛后应将药室内的碎渣淘尽。

药壶法爆破的炸药用量按下式计算：

$$Q=KW^3$$

式中：Q——炸药用量，kg；

K——单位体积岩石的炸药消耗量，kg/m³；软石为0.26~0.28，次坚石为0.28~0.34，坚石为0.34~0.65；

W——最小抵抗线，一般为阶梯高度，m。

单排群炮用电雷管起爆时，每排内药包间距为

$$a=(0.8~1.0)W$$

式中：a——每排内药包间距，m；

W——相邻两炮孔间最小抵抗线的平均值，m。

采用多排群炮时，各排间的药包间距为

$$b=1.5W$$

当炮孔布置成三角形时，上下层药包间距为

$$a=W_下$$

式中：$W_下$——下层药包的最小抵抗线，m。

5. 猫洞法

猫洞法是将集中药包放入直径为 20~50 cm、深度为 2~6 m 的水平或略微倾斜的炮洞底部进行爆破。这种方法的特点是充分利用岩体的崩坍作用，能用较浅的炮洞爆破较高的岩体，适用于硬土、胶结良好的古河床、冰渍层、软石和节理发育的次坚石等，还可以利用坚实的裂隙形成炮洞或药室进行爆破。猫洞法爆破的炮洞深度应与台阶高度和自然地面横坡相配合，遇高阶梯时应布置多层药包。炮洞可根据岩土类别，分别采用浅眼烘膛、深孔烘膛和内部扩眼等方法

形成。

6. 微差爆破

微差爆破是指相邻两个药包或前后排药包以数十毫秒的时间间隔（一般为 15~75 ms）依次爆破。微差爆破的特点是在装药量相等的条件下，可减震 1/3~2/3 左右；前发药包为后发药包开创临空面，从而加强了对岩石的破碎作用，同时可降低岩石堆集高度以利清方。由于是依次爆破，减少了岩石夹制力，可节省 20% 的炸药，并可增大孔距，提高每米钻孔的爆破方量。

7. 光面爆破和预裂爆破

光面爆破是在开挖界面周边，适当排列一定间隔的炮孔，在有侧向临空面的情况下，用控制抵抗线和落量的方法使爆破后的坡面顺直、平整。预裂爆破是在开挖界限处按适当间距排列炮孔，在没有侧向临空面和最小抵抗线的情况下，用控制用药量的方法，预先炸出一条裂隙，使拟爆破岩体与山体分离，作为隔震减震带，从而消除和减弱开挖界面以外山体或建筑物受爆破震动的破坏作用。进行光面与预裂爆破后，在边坡壁上通常会均匀留下半个炮孔的痕迹。进行光面爆破或预裂爆破时，应严格保持炮孔在同一平面内，炮孔间距 a 和最小抵抗线 W 之比应小于 0.8。采用恰当的药包结构，并控制装药量，通常使炮孔直径大于药卷直径 1~2 倍，或采用间隔药包、间隔钻孔装药。预裂爆破的起爆时间应在主炮起爆之前，光面爆破则在主炮起爆之后，间隔时间在 25~50 ms 范围内。同一排炮孔必须同时爆破，以免影响爆破质量，最好用传爆线起爆。

（二）大爆破

大爆破为洞室爆破，具有威力大、效率高、节约劳力等优点。但若使用不当，则会破坏山体自然平衡，产生意外坍方，还可能在路基建成后遗留后患，长时间影响路基的正常使用。在地质不良地段，如滑坡体、断层破碎带、周围有重要建筑物及人烟稠密的城镇附近等条件下不宜采用大爆破。为了达到使路基设计断面内的岩体被大量抛掷（抛坍）出、减少爆破后的清方工作量、保证路基稳定性等目的，应根据施工地段的地形和地质条件，采用合适的爆破形式并进行爆破设计。采用大爆破施工，应按规定程序向公安部门报告，经审核批准后方可实施。大爆破分为以下几种。

1. 抛掷爆破（扬弃爆破）

（1）平坦地形的抛掷爆破。

此方法适用于平坦地形或自然地面坡度小于15°的地段，如平地拉槽路堑。石质为软石时，为使石方大量扬弃到路基两侧，通常要采用加强抛掷爆破，抛掷率在80%左右。但这种爆破方法耗药量很大，爆破很容易造成路堑边坡稳定性不能满足要求，因此在路基工程中很少被采用。

（2）斜坡地形的抛掷爆破。

这种方法适用于自然地面坡度为15°~50°、岩体较松软的路段。可用于具有较大临空面的傍山深路堑及半填半挖路基，爆破时石块向较低方向抛掷，设计抛掷率一般为60%左右。这种爆破方法耗药量较大，对路堑边坡稳定性影响较大，应慎重选用。

2. 抛坍爆破

这种爆破方法适用于地面横坡大于30°、地形地质条件较单一、临空面大的半填半挖路基。爆破时充分利用了岩体本身的自重滑坍作用，使爆破效果得以提高，对路堑边坡影响较小，是一种有效的爆破方法。

3. 定向爆破

定向爆破是利用炸药爆炸能量将大量土石方按预定方向搬运到指定位置并形成路堤的一种爆破方法。这种方法能将挖、装、运、填等各工序同时完成，施工效率极高。在路基施工时适用于借方作填或移挖作填的地段，特别适用于深挖高填相间、工程量大的鸡爪形地段的路基。但定向爆破对地形条件要求很严，工程实践中并不多见。

4. 松动爆破

大型松动爆破主要用于不宜采用抛掷爆破的次坚石、软石路基或配合机械清方的路段。在坚石中，宜采用深孔松动爆破。

5. 多面临空地形爆破

路线通过波浪起伏的峡谷或鸡爪地形地段、横切山包或山嘴时，常有两个以上的临空面，对实施爆破很有利。由于山包或山嘴的石质较周围岩体坚固完整，爆破后可获得较陡而稳定的边坡。

大爆破是一种工效较高的路堑开挖方法，但同时也具有较大的破坏性，在下列工程地质条件下不宜进行大爆破：岩堆、滑坡体、坡顶上部堆积的覆盖层较厚且倾向路基等不良地质地段；断层破碎带、侵入体与围岩的接触带，以及具有引起坍方的地质软弱地段；当软弱面通过路基上方或下方时，爆破后不易形成路基的地段；层理面、滑动面以及其他构造软弱面倾向路基且层面胶结不良的地段；山脊较薄、山后有良好临空面，爆破会使整个山头破坏、造成坍方的地段。

此外，对周围环境应予以考虑，如有良田、果树、重要建筑物等，在无法确保其安全时，不宜采用大爆破。

（三）选用各种爆破方法的原则

上述爆破方法各有特点，应因地制宜、利用地形地质等客观条件，充分发挥各种爆破方法的优势，尽可能地综合使用各种爆破方法，达到爆破方量大、炸药用量少、路基边坡稳定的最佳效果。选用爆破法应按以下原则进行。

1. 全面规划，重点设计

对拟爆破的路基石方，应根据工程量大小和集中程度、微地形变化、横断面形式以及地质条件所允许的爆破规模等，结合各种爆破方法的特点进行全面规划，合理确定各地段应采用的爆破方法和实施方案。对石方较集中的地段应进行重点设计。

2. 做好爆破顺序设计

前期进行的爆破应为后续的爆破创造条件，增加临空面，提高爆破效益。

3. 综合利用小炮群，进行分段或分批爆破

一般有以下几种情况。

（1）斜坡地形的半填半挖路基，可采用沿路线纵向布置的一字排炮进行开挖。对于自然地面坡度较缓的地形，可先用炮孔炮切脚，改造地形后再用一字排炮。

（2）路线横切山坡时，可用炮孔炮三面切脚，改造地形后，再在中间用药壶炮进行爆破。

（3）对于路基较宽、阶梯较高的地形，可采用上下互相配合的小炮群。

（4）对拉沟路堑，从两头开挖时，可采用竖眼揭盖、水平炮扫底的梅花状方式布置炮孔。

（5）爆破后采用机械清方的挖方作业，如遇坚石，采用眼深 2 m 以上的炮

孔炮组成20~40个的多排多层群炮或深孔炮进行爆破，可使岩石破碎程度满足清方要求。此外，采用微差爆破和间隔爆破也容易满足清方的要求。若遇软石或节理发育的次坚石，可采用松动爆破。

三、炸药、起爆器材及起爆方法

用于爆破作业的各种炸药应性质稳定，质量可靠；起爆器材应便于安全操作，引爆效果好；起爆方法应根据需要合理选用。

1. 炸药

（1）炸药的性质。

炸药是一种化学性质不稳定的物质，其化学成分大都含有碳、氢、氧、氮等元素，在外力冲击、摩擦、挤压下易发生爆炸，爆速高达每秒几千米，爆温高达1 500~4 500 ℃，压力超过 1.01×10^7 kPa，因此，炸药爆炸具有非常大的破坏力。炸药的性质用以下指标描述。

①炸药的威力。一般用暴力和猛度来衡量。爆力是指炸药破坏一定量介质的能力。猛度是指炸药爆炸时，将一定量岩石粉碎成细块的能力。

②炸药的敏感度。指炸药在外能作用下发生爆炸的难易程度，包括爆燃点、撞击敏感度、摩擦敏感度和起爆敏感度。炸药的敏感度受其密度、湿度、粒度和杂质含量等的影响。

③炸药的安全性。指炸药在长期储存时，保持原有物理、化学性质不变的性能。影响物理安全性的因素主要是吸湿、结块、挥发、耐冻、耐水性质，影响化学安全性的因素则是自身的化学性质。

（2）炸药的种类。

按用途的不同，炸药分为起爆炸药和主要炸药两类。

起爆炸药用于制造雷管，是一种起爆速度较高的炸药。起爆炸药又可分为正起爆炸药和负起爆炸药，正起爆炸药具有很高的热能和机械冲击敏感性，它起爆负起爆炸药；负起爆炸药增强了雷管的起爆能量。

主要炸药是用来爆破介质的炸药，其敏感度较低，要在起爆炸药爆炸的强力冲击下才能爆炸。路基施工常用的主要炸药有黑火药、TNT、胶质炸药、硝铵炸药、铵油炸药及浆状炸药等。各种炸药的性质有较大差异，其适用性亦不同，使用时应根据工程实际合理选用。

2.起爆器材

道路施工时常用的起爆器材是雷管,按引爆方式不同可分为火雷管和电雷管两种。

火雷管亦称普通雷管,用导火索引爆,按其装药量的多少编号,常用的6号雷管相当于1g雷汞的装药量。

电雷管由电流引爆,按其起爆时间可分为即发型和迟发型。即发型电雷管同时点火同时起爆;迟发型电雷管同时点火,但不同时起爆,按其推迟起爆时间长短可分为2 s、4 s、6 s、8 s、10 s、12 s数种。采用电雷管起爆时,电源电流不小于1 A,也不应大于5 A。

3.起爆方法

(1)导火索起爆。

这种方法是先将导火索点燃,引爆火雷管,从而起爆主炸药。所用导火索应燃烧完全,燃速稳定,根据使用要求选用不同燃速的导火索。导火索与雷管应联结紧密,符合要求。导火索在使用前必须做外观检查,不得有表面破损、折断、曲折、沾有油脂及涂料不均匀等情况,并应做燃速试验。

(2)电起爆。

这种方法是通过电起爆网路使电雷管在接通电流时点火器点火,引爆电雷管。产生电流的电源可用于电池组、蓄电池或专用小型手摇发电机、起爆器等。

(3)传爆线起爆。

这种方法是由传爆线组成的传爆网路与药包按串联、并联或并串联的方式联结,然后起爆传爆线以实现药包起爆。传爆线又称导爆线,其爆速很高,但着火困难,使用时必须在药室外的一段传爆线上捆扎一个8号雷管来引爆,因此是一种十分安全的起爆方法。由于传爆线爆速快,在大爆破的药室中可提高爆破效果。

(4)塑料导爆管非电起爆。

这种方法是由内涂引爆炸药的塑料导爆管组成的起爆网路与药包联结,通过雷管、导火索、引火头等能产生冲击作用的引爆器材激发导爆管,从而起爆药包。导爆管本身很安全,可作为非危险品贮运。一个8号雷管能激发30~50根导爆管,效率较高。这种方法具有抗杂电、操作简单、安全可靠、成本较低等优点。

四、爆破作业

1. 施爆区管理

需要进行爆破作业的路段，应先进行空中线缆的平面位置及高度、地下管线的平面位置及埋置深度的详细调查。同时，还要调查开挖边界线以外的建筑物结构类型、完好程度、距开挖界面距离等，作为进行爆破方法选择和爆破设计的依据。任何方式的爆破，都要保证空中线缆、地下管线和施爆区边界内建筑物的安全。

2. 炮孔位置选择与钻孔

炮孔位置选择应注意以下几点。

（1）炮孔设计应充分考虑岩石的产状、类别、节理发育程度、溶蚀情况等，炮孔药室应避开溶洞和大的裂隙。

（2）避免在两种硬度相差较大的岩石交界面上设置炮孔、药室。

（3）非群炮的单炮或数次施爆，炮孔宜选在抵抗线最小、临空面较多且与各临空面距离大致相等的位置，同时为下次布设炮孔创造更多的临空面。

（4）应根据地形、岩石类别、炮型等确定群炮孔间距，炮孔位置应准确。群炮宜分排或分段采用微差爆破。

（5）炮孔方向宜与岩石临空面大致平行，一般按岩石外形、节理、裂隙等情况，分别选择正炮孔、斜炮孔、平炮孔或吊炮孔。

钻孔作业分人工钻孔和机械钻孔两种。人工钻孔操作简单，工具简便，但效率低，适宜于工程量较小、工期要求不严的石质路堑开挖；当工程量大、工期紧时，应采用风钻和潜孔钻等机具钻孔。炮孔钻成后，应将其中的石粉、石渣或泥浆清除干净并将孔口塞好。

3. 爆破器材的检查与试爆

为保证施工安全，爆破器材在使用前应进行安全检查，不符合施工要求的变质器材不得使用；炸药的名称、规格应与实际相符，有怀疑时应做性能试验；各种炸药的含水量应符合以下要求：黑火药不大于1%，硝铵炸药不大于3%，铵油炸药不大于5%；雷管应符合规定的性能要求，外形完整，加强帽无脱落变形，无药粉漏出；火雷管的发火处不得有铜锈，必要时做试爆鉴定；导火索和传爆线应做燃速试验，其燃速应稳定一致，否则不能在群炮中使用。

4. 装药、堵塞与引爆

（1）装药。

往炮孔内装填炸药是一项细致而危险的工作，必须由经过专业培训的人员操作。装药时无关人员应撤离危险区，装药现场严禁火源、电源。装药与堵塞炮孔应连续而快速地进行，避免炸药受潮而降低威力。不得在雨雪、大风、雷电、浓雾天气及黑夜装药；不得使用铁器装填散装的黑火药，可用木片或竹片将药装入孔中，再将导火索插入，用木棍轻轻捣实。可使用散装黄色炸药装填炮孔，也可将包装成条状药包的黄色炸药直接装入，待炸药装入一半时，将插好导火索的雷管放入，再散装另一半炸药，最后用木棍轻轻捣实。

（2）堵塞炮孔。

炮孔可用细砂土、黏土等堵塞，最好用最佳含水量时的黏土、粗砂混合料堵塞。炸药装好后，先用干砂灌入并捣实，然后用堵塞料塞满炮孔、捣实，捣实时应保护导火索或电爆线。炮孔堵塞完毕后立即布置安全警戒，组织施爆区和飞石、强震影响区内的人畜疏散，布置安全警戒岗，封闭所有与施爆区相通的路径，做好起爆准备。

（3）引爆。

引爆前应向安全警戒范围发出引爆信号，以确保施工安全。

引爆火雷管时，应指定专人按规定顺序点火。点火时用草绳或香火引燃导火索，禁止用明火引爆。电雷管用接通电源的方法引爆。点火引爆后，应仔细记录爆炸的炮数，当爆炸的炮数与装药引爆的炮数相同时，可解除安全警戒，若炮数不相等，应在最后一炮响过 30 min 后，方可解除警戒。

5. 清除瞎炮

点火后未爆炸的炮称为瞎炮，也叫拒爆药包，必须尽快清除。清除瞎炮不但费工费时，影响施工进度，而且清除工作有一定的难度和危险性，因此在施工过程中应尽量避免产生瞎炮。产生瞎炮的原因有雷管、导火索受潮失效，导火索与雷管接头脱开，堵塞炮孔时导火索被扯断，炮孔潮湿有水，点炮时漏点等。

清除瞎炮时，先找出其位置，在其附近重新打眼，布置新的药包，通过引爆新炮使瞎炮一起爆炸。若瞎炮为小炮且为一般炸药时，可用水冲洗处理。

待瞎炮清除后方可解除警戒，随后进行清方工作。清方时人工和机械必须按操作规程进行，以免被炸松的岩石坍塌引发事故。

第四章 沥青路面施工

第一节 沥青路面认知

一、沥青路面的特性及基本要求

沥青路面是采用沥青材料作为结合料,黏结矿料或混合料修筑面层的路面结构。沥青路面由于使用了黏结力较强的沥青材料作为结合料,不仅增强了矿料颗粒间的黏结力,而且提高了路面的技术品质,使路面具有平整、耐磨、不扬尘、不透水、耐久等特点。由于沥青材料具有弹性、黏性、塑性,在汽车通过时,震动小、噪声低、略有弹性、平稳舒适,是高级公路的主要面层。

沥青路面的缺点:易被履带车辆和坚硬物体所破坏,表面易被磨光而影响安全,温度稳定性差,夏天易软、冬天易脆并产生裂缝。此外,铺筑沥青路面受气候和施工季节的限制。雨天不宜铺筑各种沥青面层,冰冻地区在气温较低时铺筑沥青面层难以保证质量。沥青路面属于柔性路面,其力学强度和稳定性主要依赖于基层与土基的特性。

在有冻胀现象的地区通常需设置防冻层,以防止路面冻胀产生裂缝。修筑沥青路面后,由于隔绝了土基与大气间气态水的流通,路基路面内部的水分可能积聚在沥青结构层下,使土基和基层变软,导致路面破坏,因此必须强调基层的水稳性。对交通量大的路段,为使沥青路面具有一定的抗弯拉和抗疲劳能力,宜在沥青面层下设置沥青混合料封层。采用较薄的沥青面层时,特别是在旧路面上加铺面层时,要采取措施加强面层与基层之间的黏结,以防止水平力作用而引起沥青面层的剥落、推挤、拥包等破坏。

修筑沥青路面一般要求等级高的矿料,等级稍差的矿料借助沥青的黏结作用也可用来修筑路面。当沥青与矿料之间黏附不好时，在水分的作用下会逐步剥落，因此在潮湿地区修筑沥青路面时，应采用碱性矿料，或采取一定措施提高沥青与矿料间的黏结力。

二、沥青路面的分类与选择

沥青路面具有表面平整、无接缝、行车舒适、耐磨、噪声低、施工期短、养护维修方便且适宜分期修建等特点，在路面工程中得到了广泛的应用。

沥青路面的类型，主要有沥青混凝土路面、沥青碎石路面、沥青贯入式路面、沥青表面处治路面等。这几种沥青路面按强度构成原理可分为嵌挤类和密实类，按施工工艺的不同可分为层铺法和拌和法两种形式。选择沥青面层时，应综合考虑道路等级、交通类型、要求的使用期、设计年限内标准轴载的累计当量轴次、气候条件、筑路材料、施工机械以及养护条件等因素。

1.沥青混凝土路面

沥青混凝土路面是由几种不同粒径的矿料（如碎石、轧制砾石、石屑、砂和矿粉等），用沥青做结合料，按一定比例配合，在严格控制条件下拌和，经压实成型的路面。

（1）结构特点。

沥青混凝土路面具备很高的密实度和强度，整体性强，透水性好，有较大的抵抗自然因素破坏作用的能力，使用寿命长、耐久性好。通常，为产生较大的黏结力，须在混合料中掺加一定的矿粉；同时，要求基层具有足够的强度。

沥青混凝土面层宜采用双层式结构，下层采用粗粒式或中粒式沥青混凝土，上层采用中粒式或细粒式沥青混凝土。对于高速公路，也可采用三层式结构。

沥青混凝土的温度稳定性较差，在高温季节易产生波浪、推挤和拥包现象，因此应严格控制施工温度。

（2）分类。

按所用的沥青材料可分为地沥青混凝土和煤沥青混凝土；按摊铺时的温度可分为热拌热铺和热拌冷铺沥青混凝土；按沥青混合料最大粒径可分为粗粒式、中粒式、细粒式和沥青砂；按路面的结构形式可分为单层式、双层式和三层式。

沥青混凝土面层被广泛用于重交通道路和高速公路的面层。粗粒式沥青混凝土常用于底面层（面层的下层），中粒式沥青混凝土主要用于面层的上层，或用于单面层。

2. 沥青碎石路面

沥青碎石路面是由几种不同大小的矿料，掺有少量矿粉或不加矿粉，用沥青做结合料，按一定比例配合，均匀拌和，经压实成型的路面。

（1）结构特点。

沥青碎石的空隙率较大，且混合料中仅有少量的矿粉或没有矿粉，其强度以石料间的嵌挤为主，黏结为辅。主要有以下特点：高温稳定性好，路面不宜产生波浪，裂缝少；对石料和沥青规格要求较宽，比较容易满足；沥青用量少，造价低；路表面容易保持粗糙，有利于行车安全；因空隙率大，易透水，其黏结力较差；沥青老化后，路面结构易松散，耐久性不好。

（2）结构类型。

为防止水分渗入和保持路面的平整度，须在其表面加铺表面处治或沥青砂等封层。

按施工方法可分为热拌热铺、热拌冷铺、冷拌冷铺。

按矿料最大粒径可分为特粗式、粗粒式、中粒式、细粒式等。

根据设计厚度又可分为单层式（4~7 cm）和双层式（约 10 cm）。

沥青碎石路面常用于中等交通道路的路面基层或联结层（面层的下层）。在改建和新建二级公路时，也部分采用其作为路面面层的上层，下层采用沥青贯入式碎石。

3. 沥青贯入式路面

沥青贯入式路面是在初步压实的碎（砾）石上，用沥青浇灌，再分层撒铺嵌缝料和浇洒沥青，并通过分层压实而形成的一种较厚的路面面层，其厚度通常为 4~8 cm。

根据沥青材料贯入深度不同可分为深贯入式（6~8 cm）和浅贯入式（4~5 cm）。

沥青贯入式路面强度高、稳定性好、施工简便、不易产生裂缝，但沥青材料洒布在矿料中不易均匀，因此强度不均匀。

为了防止表面水的渗入，须加封层密闭表面空隙，以增强路面的水稳性和耐用性。如果封层采用拌和法施工，则其下部宜采用贯入法，常称为沥青上拌下贯式路面，其厚度一般为 5~8 cm。

4.沥青表面处治路面

沥青表面处治是用沥青裹覆矿料，铺筑厚度小于 3 cm 的一种薄层路面面层。

（1）结构特点。

沥青表面处治路面的作用是保护下层路面结构层、防水、抗磨耗、防滑和改善碎砾石路面的使用品质。

为保证矿料间良好的嵌挤作用，同一层的矿料颗粒尺寸应力求均匀，最大粒径应与表处层的厚度相同，且所用沥青须有一定的稠度。

沥青表面处治的施工应在寒冷季节（日最高温度低于 15℃）到来之前半个月结束，以确保当年能在一定的高温条件下，通过行车碾压使路面成型。

（2）类型。

沥青表面处治按施工方法不同可分为层铺法和拌和法。常用的层铺法根据浇洒沥青及撒铺矿料的层次可分为单层式、双层式和三层式。

①单层式：浇洒一次沥青，撒铺一次矿料，厚度 1.0~1.5 cm。适用于交通量少于 300 辆/昼夜的路面，使用年限 3~5 年。

②双层式：浇洒二次沥青，撒铺二次矿料，厚度 1.5~2.5 cm。适用于交通量为 300~100 辆/昼夜的路面，使用年限 6~10 年。

③三层式：浇洒三次沥青，撒铺三次矿料，厚度 2.5~3.0 cm。适用于交通量为 1 000~2 000 辆/昼夜的路面，使用年限 10 年左右。

第二节　沥青路面材料种类及要求

1.沥青混凝土

（1）沥青。

可采用黏稠石油沥青或软煤沥青作为结合料。在温度较高和交通繁重的条件下，细粒式沥青混凝土应选用稠度较高的沥青；反之，可采用稠度较低的沥青。具体选用时，可参见表 4-1、表 4-2 的规定。

表4-1 适合于各种沥青面层的沥青标号

地区	沥青种类	沥青标号			
		表面处治	贯入式	沥青碎石	沥青混凝土
寒冷地区	石油沥青	油-200；油-180	油-200；油-180	油-180；油-140	油-140；油-100
	煤沥青	煤-5；煤-6	煤6；煤-7	煤-6；煤-7	煤-7；煤-8
温和地区	石油沥青	油-180；油-140	油-140；油-100	油-140；油-100	油-100；油-60
	煤沥青	煤-6；煤-7	煤-6；煤-7	煤-7；煤-8	煤-7；煤-8
较热地区	石油沥青	油-140；油-100	油-140；油-100	油-100；油-60	油-60
	煤沥青	煤-6；煤-7	煤-7	煤-7；煤-8	煤-7；煤-8；煤-9

表4-2 沥青路面施工气候分区参考表

气候分区	年度内最低月平均气温/℃	年内日平均气温≥5℃的日数/d	所属地区
寒冷地区	低于-10	少于215	黑龙江、吉林、青海等省，新疆、宁夏、西藏等自治区，辽宁省营口以北，内蒙古包头以北，山西省大同以北，河北省承德、张家口以北，陕西省榆林以北，甘肃省除天水一带
温和地区	0~10	215~270	辽宁省营口以南，内蒙古包头以南，山西省大同以南，河北省承德、张家口以南，陕西省榆林以南、西安以北，甘肃省天水一带，山东省、河南省南阳以北，江苏省徐州、淮阴以北，安徽省宿县、亳县以北
较热地区	高于0	多于270	河南省南阳以南，江苏省徐州、淮阴以南，安徽省宿县、亳县以南，陕西省西安以南，四川省成都东南，广东、广西、湖南、湖北、福建、浙江、江西、云南、贵州、台湾等省及自治区

（2）碎（砾）石。

应选用强度不低于级，耐磨，有棱角且与沥青有较强结合力的碱性石料。石料应清洁干净，不含污泥等杂质，其颗粒级配应满足规范的要求。

（3）砂。

天然或人工的砂均应具有一定的级配组成。砂质应清洁、坚硬、不含杂质，含泥值不大于4%。

（4）矿粉。

采用粒径小于0.074 mm的石灰石粉，一般不宜少于80%。矿粉作为沥青混凝土的填充料，能显著地提高混合料的强度和温度稳定性。

2.沥青碎石

沥青碎石路面对矿料的强度要求较高，一般为Ⅰ级或Ⅱ级石料，且应与沥青有良好的黏结力。采用的沥青稠度可低些，冷铺混合料所用的沥青稠度应比热铺的低些。

3. 沥青贯入式

沥青贯入式路面所用的沥青材料，当地区气候较冷、施工气温较低、矿料较软或粒径偏细时，应采用稠度较低的沥青；反之，应采用稠度较高的沥青。

沥青贯入式路面所用的矿料，应根据路面厚度确定，一般 4~6 cm 厚的主层矿料最大粒径采用与面层等厚，用量按松铺系数 1.1 计算；7~8 cm 厚的主层矿料最大粒径为面层厚度的 0.9 倍或相等，用量按松铺系数 1.15~1.20 计算。主层矿料中大粒径颗粒含量不得少于 70%。

沥青贯入式路面所用的嵌缝料，前后层的尺寸应相当，其用量应按平铺一层计算，不得重叠，不得留有空白。

4. 沥青表面处理

沥青表面处理所用的沥青材料应渗透性好，凝结时间短，有较大的黏结力，且耐久性好，不易老化。施工时，应严格控制石油沥青的针入度、软化点或渣油的黏度。

沥青表面处理所用的矿料（碎石、砾石）应具有足够的强度和耐磨性，与沥青材料应有良好的黏结力，且干燥、无风化、清洁、无杂质。碎（砾）石表面应有明显的破裂面，扁平细长颗粒含量应不少于 20%。

沥青表面处理的沥青（渣油）与矿料用量的比例（油石比）是保证沥青表面处理质量的重要因素。

第三节　沥青混合料技术性质

1. 高温稳定性

定义：沥青混合料高温稳定性，是指沥青混合料在夏季高温（通常为 60℃）条件下，经车辆荷载长期重复作用后，不产生车辙和波浪等病害的性能。

影响因素：沥青黏度、沥青与石料相互作用特征、矿料性质。

采用马歇尔稳定度试验（包括稳定度、流值、马歇尔模数）来评价沥青混合料高温稳定性；对高速公路、一级公路、城市快速路、主干路用沥青混合料，还应通过车辙试验检验其抗车辙能力。

2. 低温抗裂性

沥青混合料不仅应具备高温的稳定性，同时还要具有低温的抗裂性，以保证路面在冬季低温时不产生裂缝。

定义：温度较低时沥青混合料抵抗收缩变形，不产生开裂的性质。

沥青路面裂纹原因：

（1）重复荷载→疲劳开裂；

（2）低温脆化→变形能力减弱→开裂；

（3）低温收缩；

（4）（1）+（2）。

影响因素：沥青质量及用量、矿料级配等。

纯拉试验：

→测圆柱形试件的应力、应变、抗拉强度和极限变形；

→求出劲度模量及温度收缩系数；

→估计沥青混合料的断裂温度。

3. 耐久性

定义：沥青混合料的耐久性是指其抵抗长时间自然因素（风、日光、温度、水分等）和行车荷载反复作用的能力。

影响因素：沥青的化学性质、矿料成分、沥青混合料的组成结构、沥青用量。

改善耐久性的措施：采用坚固矿料；提高混合料的密实度；选用细粒密级配沥青混合料；增加沥青用量等。

指标耐久性可由下列指标来评价：孔隙率、饱和度（沥青填隙率）、残留稳定度。

评价沥青混合料耐久性的方法有马歇尔稳定度试验、浸水劈裂试验、冻融劈裂试验、浸水车辙试验等。

4. 抗滑性

现代高速公路的发展，对沥青混合料路面的抗滑性提出了更高的要求。我国现行标准对抗滑层集料提出了磨光值、磨耗值和冲击值等三项指标。

影响因素：矿料表面结构、级配、混合料组成及沥青用量。

改善措施如下。

（1）选用耐磨石料，对磨耗率及冲击值有一定要求。注意，硬质石料往往属于酸性石料，需加抗剥离剂。

（2）控制沥青用量：沥青用量↑→表面平滑↑→抗滑性↓。

5.施工和易性

就沥青混合料性质而言，影响沥青混合料施工和易性的主要因素是矿料级配。粗细集料的颗粒大小相距过大，缺乏中间粒径，混合料容易离析；细料太少，沥青层不易均匀地分布在粗颗粒表面；细料过多，则拌和困难。

沥青混合料的施工和易性取决于矿料级配（适当级配不易产生离析现象）、沥青黏度及用量、气温及施工条件。

第四节　热拌沥青混合料路面施工

一、施工前的准备工作

施工前的准备工作主要有料源的确定及进场材料的质量检验、机械选型与配套、拌和厂选择、修筑试验路段等工作。

1.确定料源及进场材料的质量检验

应从质量和经济两方面综合考虑，选用国外进口沥青或国产沥青，对进场的沥青材料应抽样检测其技术指标。高等级公路路面所用的沥青大部分为进口沥青。

在考虑经济性、开采条件、运输条件的情况下，选择质量满足技术标准的料场，并对料场内的石料、砂、石屑、矿粉等做必要的试验检测。

2.拌和设备的选型及场地布置

应根据工程量和工期选择拌和设备的生产能力和移动方式（固定式、半固定式和移动式）。使用较多的是生产率在 300 t/h 以下的拌和设备。

固定式沥青混合料拌和厂，应根据设备的数量、工作时产生的粉尘与噪声、供电与供水以及施工运输等条件选择厂址和确定场地面积。

半固定式和移动式沥青混合料拌和设备可安装在特制的平板挂车上，便于拆装、转移和使用。

3. 施工机械检查

施工机械检查主要对拌和与运输设备、洒油车、矿料洒布车、摊铺机和压路机的规格、性能和运转、液压系统进行检测与检查。

4. 修筑试验路段

正式开工前，应根据计划使用的机械设备和设计的混合料配合比铺筑试验路段，以确定合适的拌和时间和温度，摊铺温度和速度，压实机械的合理组合、压实温度及压实方法，松铺系数以及合适的作业段长度，并在试验段中抽样检测沥青混合料的沥青含量、矿料级配、稳定度、流值、空隙率、饱和度、密实度等，最终提出混合料的生产配合比、机械的优化组合及标准施工方法。

二、沥青混合料的拌和与运输

1. 试拌

根据室内配合比进行试拌，通过试拌及抽样试验确定施工质量控制指标。

（1）对间歇式拌和设备，应确定每盘热料仓的配合比；对连续式拌和设备，应确定各种矿料送料口的大小及沥青、矿料的进料速度。

（2）沥青混合料应按设计沥青用量进行试拌，取样做马歇尔试验，以验证设计沥青用量的合理性，或做适当的调整。

（3）确定适宜的拌和时间。

（4）确定适宜的拌和与出厂温度。石油沥青的加热温度宜为 130~160℃，不宜超过 6 h。沥青混合料的出厂温度宜控制在 130~160℃。

（5）确定适宜的拌和场地面积（表 4-3）。

表4-3 沥青混合料拌合场地面积参考表

生产能力/t·h^{-1}	搅拌器容量（间歇式）/kg	场地面积/m³
30~50	500	3 000
35~40	750	4 500
60~70	1 000	6 500
90~110	1 500	9 000
120~140	2 000	12 000

2.沥青混合料的拌制

根据配料单进料，严格控制各种材料用量及其加热温度。拌和后的混合料应均匀一致，无花白、离析和结团成块等现象。每班抽样做沥青混合料性能、矿料级配组成和沥青用量检验。

3.沥青混合料的运输

沥青混合料用自卸汽车运至工地，底板及车壁应涂一薄层油水（柴油：水＝1∶3）混合液。运输中应覆盖，至摊铺地点时的沥青混合料温度不宜低于130℃。

三、沥青混合料的摊铺

沥青混合料的摊铺包括下承层准备、施工放样、摊铺机各种参数的调整与选择、摊铺机摊铺等内容。

1.下承层准备

摊铺沥青混合料时，其下承层可能是基层、路面下面层或中面层。基层完工后，一般浇洒透层油进行养生保护。因通车、下雨使表面发生破坏，出现松散、浮尘、下沉、泥泞等，在摊铺沥青混合料前，应进行维修、重新分层填筑、压实并清洗干净。对下承层表面缺陷进行处理后，即可再洒透层油或黏层油。

2.施工放样

用测量仪器定出摊铺路面的边线位置，并在边线桩上标出路面面屋顶的设计高程位置，以控制沥青混合料面层的厚度。对无自控装置的摊铺机，应根据下承层的实测高程和面层的设计高程，确定实铺厚度。

当下承层的表面高程变化较多，使得沥青路面的总厚度与路面顶面设计高程容许范围相矛盾时，应以保证厚度为主。

3.摊铺机各种系数的调整与选择

摊铺前，摊铺机需调整与选择的参数主要有：熨平板宽度与拱度，摊铺厚度与熨平板的初始、工作仰角、摊铺速度。

（1）熨平板宽度与拱度的调整。

为减少摊铺次数，每条摊铺带的宽度应按该型号摊铺机的最大摊铺宽度来考虑。宽度为 B 的路面所需横向摊铺的次数可按下式计算：

$$n=(B-x)/(b-x)$$

式中：B——路面宽度，m；

b——摊铺机熨平板的总宽度，m；

x——相邻摊铺带的重叠量，m，一般为 0.025~0.080 m。

上式的含义是，路面的宽度应为摊铺机总摊铺宽度减去重叠后的整倍数。如 n 不能满足整数时，尽可能在减少摊铺次数的前提下，使所剩的最后一条摊铺带宽度不小于该摊铺机的标准摊铺宽度。实在不能满足时，采用切割装置来切窄摊铺带。

确定摊铺带宽度时：上下铺层的纵向接茬应错开 30 cm 以上；摊铺下层时，熨平板的侧面与路缘石或边沟间应留有 10 cm 以上的间距；纵向接茬处应有一定的重叠量（平均为 2.5~5.0 m）；接宽熨平板时必须同时相应地接长螺旋摊铺器和振动梁，同时检查接长后熨平板底板的平直度和整体刚度。

熨平板宽度调整后，再调整其拱度，可在标尺上直接读出拱度的绝对数（mm）值或横坡百分数。拱度调整后要进行试铺校验，必要时再次调整。大型摊铺机有前后两副调拱机构，其前拱的调节量略大于后拱。

（2）摊铺厚度与熨平板的初始工作仰角。

摊铺工作开始前，准备两块长方垫木作为摊铺厚度的基准。垫木宽 5~10 cm，与熨平板纵向尺寸相同或稍长，厚度为松铺厚度。将摊铺机停置于摊铺带起点的平整处后，拾起熨平板，把两块垫木分别置于熨平板两端的下面。如果熨平板加宽，垫木则放在加宽部分的近侧边处。

垫木放好后，放下熨平板，让其提升油缸处于浮动状态。然后转动左右两只厚度调节螺杆，使它们处于微量间隙的中立位置。此时，熨平板以其自重落在垫木上。

熨平板放置妥当后，利用手动调整机构，调整初始工作仰角。每调整一次，须在 5 m 范围内做多点厚度检验，取平均值与设计值比较。

实际施工中，根据刮板输送器的生产能力和最大摊铺宽度，可方便地调整摊铺厚度。

（3）摊铺速度。

现代摊铺机具有较宽的速度变化范围，可进行无级调节，调节的原则是保证摊铺机的连续作业。摊铺速度可根据混合料供给能力、摊铺宽度和厚度按下式求得：

$$V=100G/60bh\gamma$$

式中：G——混合料供给能力，t/h；

h——压实后的摊铺厚度，cm；

γ——沥青混合料压实后的密度（一般取 2.35 t/m³）。

可根据上式，制成一张相应摊铺速度的关系表，供摊铺作业时查用。

实践中，摊铺速度还与混合料的种类、温度及铺筑的层次有关。一般面层的下层摊铺速度较快，约为 10 m/min；面层的上层摊铺速度较慢，为 6 m/min 以下。

摊铺机调整与选择的其他参数还有布料螺旋与熨平板前沿距离的调整，振捣梁行程调整，熨平板前刮料护板高度的调整等。

4. 摊铺机的摊铺

（1）熨平板的加热。

每次开始工作时，应对熨平板进行加热，以防混合料冷粘在板底上，拉裂铺层表面，形成沟槽和裂纹。加热后的熨平板对铺层起到熨烫作用，使路表面平整无痕。但过热除会使板变形和加速磨损外，还会使铺层表面烫出沥青胶浆和拉沟。

连续摊铺中，熨平板充分受热后可暂停加热。对摊铺低温混合料和沥青砂，熨平板应连续加热以使底板对材料经常起熨烫作用。

（2）摊铺机供料机构操作。

供料机构的刮板输送器和向两侧布料的螺旋摊铺器的工作应密切配合、速度匹配。

刮板输送器的运转速度在确定后应保持稳定，供料量基本依靠闸门的开启高度来调整。摊铺室内合适的混合料量为料堆的高度平齐于或略高于螺旋摊铺器的轴心线，以及稍微看见螺旋叶片或刚盖住叶片为度。

闸门的最佳开度，应在保证摊铺室内混合料处于正确料堆高度状态下，使刮板输送器和螺旋摊铺器在全部工作时间内都能不停歇地持续工作。为了保持摊铺室内混合料高度常处于标准状态，最好采用闸门自控系统。

（3）摊铺方式。

先按前述方法确定摊铺宽度，各条摊铺带的宽度最好相同，以节省重新接宽熨平板的时间。摊铺时，应先从横坡较低处开铺。使用单机进行不同宽度的多次摊铺时，应尽可能先摊铺较窄的那一条，以减少拆接次数。

若为多机摊铺，应在尽量减少摊铺次数的前提下，使各条摊铺带的宽度可按梯队方式作业，梯队间距宜在 5~10 m，以便形成热接茬。若为单机非全幅作业，每幅铺筑应在 100~150 m 后调头完成另一幅，并接好接茬。

（4）接茬处理。

①两条摊铺带相搭接处的纵向接茬可采用冷接茬和热接茬两种方法来处理。

冷接茬是指新铺层与经过压实后的已铺层进行搭接。摊铺新铺层时，重叠搭接宽度为 3~5 cm，且应与前一次摊铺带的松铺厚度相同。同时，对已摊铺带接茬处边缘应铲齐、铲修垂直。

热接茬在使用两台以上摊铺机梯队作业时采用，两条相邻摊铺带的混合料还处于压实前的热状态，较易处理，且连接强度较好。一般搭接宽度 2~5 cm。摊铺带的边缘应齐整，并在一侧设置导向线作为摊铺机行驶时的标定方向。

②处理前后两条摊铺带的横向接茬时，应将第一条摊铺带的尽头边缘锯成垂直面，并与纵向边缘成直角。

四、沥青混合料的压实

沥青混合料的压实包括碾压机械的选型与组合、压实温度、速度、遍数、压实方式的确定及特殊路段的压实（陡坡与弯道）。

1. 碾压机械的选型与组合

常用的压路机有三轮式静力光轮压路机、轮胎压路机和振动压路机。

三轮式静力光轮压路机，其质量为 2.5~16.0 t，主要用于沥青混合料的初压。轮胎压路机一般为 5~25 t，可用来进行接缝处的预压、坡道预压、消除裂纹、薄摊铺层的压实作业。振动压路机中的自行式单轮压路机，一般质量为4~12 t，常用于平整度要求不高的路面压实。压实度要求较高时，可采用串联振动压路机。在沥青混合料压实中，铰接转向和前后轮偏移铰接转向的串联振动压路机在边缘碾压时，能减少转弯中对路边缘的损坏，因此使用较为广泛。

结合工程实际，选择压路机种类、大小和数量，应考虑摊铺机的生产率、混合料特性、摊铺厚度、施工现场的具体条件等因素。一般来说，摊铺层厚度小于6 cm，宜使用振幅0.35~0.60 mm的中小型振动压路机（2~6 t）；压实较厚的摊铺层（大于10 cm），宜使用高振幅（可达1.00 mm）的大、中型振动压路机（6~10 t）。

2. 压实程序

压实程序分为初压、复压、终压三道工序。

初压时用6~8 t双轮压路机或6~10 t振动压路机（关闭振动装置即静压）压2遍，温度为110~130 ℃。初压后检查平整度和路拱，必要时，应予以修整。若碾压时出现推移、横向裂纹等，应检查原因并进行处理。

复压采用10~12 t三轮压路机、10 t振动压路机或相应的轮胎压路机碾4~6遍，直至稳定和无明显轮迹。复压温度为90~110 ℃。

终压时用6~8 t振动压路机（关闭振动装置）压2~4遍，终压温度为70~90 ℃。

终压时，应由路两边向路中心碾压，三轮压路机每次重叠宜为后轮宽的1/2，双轮压路机每次重叠宜为30 cm，压实速度可参考表4-4。

表4-4　沥青混合料拌和场地面积参考表

压路机类型最大碾压速度	初压/（km·h⁻¹）	复压/（km·h⁻¹）	终压/（km·h⁻¹）
光轮压路机	1.5~2.0	2.5~3.5	2.5~3.5
轮胎压路机	—	3.5~4.5	—
振动压路机	静压1.5~2.0	振动5~6	静压2~3

碾压过程中，每完成一遍重叠碾压，压路机应向摊铺机靠近些，以保证正常的碾压温度。

在平缓路段，驱动轮靠近摊铺机以减少波纹或热裂缝。碾压中，要确保滚轮湿润，可间歇喷水，但不可使混合料表面冷却。

每碾压一遍的尾端，宜稍微转向，以减小压痕。压路机不得在新铺混合料上转向、调头、移或刹车。碾压后的路面在冷却前不得停放任何机械，并防止矿料、杂物、油料洒落在新铺路面上，直至路面冷却后才能开放交通。

3. 接茬处的碾压

接茬处的碾压应先压横向接茬后压纵向接茬。

横向接茬：可使用较小型压路机对横向接茬进行横向碾压或纵向碾压。开始时，将轮宽的 10~20 cm 置于新铺的沥青混合料上进行碾压，然后逐步横移直至整个滚轮在新铺层上。有时，也可先用压路机静压，再用振动碾压。

纵向接茬：当热料层与冷料层相接时，可将压路机位于热沥青混合料上，进行振动碾压，或碾压开始时，将轮宽的 10~20 cm 压在热料层上碾压。碾压时速度应在 2 km/h 左右。

当采用梯队作业时（热料层相接），应先压实离热接茬中心约 20 cm 以外区域，最后压实剩下的窄条混合料。

4. 特殊路段的碾压

特殊路段的碾压指弯道、交叉口、路边、陡坡等处的压实。

弯道或交叉口的碾压应选用铰接转向式振动压路机，先内侧后外侧，急弯处可采用直线（缺角）式换道碾压，缺角处用小型机具压实。

路边碾压可以离边缘 30~40 cm 处开始碾压，留下部分碾压时，压路机每次只能向自由边缘方向推进 10 cm。

陡坡碾压时先用轻型压路机（不宜采用轮胎压路机）预压，压路机的从动轮应朝着摊铺方向。采用振动压路机时，应先静碾，待混合料稳定后，方可采用低振幅的振动碾压。

第五节　其他形式的沥青路面施工

一、沥青贯入式路面

1. 施工准备

施工前，基层应清扫干净。需要安装路缘石时，应在安装后进行施工。

当采用乳化沥青贯入式路面必须先浇洒透层或黏层沥青。路面厚度小于或等于 5 cm 时，也应浇洒透层或黏层沥青。

2. 铺撒主层集料

应避免颗粒大小不均匀，松铺系数为 1.25~1.30，应经试铺实测确定。洒布集料的同时，检查路拱和平整度，并严禁车辆通行。

3. 碾压

主层集料洒布后，应采用 6~8 t 钢筒式压路机进行初压，速度为 2 km/h。碾压应由路两侧边缘向中心，轮迹应重叠约 30 cm。碾压同时，检验路拱和纵向坡度，必要时做调整。再用 10~12 t（厚度较大时，可用 12~15 t）压路机进行碾压，每次轮迹重叠 1/2 以上，并碾压 4~6 遍，直至主层集料稳定、无明显轮迹为止。

4. 浇洒第一层沥青

主层集料碾压完毕后，应立即浇洒第一层沥青。

（1）浇洒温度应根据施工气温及沥青标号选择。石油沥青宜为 130~170℃，煤沥青宜为 80~120℃。

（2）沥青洒布要均匀，不得有空白和积聚现象，应根据选用的洒布方式控制单位面积的沥青用量。沥青洒布长度应与集料洒布机的能力相配合，两者间隔时间不宜过长。

（3）前后段喷洒的接茬应搭接良好。每段接茬处可用铁板或建筑纸在洒布起、终点后横铺 1~1.5 cm，纵向接茬的搭接宽度宜为 10~15 cm，浇洒第二、三层沥青的搭接继应错开。

（4）不得在潮湿的集料、基层或旧路面上浇洒沥青。

（5）若采用乳化沥青贯入时，应先洒布一部分上一层嵌缝料，再浇洒主层沥青。

5. 铺撒第一层嵌缝料

主层沥青浇洒后，应立即均匀洒布第一层嵌缝料，不足处应找补。

6. 第二次碾压

嵌缝料扫匀后应立即用 8~12 t 钢筒式压路机进行碾压，每次轮迹重叠 1/2 以上，并碾压 4~6 遍，直至稳定为止。碾压时，应随压随扫，使嵌缝料均匀嵌入。当气温较高，碾压发生推移现象时，应立即停止，待气温稍低时再碾压。

7. 铺撒第二、三层嵌缝料

当浇洒第二层沥青、洒布第二层嵌缝料并完成碾压后,再浇洒第三层沥青,并洒布封层料,要求同嵌缝料。最后宜用 6~8 t 压路机碾压 2~4 遍,再开放交通。

8. 施工后应进行初期养护

当有泛油时,应补撒与最后一层石料规格相同的嵌缝料并扫匀,将过多的浮料扫除路外。

二、沥青表面处治与封层施工

1. 沥青表面处治路面

(1) 施工准备。

沥青表面处治施工应在路缘石安装后进行,基层必须清扫干净。施工前,应检查洒布车的性能,进行试洒,确定喷洒速度和洒油量。

(2) 下承层准备。

表面处治施工前,应将基层清扫干净,使基层的矿料大部分外露,并保持干燥。对坑槽、不平整、强度不足的路段,应修补、平整和补强。

(3) 浇洒沥青。

在透层沥青充分渗透或基层清扫后,应按要求的数量浇洒第一层沥青,要求与灌入式沥青路面浇洒方法相同。

(4) 洒布集料。

第一层集料在浇洒主层沥青后应立即进行洒布,按规定用量一次撒足,不宜在主层沥青全部洒布完成后进行。洒布后应及时扫匀,集料不应重叠,不应露出沥青,局部有缺陷时,应及时找补。前后幅搭接处,应暂留宽 10~15 cm 不撒石料,待后幅浇洒沥青后一起洒布集料。

(5) 碾压。

洒布第一层集料后,应立即用 6~8 t 钢筒式压路机进行碾压,速度不宜超过 2 km/h。碾压应由路两侧边缘向中心,轮迹应重叠约 30 cm,碾压 3~4 遍。

第二、三层的施工方法和要求与第一层基本相同,可采用 8~10 t 压路机。

碾压结束后即可开放交通,但应限制车速不超过 20 km/h,并使整个路面宽度都受到均匀碾压。对局部泛油、松散、麻面等现象，应及时修整处理。

（6）初期养护。

开放交通后的交通控制、初期养护等，与灌入式沥青路面要求相同。

2.封层施工

（1）封层的作用。

封层的作用：一是封闭某一层起着保水防水作用；二是起基层与沥青表面层之间的过渡和有效联结作用；三是路的某一层表面破坏、离析、松散处的加固补强；四是基层在沥青面层铺筑前，要临时开放交通，防止基层因天气或车辆作用出现水毁。封层可分为上封层和下封层，可采用拌和法或层铺法的单层式表面处治，也可以采用乳化沥青稀浆封层。

（2）适用条件。

符合下列情况之一时，应在沥青面层上铺筑上封层：沥青面层的空隙较大，透水严重；有裂缝或已修补的旧沥青路面；需加铺磨耗层改善抗滑性能的旧沥青路面；需铺筑磨耗层或保护层的新建沥青路面。

（3）一般要求。

①使用层铺法沥青表面处治铺筑上封层时，施工方法按层铺法表面处治工艺施工。其材料用量要求应符合有关规定。沥青用量可采用规定范围的中、低限。

②使用层铺法沥青表面处治铺筑下封层时，施工工艺同上封层。矿料用量应根据矿料尺寸、形状、种类等情况确定，宜为每平方千米 5~8 m³。沥青用量可采用规定范围的中、高限。

③采用拌和法施工上、下封层时，应按照热拌沥青混凝土路面的施工工艺进行。当为下封层铺筑时，宜采用 AC-5（或 LH-5）砂粒式沥青混凝土，厚度宜为 1 cm。

（4）使用乳化沥青稀浆封层施工上、下封层。

①稀浆封层的厚度宜为 3~6 mm。

②稀浆封层的矿料类型及矿料级配，应根据封层的目的、道路等级进行选择，铺筑厚度、集料尺寸及摊铺用量等因素选用。

③稀浆封层使用的乳化沥青可采用慢裂或中裂的拌和型乳化沥青，当需要减缓破乳速度时，可掺加适量的氧化乳做外加剂。当需要加快破乳时，可采用一定

数量的水泥或消石灰粉做填料。

④乳化沥青的合理用量应通过试验确定。

⑤混合料的湿轮磨耗试验的磨耗损失不宜大于 800 g/m²；轮荷压砂试验的砂吸收量不宜大于 600 g/m²。

⑥稀浆封层混合料的加水量应根据施工摊铺和易性由稠度试验确定，要求的稠度应为 2~3 cm。

（5）注意事项。

①当在被磨损的旧路面上铺筑稀浆封层时，施工前应先修补坑槽，整平路面。

②稀浆封层施工应在干燥情况下进行。

③稀浆封层施工应使用稀浆封层铺筑机，其工作速度宜匀速铺筑，应达到厚度均匀表面平整的要求。

④稀浆封层铺筑后，必须待乳液破乳、水分蒸发、干燥成型后方可开放交通。

⑤稀浆封层施工气温不得低于 10℃。

三、冷拌沥青混合料路面施工

冷拌沥青混合料宜采用拌和厂机械拌和及沥青摊铺机摊铺方式。缺乏厂机械拌和条件时也可采用现场路拌及人工摊铺方式。冷拌沥青混合料施工应足以防止混合料离析。

当采用阳离子乳化沥青拌和时宜先用水使集料湿润，若湿润后仍难以与乳液拌和均匀时，应改用破乳速度更慢的乳液，或用质量分数为 1%~3% 的氯化钙水溶液代替水润湿集料表面。混合料适宜的拌和时间应根据实际情况调节并通过试拌确定，矿料中加进乳液后的机械拌和时间不宜超过 30 s，人工拌和时间不宜超过 60 s。

已拌和好的混合料应立即运至现场进行摊铺，并在乳液破乳前结束。在拌和与摊铺过程中已破乳的混合料应予废弃。

乳化沥青冷拌混合料摊铺后宜采用 6 t 左右的轻型压路机初压 1~2 遍，使混合料初步稳定，再用轮胎压路机或钢筒式压路机碾压 1~2 遍。当乳化沥青开始破乳、混合料由褐色转变成黑色时，改用 12~15 t 轮胎压路机碾压，将水分挤出，复压 2~3 遍后停止，待晾晒一段时间，水分基本蒸发后继续复压至密实为止。当压实过程中有推移现象时应停止碾压，待稳定后再碾压。当天不能完全压实时，可在较高气温状态下补充碾压。当缺乏轮胎压路机时，也可采用钢筒式压路机或较轻的振动压路机碾压。

乳化沥青混合料路面的上封层应在压实成型、路面水分完全蒸发后加铺。

乳化沥青混合料路面施工结束后宜封闭交通 2~6 h，并注意做好早期养护。开放交通初期应设专人指挥，车速不得超过 20 km/h，不得刹车或掉头。

冷拌沥青混合料施工遇雨应立即停止铺筑，以防雨水将乳液冲走。

四、透层、黏层施工

1. 透层施工工艺

沥青路面的级配砂砾、级配碎石基层及水泥、石灰、粉煤灰等无机结合料稳定土或粒料的半刚性基层上必须浇洒透层沥青。

透层沥青宜采用慢裂的洒布型乳化沥青，也可采用中、慢凝液体石油沥青或煤沥青，透层沥青的规格和质量应符合规范的要求。透层沥青的稠度宜通过试洒确定。表面致密的半刚性基层宜采用渗透性好的较稀的透层沥青，级配砂砾、级配碎石等粒料基层宜采用较稠的透层沥青。用于制作透层用乳化沥青的沥青标号应根据基层的种类、当地气候等条件确定。

各种透层沥青的品种和用量应根据基层的种类通过试洒确定，并符合规范的要求。

透层宜紧接在基层施工结束表面稍干后浇洒。当基层完工后表面过分干燥时，应对基层进行清扫，在基层表面少量洒水，并在表面稍干后浇洒透层沥青。

高速公路、一级公路的透层沥青应采用沥青洒布车喷洒，二级及二级以下公路也可采用手工沥青洒布机喷洒。洒布车应符合本规范的要求。当用于表面处治或灌入式路面喷洒沥青的喷嘴不能保证喷洒均匀时，应更换喷嘴。

浇洒透层沥青应符合下列要求：浇洒透层前，路面应清扫干净，对路缘石及人工构物应适当防护，以防污染；透层沥青洒布后应不致流淌、渗透入基层一定深度，不得在表面形成油膜；如遇大风或即将降雨时，不得浇洒透层沥青；气温低于 10℃时，不宜浇洒透层沥青；应按设计的沥青用量一次浇洒均匀，当有遗漏时应用人工补洒；浇洒透层沥青后，严禁车辆、行人通过；在铺筑沥青面层前，若局部地方尚有多余的透层沥青未渗入基层时应予清除。

在无机结合料稳定半刚性基层上浇洒透层沥青后，宜立即洒布用量为每平方千米 2~3 m³ 的石屑或粗砂。在无结合料粒料基层上浇洒透层沥青后，当不能及时铺筑面层，并需开放施工车辆通行时，也应撒铺适量的石屑或粗砂，此种情况下，透层沥青用量宜增加 10%。洒布石屑或粗砂后，应用 6~8 t 钢筒式压路机稳压一遍。当通行车辆时，应控制车速。在铺筑沥青面层前发现前如发现局部地方透层沥青剥落，应予修补；当有多余浮动石屑或砂时，应予扫除。

透层洒布后应尽早铺筑沥青面层。当用乳化沥青作透层时，洒布后应待其充分渗透、水分蒸发后方可铺筑沥青面层，此段时间不宜少于 24 h。

2. 黏层施工工艺

符合下列情况之一时，应浇洒黏层：双层式或三层式热拌热铺沥青混合料路面在铺筑上层前，其下面的沥青层已被污染；旧沥青路面层上加铺沥青层；水泥混凝土路面上铺筑沥青面层；与新铺沥青混合料接触的路缘石、雨水进水口、检查井等的侧面。

黏层的沥青材料宜采用快裂的洒布型乳化沥青，也可采用快、中凝液体石油沥青或煤沥青，黏层沥青的规格和质量应符合规范要求。黏层沥青宜用与面层所使用的种类、标号相同的石油沥青经乳化或稀释制成。

各种黏层沥青品种和用量应根据黏结层的种类通过试洒确定，并符合规范要求。黏层沥青宜用沥青洒布车喷洒，洒布车应符合规范。

浇洒黏层沥青应符合下列要求：黏层沥青应均匀洒布或涂刷，浇洒过量处应予刮除；路面有赃物、尘土时应清除干净，当有沾黏的土块时，应用水刷净，待表面干燥后浇洒；当气温低于 10 ℃或路面潮湿时，不得浇洒黏层沥青；浇洒黏层沥青后，严禁除沥青混合料运输车外的其他车辆、行人通过；黏层沥青洒布后应紧接铺筑沥青层，但乳化沥青应待破乳、水分蒸发完后铺筑。

第六节　沥青类路面常见病害与处置方法

沥青路面的常见病害主要有裂缝、麻面松散、坑槽、沉陷、弹簧翻浆等，应针对各种病害产生的原因、路面结构类型、维修季节的气候特点等情况，采取相应的维修措施。

一、裂缝

裂缝是沥青路面最常见的破损类型之一。裂缝常见的表状主要有：发裂、线状裂缝、纵向裂缝、横向裂缝、反射裂缝和龟裂等六种类型。

1. 产生裂缝的主要原因

（1）施工基层碾压不实或新旧接缝处理不当而形成裂缝。

（2）面层以下含水率逐年积聚，在不利季节引起路面强度降低而产生裂缝。

（3）混合料质量差，碾压温度不当引起的碾压裂缝。

（4）混合料摊铺时间过长，由于基层温度、湿度变化，结构发生胀缩而产生裂缝。

（5）结合料老化，面层性能退化，路面整体强度不足。

2. 裂缝的处置方法

（1）由于路面基层温缩、干缩引起的纵横向裂缝，缝宽在 6 mm 以内的，宜将裂缝的缝隙用铁刷子刷扫干净，并用压缩空气吹去沙尘后，采用热沥青或乳化沥青灌缝封堵。

（2）缝宽在 6 mm 以上的，填沥青砂石或细料式沥青混合料，捣实后用烙铁封口，随即撒砂扫匀。有条件的也可采用改性乳化沥青混合料填封。

（3）对土基或路面基层强度不足引起的裂缝类破损，要首先处理土基或基层，然后再修复路面。

（4）对轻微面积比较集中且路基强度较好的裂缝，通过技术经济比较，可选用乳化沥青稀浆封层，或热沥青封层罩面，或先铺设土工布，再在其上进行热沥青封层罩面。

二、麻面松散、坑槽

麻面松散、坑槽的表状为：表层矿料松动，出现麻坑，表层局部不平凹陷。

1. 产生麻面松散、坑槽的主要原因

（1）嵌缝料粒径不当、用料不合比例，或初期养护嵌缝料未回归而散失成麻面、坑槽。

（2）低温季节施工，如工序未衔接、油与料结合不良或矿料飞散，轻则出现麻面，重则出现坑槽。

（3）表面用油量偏少，结合料加温过度，失去黏结力而松散形成麻面、坑槽。

（4）雨季施工，矿料潮湿或用酸性矿料未做处治而散失成麻面、坑槽。

（5）由于基层压实不够，强度不均，基层不平，面层渗水，局部先破损而形成坑槽。

2. 麻面松散的处置方法

（1）因低温施工造成的麻面松散，可以将松散料收集好，待气温上升到20℃以上，将松散部位清扫干净，重做喷油封层。喷洒热沥青 0.8~1.0 kg/m 后，撒 3~5 mm 厚的石屑或粗砂每平方百米 5~8 m³，并用轻型压路机压实。若在低温潮湿季节，也可以采用乳化沥青封层处理。

（2）由于温度过高，黏结料气化而造成的松散病害，应清除重铺。

（3）由于基层或土基强度不足、松软变形而引起的松散，要首先处理基层或土基病害，补强满足要求后再重做路面面层。

3. 坑槽的处治

（1）路面基层完好，仅面层有坑槽时的修补方法如下。

①测定破坏部分的范围和深度，按"圆洞方补"原则，画出大致与路中心线平行或垂直的挖槽修补轮廓线（正方形或长方形）。

②按所画的轮廓线开槽应开凿到坑底稳定的部分，其深度不得小于原坑槽的最大深度，槽壁要垂直。

③清除槽底、槽壁的松动部分及粉尘、杂物，在干净的槽底、槽壁涂刷黏层油。

④填入沥青混合料（在潮湿或低温季节，宜采用乳化沥青拌制的混合料），视坑槽的深度采用单层式或双层式填补整平。

⑤用小型压实机具压实，新填补的部分应略高于原路面，双层填补要分层压实。

⑥采用热修补养护车，用加热板加热坑槽处路面，翻新被加热软化铺装层，喷洒乳化沥青，加入新的沥青混合料，然后搅拌摊铺，用压路机压实成形。

（2）路面基层损坏，应针对损坏原因，先处理基层病害，再修复面层。

（3）在雨雪连绵的寒冷季节，为控制坑槽扩展，可采用现有路面材料临时填补坑槽，待天气好转后再按规范要求修复。

三、沉陷

沉陷有均匀沉陷、不均匀沉陷和局部沉陷三种类型。

1. 产生沉陷的主要原因

（1）基层局部强度不足或水稳定性不良引起沉陷。

（2）超载重的大型车通过。

（3）面层混合料料质差。

（4）土基压实度不够或路基有隐患未处理好。

2. 沉陷的处置方法

（1）仅由于面层不均匀沉陷引起的裂缝和轻微下沉，若土基和基层都已密实稳定，可对沉陷部分拉毛、扫净，洒粘层沥青后把沉陷部分填补到与原路面平齐。

（2）因土基或基层结构遭破坏而引起的沉陷，应先将土基和基层修理好后再修复面层。

（3）因路基沉陷导致路面严重破损，矿料已经松动、脱落形成坑槽的，应按照坑槽的修补方法予以处治。

（4）桥涵台背因填土不密实出现不均匀沉降的，可以采取以下处置方法：挖除沥青面层，在沉陷部分加铺基层后重做面层；对于台背填土密实度不够的，用夯实机械重新做压实处理；对软土基宜换土处理，换土深度应视软土基层厚度而定，填换材料要选用强度高、透水性好的级配材料，如砂砾、碎石土、工业废渣等；采用注浆加固处理。

四、弹簧翻浆

弹簧翻浆表现为路面呈现弹簧状或冒水翻浆。

1. 产生弹簧翻浆的主要原因

（1）基层结构不密实，水稳定性不良，含水量增大，聚水冻融而翻浆。

（2）基层强度不够，灰土拌和不均，碾压不实，含水量大，低温施工，灰土未及成形而冻融翻浆。

（3）在中湿或潮湿地带，地下水未处理好，边沟又积水滞流，或在山丘有地下潜流等造成弹簧翻浆。

2. 翻浆处置方法

（1）轻微翻浆。由于面层渗水引起基层轻度发软或冻胀而形成轻微翻浆的，可在春融季节过后，待水分蒸发，修补平整，促使成形。

（2）因路基冻胀使路面局部或大面积隆起影响行车时，应先将隆起的沥青路面刨平，待春融后按翻浆处理的方法予以处治。

（3）因冬季基层水中结冰引起冻胀，春融季节化冻而引起的翻浆，应根据情况采用以下方法予以处治。

①挖除软土基，换填透水性好的天然级配砂砾；局部发生翻浆路段，可以采用打石灰梅花桩或水泥稳定砂砾桩的办法予以改善。

②加深边沟，并在翻浆路段两侧路肩上交错开挖 30~40 cm 的横沟，其间距为 2~4 m，沟底纵坡≥3%，沟深应根据解冻情况逐渐加深，直至路面基层以下，横沟的外口一定要高于边沟的沟底。若路面翻浆严重，除挖横沟外，还应顺路面边缘设置纵向小盲沟，交通量较小的路段，也可挖成明沟，但翻浆停止后，应将明沟填平恢复原状。

③因基层水稳性不良或含水量过大造成的翻浆，应挖去面层及基层全部松软部分，换填透水性良好的沙砾或工业废渣，分层（每层不超过 20 cm）填补压实，最后重做面层。

④低温潮湿季节施工的石灰稳定类基层，在板底未形成时因雨水渗入导致其上层发生翻浆的，应将翻浆部分挖除，重做石灰稳定基层或换用其他材料予以填补，然后重做面层。

第五章 水泥混凝土路面施工

第一节 水泥混凝土路面认知

一、水泥混凝土路面的特点

水泥混凝土路面通常是指以水泥与水拌和而成的水泥浆作为结合料，以碎（砾）石、砂为集料，再添加适当的外加剂，有时掺加掺合料拌制成的混凝土铺筑面层路面，简称混凝土路面，亦称刚性路面，俗称白色路面，它是一种高级路面。

水泥混凝土路面的基本特性主要表现在以下两方面。

1. 优点

（1）强度高——混凝土路面具有很高的抗压强度和较高的抗弯拉强度以及抗磨耗能力。

（2）稳定性好——混凝土路面的水稳性、热稳性均较好，特别是它的强度能随着时间的延长而逐渐提高，不存在沥青路面的那种"老化"现象。

（3）耐久性好——由于混凝土路面的强度和稳定性好，所以它经久耐用，一般能使用20~40年，而且它能通行包括履带式车辆等在内的各种运输工具。

（4）有利于夜间行车——混凝土路面色泽鲜明，能见度好，对夜间行车有利。

2. 缺点

（1）对水泥和水的需要量大——修筑0.2 m厚、7 m宽的混凝土路面，每1 000 m要耗费水泥400~500 t和水约250 t，还不包括养生用的水在内，这对水泥供应不足和缺水地区来说较困难。

（2）有接缝——一般混凝土路面要建造许多接缝，这些接缝不但增加了施工和养护的复杂性，而且容易引起行车跳动，影响行车的舒适性。接缝又是路面的薄弱点，如处理不当，将导致路面板边和板角处破坏。

（3）开放交通较迟——一般混凝土路面完工后，要经过 28 d 的湿治养护才能开放交通，如需提早开放交通，则需采取特殊措施。

（4）修复困难——混凝土路面损坏后，开挖很困难，修补工作量也大，且影响交通。

二、水泥混凝土路面的类型

水泥混凝土路面有普通混凝土路面、钢筋混凝土路面、连续配筋混凝土路面、预应力混凝土路面、装配式混凝土路面、组合式（双层式）混凝土路面、钢纤维混凝土路面、混凝土小块铺砌路面、碾压混凝土路面等。

1. 普通混凝土路面

普通混凝土路面是指除接缝区和局部范围（边缘和角隅）外，面层内均不配置钢筋的混凝土路面，亦称素混凝土路面。

普通混凝土面层是由一定厚度的混凝土板组成的，它具有热胀冷缩的性质，因此需要设置横向接缝和纵向接缝。横向接缝是垂直于行车方向的接缝，间距一般为 4~6 m（板长）。纵向接缝是指平行于混凝土路面行车方向的接缝，间距为 3.0~4.5 mm。

水泥混凝土的弹性模量为 $(2.5~4.0) \times 10^4$ MPa，属于脆性材料，抗弯拉强度比抗压强度低得多。为使水泥混凝土路能够经受车轮荷载的多次重复作用，抵抗温度翘曲应力，并对地基变形有较强的适应能力，混凝土面板必须具有足够的抗弯拉强度和厚度。

2. 钢筋混凝土路面

当混凝土板的平面尺寸较大，或者预计路基或基层有可能产生不均匀沉陷，或者板下埋有地下设施等情况时，宜采用钢筋混凝土路面。

钢筋混凝土路面是指为防止可能产生的裂缝缝隙张开，板内配置有纵、横向钢筋（或钢丝）网的混凝土路面。设置钢筋网的主要目的是控制裂缝缝隙的张开量，把开裂的板拉在一起，使板依靠断裂面上的集料嵌锁作用而保证结构强度，并非增加板的抗弯强度。因而，钢筋混凝土面层所需的厚度与素（无筋）混凝土面层的厚度相同。配筋是按混凝土收缩时将板块拉在一起所需的拉力确定的。最大的拉力出现在板中央开裂时，它等于由该处到最近的板边缘范围内面层和基层之间的摩阻力，即每延米板所需的配筋量（cm²）为

$$A = \frac{32L_s h}{f_{sy}}$$

式中：h——板厚，cm；

f_{sy}——钢筋的屈服强度，MPa；

L_s——计算纵向钢筋时，为横缝间距；计算横向钢筋时，为不设拉杆的纵缝或自由边缘间的间距，m。

为使板内应力尽可能分散，宜采用小直径的钢筋。纵横向钢筋宜采用相同直径。网筋的最小间距应为集料最大粒径的2倍，有关规定见表5-1。根据经验，钢筋的搭接长度宜为直径的24倍以上。由于钢筋的主要作用是使裂缝密闭，它在板内的竖向位置并不太重要，只要有足够的保护层以防锈蚀即可。通常在顶面下1/3~1/2板厚范围内。外侧钢筋中心到接缝或自由边的距离为10~15 cm，钢筋保护层的最小厚度不应小于5 cm。

表5-1　钢筋最小直径和最大间距

钢筋类型	光圆钢筋	螺纹钢筋
最小直径/mm	8	12
纵向最大间距/cm	15	35
横向最大间距/cm	30	75

钢筋混凝土板的缩缝间距（板长）一般为10~20 m，最大不宜超过30 m。缩缝内必须设置传力杆。其他接缝构造与素混凝土路面相同。

3.连续配筋混凝土路面

连续配筋混凝土路面的特点是沿纵向配置连续的钢筋，除了在与其他路面交接处或临近构造物附近设置胀缝以及视施工需要设置施工缝外，一般不设横缝的混凝土面层。其一般适用于高速公路或一级公路和机场混凝土道面。

这种面层会在温度和湿度变化引起的内应力作用下产生许多横向裂缝，裂缝的间距为1.0~3.0 m，缝隙的平均宽度为0.2~0.5 mm。但是，由于配置了许多纵向连续钢筋，这些横向裂缝不至于张开而使杂物侵入或使混凝土剥落，因而不会影响行车。

确定纵向钢筋用量的控制因素是裂缝缝隙的宽度。缝隙过宽易使杂物和水侵

入。配筋量多可使缝宽度和间距都减小。由于裂缝间距同缝隙宽度有直接关联，钢筋用量可按规定的裂缝间距来确定。虽然有多种理论公式可用以计算钢筋用量，但通常都根据经验确定，一般认为保持裂缝完整无损所需配筋量为混凝土板断面积的 0.6%~0.8%。在美国一般气候区最小钢筋用量取 0.6%，在寒冷气候区取 0.7%。钢筋间距最小 10 cm，最大 23 cm。钢筋直径应按规定选用。钢筋的埋置深度在顶面下 1/3~1/2 板厚范围内。搭接长度至少为 50 cm 或钢筋直径的 30 倍，所有搭接均须错开。

我国规定纵横向钢筋应采用螺纹钢筋，纵向钢筋配筋率计算，但应控制在 0.5%~0.7% 的范围内。最小配筋率，一般地区为 0.5%，寒冷地区为 0.6%。

$$\beta = \frac{E_c f_{cm}}{2E_c f_{sy} - E_s f_{cy}} (1.3 - 0.2\mu) \times 100$$

式中：β——纵向钢筋配筋率，%；

f_{cm}——混凝土设计弯拉强度，MPa；

f_{sy}——钢筋屈服强度，MPa；

μ——面板与基层之间的摩擦系数，一般取 1.5。

横向钢筋的用量很小，其配筋率为纵向钢筋的 1/8~1/5，主要目的是保持纵向钢筋的间距，纵横向钢筋均需采用螺纹钢筋，以保证混凝土和钢筋之间具有足够的握裹力。

连续配筋混凝土板内的钢筋并非是按承受荷载应力进行设计的。因此，它的厚度仍可采用无筋混凝土路面板的计算方法确定。其基础厚度与普通混凝土路面的基层相同。面板厚度对高速公路取普通混凝土路面板的设计厚度，对一级公路取普通混凝土路面板的设计厚度的 0.9 倍。

连续配筋混凝土面层在浇筑中断时需设置施工缝。施工缝采用平缝形式，并用长度为 1 m 的拉杆增强。拉杆的直径与间距同纵向钢筋，以使施工缝两侧的混凝土板块加固成连续的整体。

由于连续配筋混凝土路面没有接缝（施工缝除外），所以，在长板的端部、桥头连接处，或者与其他路面纵向接头处都要设置胀缝，以便为混凝土的膨胀留有余地。

4. 预应力混凝土路面

由于这种路面所受到的预压应力能抵消一部分车轮荷载和温度变化所引起的

拉应力，故板厚可以减薄到 10~15 cm，板长可以增大到 30 m 以上，而且可以减少裂缝的产生，防止裂缝张开。与普通混凝土路面相比，预应力混凝土路面具有较大的柔性、弹性，故能承受多次重复荷载作用而不被破坏，对基础的不均匀变形也有较大的适应性。

铺筑预应力混凝土路面，宜用抗压强度至少为 35~45 MPa 的混凝土。基层上应铺薄层砂、沥青砂或塑料薄膜等，以利于板的伸缩滑动并减少预应力的损失。

预应力混凝土路面的铺筑方式有如下几种。

（1）无筋预应力混凝土路面。该方式在面板两端设置墩座埋入地基内，面板中央设加力缝。在混凝土浇筑 1~2 d 后在加力缝内塞入千斤顶，对混凝土施加应力，开始时为 1.5 MPa，以后逐渐增大，到第 7 天约为 5 MPa。待混凝土硬结后，即在加力缝内填塞混凝土预制块，并取出千斤顶，用混凝土填塞缝隙。两端墩座与板之间尚需设弹力缝，放进钢质弹簧以储存部分预应力。

（2）有筋预应力混凝土路面。该方式一般多采用后张法，当浇筑混凝土板时留下若干条孔道，待混凝土硬结后将钢丝束或钢筋穿进孔道，再张拉并将两端锚固，最后在孔道内灌注泥浆，使钢丝束或钢筋与混凝土粘牢。宽 3~4 m 的板仅在纵向加力；宽 5~7 m 以上的板需在纵横两向加力，其钢丝束或钢筋可沿纵横两向设置；或沿与路中线成小于 45° 角的方向设置。后者的优点是可以连续浇筑很长的路面板，而预加应力可以在板的两侧进行。钢丝束或钢筋一般设在板厚的中央，有时亦可在板的上下部对称地设置。所加的预应力在纵向要达到 2~4 MPa，在横向有 0.4~1.4 MPa 即可。钢筋的极限抗拉强度应达 1 000 MPa，钢丝束则达 1 700 MPa。

（3）自应力混凝土路面。国外曾试用膨胀水泥铺筑自应力混凝土路面。如果配筋，可通过面板的膨胀产生预应力；如不配筋，需在板的两端设置墩座以产生预应力。试验指出，配筋的自应力混凝土路面裂缝较少，效果较好。

预应力混凝土路面可以做成薄板、少缝、无筋，即使配筋，其用钢量每平方米只需约 2.7 kg，较连续配筋混凝土路面的用钢量少得多，后者要达 5.4~10.8 kg。因此国外普遍肯定预应力混凝土路面有发展前途，但它的施工工艺和施工机具尚未完全过关，在经济上也未证明其合理性，故进展不快。

5.装配式混凝土路面

装配式混凝土路面是在工厂中把混凝土预制成板块，然后运至工地现场装配而成的。这种路面的优点：装配式混凝土板可以全年生产，不受气候影响，混凝土质量容易保证；施工进度快，铺筑完毕即可通车；损坏后易于拆换修理。因此，它较适用于城市道路、厂矿道路、大型基建基地、停车站场和软弱土基。装配式混凝土路面的缺点是接缝多，整体性差，容易引起行车颠簸跳动，因而在公路上一般不宜采用。

为了便于吊装及搬运，装配式混凝土板一般做成 1~2 m 的正方形或矩形，也可做成边长 1.2 m 的六角形。板厚一般为 0.12~0.18 m。有些国家还采用宽 3.5 m，长 3~6 m 的矩形板，但需有相应的运输和吊装机具来配合。六角形板的强度和稳定性较好。为承受车轮荷载应力和吊装应力，装配式混凝土板可在边缘和角隅配置钢筋，有时亦可设全面网状钢筋。为提高板的质量，可采用预应力、真空作业、机械振捣或蒸汽养生等技术来制造混凝土板。冬季为加速板的硬结，可采用电热法或在铸模内安装管线，内通蒸汽或热水。有些国家还利用先张法或电热法施加预应力，做成装配式预应力混凝土板。

6. 组合式（双层式）混凝土路面

新建道路的混凝土面板一般按单层式建造，只有当缺乏品质良好的材料时，才考虑采用双层式混凝土路面板，即利用当地品质较差的材料修筑板的下层，而用品质较好的材料铺筑板的上层，以降低造价。在改建旧混凝土路面时，有时在其上加铺一层新混凝土面层，这样也形成双层式混凝土路面结构。根据双层混凝土路面上下层板之间结合程度的不同，有结合式、分离式和部分结合式三种形式。

（1）结合式。上下层混凝土板牢固结合成为一整体，新建路面时，上下层混凝土连续施工，即可做成结合式。改建路面时，将下层板表面凿毛，洗净晾干并喷刷高标号水泥浆（水灰比 0.4~0.5）或环氧树脂等黏结剂，随即浇筑新混凝土面层。对于这种结合形式，下层板的裂缝和接缝将会反射到上层板内，因此要求上下层板的接缝必须对齐，并采用同样的接缝形式和缝隙宽度，这种结合形式适用于下层板完整无裂缝或虽有一些裂缝但不再发展的情况。支立模板时，可采用混凝土块顶撑或利用旧路面板的接缝钻孔插入钢钎固定的方法。

（2）分离式。上下层混凝土板之间铺以厚 1 cm 以上的沥青砂或双层油毛毡作为隔离材料以达到分离的目的。这种分离措施，可防止下层板的裂缝和接缝反射到上层板内。因此，分离式双层混凝土路面板不要求上下层板的接缝对齐。当下层板严重破碎时，也可采用这种形式。新铺混凝土面层的厚度不宜小于 0.12 m。施工立模时可采用穿孔插钎固定模板，也可采用预制混凝土块顶撑模板的方法固定模板。

（3）部分结合式。改建路面时，先对原有混凝土板表面进行清理后再浇筑上层板。由于上下层板之间存在部分结合，下层板上的裂缝与接缝通常仍会反射到上层板内，所以上下层板的接缝位置应相同，但其形式和宽度不要求完全相同。旧面层的结构损坏不太严重并已经修复时，可采用这种结合形式。

7. 钢纤维混凝土路面

国内外都在研究钢纤维混凝土路面。在混凝土中掺入一些低碳钢、不锈钢纤维，即成为一种均匀而多向配筋的混凝土。试验表明，钢纤维与混凝土的握裹力高达 4 MPa。施工时一般在混凝土中掺入 1.0%~1.2%（体积比）的钢纤维，相当于每立方米混凝土中掺入 0.077 t，如过多则混凝土和易性不好。钢纤维长度宜为 25~60 mm，直径 0.4~0.7 mm，如过长则与混凝土拌合易成团，过短则混凝土强度增高不多，长度与直径的最佳比值为 50~70。

表 5-2 列出了美国对钢纤维混凝土和普通混凝土物理力学性能试验结果的比较，可以看出前者的物理力学性质较后者好得多，特别是它的抗疲劳强度、抗冲击能力和防止裂缝的能力更好。因此与普通混凝土路面相比，钢纤维混凝土路面厚度可以减薄 35%~45%，而缩缝间距可以增至 15~20 m，胀缝与纵缝可以不设。

表5-2 钢纤维混凝土与普通混凝土物理力学性质的比较

物理力学性质指标	普通混凝土	钢纤维混凝土
极限抗弯拉强度	2.0~5.5 MPa	5~26 MPa
极限抗压强度	21~35 MPa	35~56 MPa
抗剪强度	2.5 MPa	4.2 MPa
弹性模量	2×10^4~3.5×10^4 MPa	1.5×10^4~3.5×10^4 MPa
热膨胀系数（10^{-4}）	9.9~10.8 mm/K	10.4~11.1 mm/K
抗冲击力	480 N·m	480 N·m
抗磨指数	1	2
抗疲劳限度	0.50~0.55	0.80~0.95
抗裂指标比	1	7

在搅拌混凝土的过程中，为保证钢纤维均匀分布、不致成团，应按砂、碎（砾）石、水泥、钢纤维的顺序加入拌和机中，干拌 2 min 后，再加水湿拌 1 min。钢纤维混凝土路面可用一般混凝土路面的施工方法来铺筑，不需要特殊的机具设备。在抹面时，需将冒出混凝土表面的钢纤维拔出，否则应另加铺磨耗层。

钢纤维混凝土路面可以做成薄板、少缝，而且它的使用寿命长，养护费用少，国外一致认为它是一种新型路面材料，具有广泛的发展前途，特别是作为旧混凝土路面的罩面尤为适宜。国内有关单位也正在研究中。

8. 混凝土小块铺砌路面

块料由高强的水泥混凝土材料预制而成。抗压强度约为 60 MPa，水泥含量 $3.5 \times 10^4 \sim 3.8 \times 10^4 \text{ kg/m}^3$，水灰比 0.35，集料尺寸为 8~16 mm，块料承受磨耗的面积一般小于 0.03 m²，厚度至少 0.06 m，形状有矩形和嵌锁型（不规则形状）两类。这种路面结构由面层、砂整平层（厚 0.03 m）和基层组成，基层类型同普通混凝土路面。

9. 碾压混凝土路面

碾压混凝土是一种含水率低，通过碾压施工工艺达到高密度、高强度的水泥混凝土。碾压混凝土路面与普通水泥混凝土路面相比能节省大量的水泥，且施工速度快，养生时间短，强度高，具有很好的社会经济效益。

根据我国碾压混凝土路面的施工水平，全厚式碾压混凝土路面的平整度难以达到规定的要求。国外也没有直接用作车辆高速行驶的路面面层。因此，碾压混凝土路面一般适用于二级及其以下等级的公路。

碾压混凝土的集料最大粒径以 20 mm 为宜。当碾压混凝土分两层摊铺时，其下层集料最大粒径可采用 40 mm。

当碾压混凝土路面分两层铺筑时，可以在下层加适量的粉煤灰。碾压混凝土加粉煤灰以后，不仅降低造价，而且可以起到降低水化热，改善工作度，提高抗冻、抗渗的作用。

三、水泥混凝土路面构造

1. 土基

混凝土路面下的路基必须密实、稳定和均匀。路基一般要求处于干燥或中湿状况，过湿状态或强度与稳定性不符合要求的潮湿状态的路基必须经过处理。

路基的不均匀支承，可能由下列因素所造成。

（1）不均匀沉陷——湿软地基未达充分固结，土质不均匀，压实不充分，填挖结合部以及新老路基交接处处理不当。

（2）不均匀冻胀——季节性冰冻地区土质不均匀（对冰冻敏感性不同），或者路基潮湿条件变化。

（3）膨胀土——在过干或过湿（相对于最佳含水量）时压实，排水设施不良等。

控制路基不均匀支承的最经济、最有效的方法：把不均匀的土掺配成均匀的土；控制压实时的含水量接近于最佳含水量，并保证压实度达到要求；加强路基排水设施，对于湿软地基则应采取加固措施；加设垫层，以缓和可能产生的不均匀变形对面层的不利影响。

2. 基层

混凝土面层下设置基层的目的如下。

（1）防唧泥。混凝土面层如直接放在路基上，会由于路基土塑性变形量大、细料含量多和抗冲刷能力低而极易产生唧泥现象。铺设基层后，可减轻以至消除唧泥的产生。但未经处治的砂砾基层，其细料含量和塑性指数不能太高，否则仍会产生唧泥。

（2）防冰冻。在季节性冰冻地区，用对冰冻不敏感的粒状多孔材料来铺筑基层可以减少路基的冰冻深度，从而减轻冰冻的危害作用。

（3）减压。减小路基顶面的压应力，并缓和路基不均匀变形对面层的影响。

（4）防水。在湿软土基上，铺筑开级配粒料基层，可以排除从路表面渗入面层板下的水分以及隔断地下毛细水上升。

（5）为面层施工（如立侧模、运送混凝土混合料等）提供方便。

（6）提高路面结构的承载能力，延长路面的使用寿命。

因此，除非土基本身就是有良好级配的砂砾类土，而且是良好排水条件的轻交通道路之外，都应设置基层。同时，基层应具有足够的强度和稳定性，且断面正确，表面平整。

基层厚度以 20 cm 左右为宜。基层宽度应比混凝土路面板每侧各宽出 25~35 cm（采用小型机具或轨道式摊铺机施工）或 50~60 cm（采用滑模摊铺机施工），或与路基同宽，以供施工时安装模板，并防止路面边缘渗水至土基而导致路面破坏。在冰冻深度大于 0.5 m 的季节性冰冻地区，为防止路基可能产生的不均匀冻胀对混凝土面层的不利影响，路面结构应有足够的总厚度，以便将路基的冰冻深度约束在有限的范围内。路面结构的最小总厚度随冰冻线深度、路基的潮湿状况和土质而异。超出面层和基层厚度的总厚度部分可用基层下的垫层（防冻层）来补足。

3. 混凝土面板

混凝土面板应保证表面平整、耐磨、抗滑。混凝土面板的平整度以 3 m 直尺量测为准。3 m 直尺与路面表面的最大间隙高速公路和一级公路不应大于 3 cm，其他各级公路不应大于 5 cm。混凝土面板的抗滑标准以构造深度为指标。高速公路和一级公路不应低于 0.8 cm，其他各级公路不应低于 0.6 cm。

4. 接缝的构造与布置

混凝土面层由一定厚度的混凝土板所组成，它具有热胀冷缩的性质。由于一年四季及昼夜气温的变化，混凝土板会产生不同程度的膨胀和收缩，会使板的周边和角隅发生翘起的趋势。这些变形会受到板与基础之间的摩阻力和黏结力，以及板的自重车轮荷载等的约束，致使板内产生过大的应力，造成板的断裂或拱胀等破坏。

由于翘曲而导致裂缝发生后，被分割的两块板体尚不致完全分离，倘若板体温度均匀下降引起收缩，则将使两块板体被拉开，从而失去荷载传递作用。

为避免这些缺陷，混凝土路面不得不在纵横两个方向设置许多接缝，把整个路面分割成许多板块。

横向接缝是垂直于行车方向的接缝，共有三种：缩缝、胀缝和施工缝。缩缝保证板因温度和湿度的降低而收缩时沿该薄弱断面缩裂，从而避免产生不规则的裂缝。胀缝保证板在温度升高时能部分伸张，从而避免产生路面板在热天的拱胀和折断破坏，同时胀缝也能起到缩缝的作用。另外，混凝土路面每天完工以及因雨天或其他原因不能继续施工时，应尽量做到胀缝处；如不可能，也应做至缩缝处，并做成施工缝的构造形式。

纵向接缝是指平行于混凝土路面行车方向的那些接缝。纵缝一般按 3.0~4.5 m 设置，这对行车和施工都较方便。当双车道路面按全幅宽度施工时，纵缝可做成假缝形式。对这种假缝，国外规定在板厚中央应设置拉杆，拉杆直径可小于传力杆，间距为 1.0 m 左右，锚固在混凝土内，以保证两侧板不致被拉开而失掉缝下部的颗粒嵌锁作用。当按一个车道施工时，可做成平头式纵缝。为利于板间传递荷载，也可采用企口式纵缝，缝壁应涂沥青，缝的上部也应留有宽 6~8 mm 的缝隙，内浇灌填缝料。为防止板沿两侧路拱横坡爬动拉开和形成错台，以及防止横缝错开，有时在平头式及企口式纵缝上设置拉杆，拉杆长 50~70 cm，直径

18~20 mm，间距 1.0~1.5 m。

对多车道路面，应每隔 3~4 个车道设一条纵向胀缝，其构造与横向胀缝相同。当路旁有路缘石时，缘石与路面板之间也应设胀缝，但不必设置传力杆或垫枕。

纵缝与横缝一般做成垂直正交，使混凝土板具有 90° 的角隅。纵缝两旁的横缝一般成一条直线。在交叉口范围内，为了避免板形成较锐的角并使板的长边与行车方向一致，大多采用辐射式的接缝布置形式。

四、常用材料选择及技术标准

水泥混凝土路面常用材料包括水泥、细集料（砂）、粗集料（碎、砾石）、水及外加剂、接缝材料和钢筋。水泥混凝土质量的好坏，除了配合比和搅拌质量之外，与原材料的质量和技术指标有很大关系。因此，施工前和施工中严格科学地选择或生产高质量的原材料，是铺筑优质水泥混凝土路面的前提。

1. 水泥

作为混凝土的胶结材料，水泥应具有强度高、干缩性小、抗磨性与耐久性好的特点。水泥品种及强度等级的选用，必须根据公路路面等级、工期、铺筑时间和方法及经济性等因素综合考虑决定。水泥混凝土路面主要采用硅酸盐水泥和普通硅酸盐水泥，水泥中的铝酸三钙含量不得超过 5%，铁铝酸四钙含量不得低于 18%，氧化钙含量不得超过 1%。初凝不得早于 1.5 h，终凝不得迟于 10 h。水泥胶砂试件 28 d 龄期的干缩率不得大于 0.09%。

2. 细集料

细集料可采用天然砂（河砂、江砂或山砂），也可采用机轧的人工砂（如石屑等）。细集料坚硬、耐久、清洁，满足一定的级配及细度模数，且有害杂质含量少。

（1）细度模数。

细度模数是各号筛的累计筛余百分率之和除以 100。细度模数反映的是全部颗粒粗细程度，当考虑砂的颗粒分布情况时，应同时用细度模数和级配两项指标反映其性质。路面用砂的细度模数一般在 2.5 以上。

（2）杂质含量。

细集料中含有泥土（包括尘屑和黏土）、有机物、硫化物和硫酸盐等杂质，会妨碍水泥的水化反应。因此，细集料的含泥量应不大于3%，硫化物和硫酸盐含量（主要是三氧化硫）不大于1%；同时，砂中不得混有石灰、煤渣、草根等杂物。

3. 粗集料

为保证混凝土具有足够的强度及良好的抗滑性、耐磨性、耐久性，粗集料应质地坚硬、耐久、洁净，且符合一定的级配。

用表面粗糙且多棱角的碎石配制的混凝土具有良好的黏附性和较高的强度。砾石配制的混凝土具有良好的工作性。

粗集料的最大粒径应不大于40 mm，其级配可采用连续级配和间断级配。工程中一般采用工作性优良的连续级配，若为间断级配，应采用强力振捣。

4. 水

混凝土所用的水，应不含有影响混凝土质量的油、酸、碱、盐类、有机物等。水中硫酸盐含量不超过2.7 mg/cm^3，含盐量不超过5.0 mg/cm^3，pH值不小于4。

5. 外加剂

为改善混凝土的技术性质，在混凝土的制备过程中常掺入一定量的流变剂、调凝剂和引气剂等外加剂。

（1）流变剂。

流变剂是改善新拌混凝土流变性能的外加剂，工程中常用的流变剂为减水剂。

混凝土中加入适量的减水剂，可大大地改善新拌混凝土的工作性能或显著降低水灰比，从而提高混凝土的强度和改善混凝土的抗冻、抗磨、收缩等性能。

工程中常用的减水剂有木质素系减水剂（简称M剂）、萘系减水剂（NF、MF等）、水溶性树脂（密胺树脂）类减水剂等。

（2）调凝剂。

调凝剂是调节水泥混凝土凝结时间的外加剂，通常有早强剂、促凝剂、速凝剂和缓凝剂。

早强剂是加速混凝土早期强度发展的外加剂，常用的有氯化钙和三乙醇胺复合早强剂。

促凝剂是缩短混凝土中的水泥浆从塑性状态到固体状态的转化时间的外加剂，常用的有水玻璃、铝酸钠、碳酸钠、氟化钠、氯化钙和三乙醇胺等。

速凝剂是使水泥混凝土迅速凝结和硬化的外加剂，可用于冬季施工。常用的有红星1号、711型、782型等，通常掺入量为水泥用量的2.5%~4.0%，初凝时间可在5 min之内，终凝时间在10 min之内。

缓凝剂是延缓水泥凝结时间的外加剂，常在气温较高时拌制混凝土使用。主要有羟基羧酸盐类（酒石酸等）、多羟基碳水化合物（糖蜜等）和无机化合物类（磷酸钠等）。

（3）引气剂

引气剂能在混凝土中形成细小的、均匀分布的空气微泡，对新拌混凝土可改善其工作性、减少泌水和离析；对硬化后的混凝土，可缓冲其水分结冰膨胀的作用，提高混凝土的抗冻性、抗渗性和抗蚀性。

常用的有松香热聚物、烷基磺酸钠和烷基苯碳酸盐等，其质量应符合标准的规定，掺入量的0.005%~0.010%，并应经试验和实地试用后再确定是否适用。

6. 接缝材料

接缝材料包括接缝板和填缝料。

接缝料应选择能适应混凝土的膨胀与收缩，施工时不变形、耐久良好的材料。常用杉木板、软木板、橡胶、海绵泡沫树脂类等。

填缝料应选择与混凝土板壁黏结力强、回弹性好、能适应混凝土的收缩、不溶于水、不掺水、高温不溢、低温不脆的耐久性材料。按施工温度可分为加热施工式和常温施工式两种：加热施工式填缝料主要有沥青橡胶类、聚氯乙烯胶泥类和沥青玛蹄脂类等；常温施工式填缝料有聚氨酯焦油类、氯丁橡胶类和乳化沥青橡胶类。

在路面工程中，接缝中的软木板、加热式施工填料中聚氯乙烯胶泥和常温式施工中KM880建筑密封膏以及聚酯改性沥青性能较好。

7. 钢筋

水泥混凝土路面所用的钢筋有传力杆、拉杆及补强钢筋等。钢筋的品种、规格应符合设计要求，且应清除表面油污和颗粒状或片状锈蚀。

第二节　水泥混凝土路面施工工艺

施工质量直接影响水泥混凝土路面质量，而其关键是路面混凝土摊铺的机械和技术。路面机械化施工不仅可提高施工速度和施工质量，还可降低工程造价。常见的大型摊铺设备有滑模摊铺机和轨道摊铺机，由于我国各地经济发展水平各不相同，大型摊铺设备前期投资较大，因此在混凝土施工中还大量存在小型机具施工和三辊轴机组施工。

无论采用何种施工方式，施工前都要做好准备工作，这是保证施工顺利进行和施工质量的前提，主要有以下几个方面：编制好施工组织设计，建立健全全面的质量管理体系；现场清理和水电供应、施工道路、拌和站建设、办公生活用房等辅助设施建设；原材料的准备和性能检验以及混凝土配合比检验调整；对基层的平整度、压实度、高程、横坡等指标进行检查和处理休整，并洒水湿润；严格按照要求安装模板。

一、小型机具施工

由于我国经济水平限制和施工需要，虽然小型机具施工速度慢，人为影响质量较大，但仍然得到广泛应用，尤其是在二级以下公路建设中占很大比例。

水泥混凝土小型机具施工主要有以下工序：测量放样→安装模板→架设传力杆和拉杆→拌和物搅拌和运输→摊铺成型→表面修整→抗滑构造制作→接缝施工→养生。小型机具施工主要机械设备有：配备自动质量计量设备的间歇式搅拌的强制式搅拌机，一般选用双卧轴式；插入式振捣棒、平板振动器和振动梁等振捣工具；提浆滚杆、叶片式或圆盘式抹面机、3 m 刮尺和抹刀等整平抹面工具；拉毛机、工作桥、硬刻槽机等抗滑构造设备以及运输车辆；小型机具选型和配套时应根据工程规模、质量要求和工期等要求进行合理配置。

小型机具铺筑水泥混凝土路面时，在摊铺前一定要做好检查准备工作。施工现场应有专人指挥卸料，拌和物应分布成均匀的小堆，以方便摊铺。若拌和物有离析，应用铁锹翻拌均匀，严禁加水。用铁锹送料应反扣，严禁抛掷和耧耙。面板的厚度在 22 cm 以下，可一次摊铺；若超过 22 cm，应分层摊铺。人工摊铺拌和物的坍落度应控制为 5~20 mm。拌和物松铺系数应通过现场试验确定，一般控制为 1.10~1.25，料偏干取较大值，反之取较小值。

拌和物摊铺均匀后，应采用插入式振捣棒、平板振动器和振动梁配合进行振捣成型，这是保证混凝土路面质量的关键。每个车道应配备两根振捣棒。振捣时，先用振捣棒按梅花桩位置交错振捣，每次振捣不应少于 30 s，以拌和物不再冒气泡和泛出水泥浆并停止下沉为止。振动棒移动间距应不大于 50 cm，离板边缘应不大于 20 cm，并避免和模板、钢筋、传力杆、拉杆碰撞，在边角位置应特别注意仔细加以振捣。

插入振捣棒振捣后，用振动板全面振实，每车道配 1 块振动板，纵横交错振捣两遍。振动板移位时，应重叠 10~20 cm，在每一位置振动时间应以振动板底部和边缘泛浆厚度为（3±1）mm 为限，时间不少于 15 s，注意不能过振。然后用振动梁进一步振实整平提浆，振动梁应垂直路面中线，沿纵向拖行，往返 2~3 遍，使表面泛浆均匀平整。振动梁应具有足够的刚度和质量，底部应焊接或安装深度 4 mm 左右的粗集料压实齿，每个车道上应配备一根具有两个振动器的振动梁。

在振捣过程中，应随时进行人工找平，找平中所用拌和物应用同一批次的拌和物，严禁使用砂浆。还应随时检查模板、拉杆、传力杆、钢筋网位置，出现问题及时调整。

采用两次摊铺时，两层摊铺间隔时间应尽量短，上层振捣必须在下层初凝前完成。

振实作业完成后，可通过滚杆、抹面机或大木抹进行整平。整平时先用滚杆提浆整平，每车道配备一根滚杆，整平时第一遍应短距离缓慢一进一退拖滚或推滚，以后要长距离匀速拖滚两遍并将水泥砂浆始终保持在滚杆前方。

拖滚后，用 3 m 刮尺纵横各一遍整平饰面或采用抹面机往返 2~3 遍压浆并整平抹面。使用抹面机时，每车道应配备至少一台。抹面机完成作业后，应进行清边整缝，清除黏浆，修补缺边、掉角，清除抹面留下的痕迹，并用 3 m 刮尺纵横各一遍精平饰面。精平饰面后，平整度要达到规定要求。

二、三辊轴机组摊铺施工

三辊轴机组是介于小型机具施工和摊铺机施工之间的一种中型施工设备，比摊铺机成本低，适应性强，操作简单方便，能达到较高的平整度。

三辊轴机组施工工艺流程以及机械布置顺序为：测量放样→装模板→拌和物拌和与运输→布料机具布料→排式振捣机振捣→拉杆安装机安装拉杆→人工找补→三辊轴整平→（真空脱水）→精平饰面→抗滑构造制作→接缝施工→养生→硬刻槽→填缝。

三辊轴机组施工的摊铺能力不是很强，因此要特别注意布料的均匀性，准确控制布料高度，要有专人指挥车辆均匀卸料，布料可用人工也可用装载机或挖掘机布料。人工布料时，应使用排式振捣机前方的螺旋布料器辅助控制松铺厚度。在坍落度为 10~40 mm 的拌和物松铺系数应取 1.12~1.25，坍落度大时取低值，坍落度小时取高值。超高路段和有横坡路段，摊铺应考虑横坡影响，松铺系数横坡高侧取高值，低侧则取低值。

当混凝土摊铺长度超过 10 m 时，应立即进行振捣密实。振捣时，每次移动距离不宜超过振捣棒有效半径的 1.5 倍，且不得大于 50 cm，振捣时间一般为 15~30 s，以拌和物中粗集料停止下沉表面不再冒泡并泛出水泥浆为准，注意不能过振。振捣中，排式振捣机应均匀缓慢不间断地前进。

面板振实后，应立即安装拉杆。单车道施工时，应在侧模预留孔中按设计要求在板厚度中间插入钢筋拉杆；双车道摊铺施工时，除在侧模插入钢筋拉杆外，还要使用拉杆插入机在中间纵缝部位按设计要求插入钢筋拉杆，插入钢筋拉杆后立即振捣拌和物，以使拌和物充分包裹拉杆。

混凝土拌和物振捣后，工作性损失较快。若布料长度较短就开始振动，三辊轴整平机不能立刻跟上施工，两道工序间隔时间较长，会使拌和物工作性损失较高，造成以后施工较困难。因此应在布料达一个作业单位长度才开始振实，并紧跟三辊轴整平机进行整平，两道工序间隔时间不宜大于 10 min。

三辊轴整平机作业长度一般为 20~30 m。在一个作业长度内，三辊轴机应采用前进振动、后退静滚的方式作业，其作业遍数一般为 2~3 遍，不得超过 3 遍。振动时，调整好振动轴的高度，与模板顶面留 2 mm 间隙，振动轴只能打击削平拌和物表面。由于三辊轴机自重较大，施工中要随时注意观察模板情况，出现问题需要立即纠正。

振动滚压完成后，将振动辊轴抬离模板，用整平轴前后静滚整平，静滚遍数要足够多，一般为 4~8 遍，直到平整度符合要求，表面砂浆厚度和水灰比均匀为止。最终表面砂浆厚度应控制在（4±1）mm 内。三辊轴整平机前方表面过厚过稀的砂浆必须刮除丢弃，以改善表面的抗滑性及耐磨性。

三辊轴整平机基本整平路面后，应立即采用 3~5 m 刮尺进行刮面。刮尺应纵向摆放，横向推拉，速度要均匀，每次推拉要一次完成，不停顿，并调整好刮刀与路面的接触角度。

待表面泌水蒸发消失后，再使用刮板或抹刀进行 1~2 遍收浆饰面或抹光。经过抹光处理后，再进行抗滑构造施工，可明显提高表面耐磨性。收浆饰面应在泌水蒸发消失、混凝土表面还能够压实但不留下明显浆印时进行。

三、碾压混凝土路面施工

碾压混凝土施工技术是利用沥青混凝土摊铺机铺筑碾压混凝土的施工方法，一般施工流程为：碾压混凝土拌和→运输→卸入沥青摊铺机→沥青摊铺机摊铺→打入拉杆→钢轮压路机初压→振动压路机复压→轮胎压路机终压→抗滑构造处理→养生→灌切缝→灌缝。配置的主要机械设备有沥青摊铺机、钢轮压路机、振动压路机、轮胎压路机和其他一些辅助设备。

基准线是碾压混凝土施工的生命线，在施工前要完成基准线的设置，单根基准线一般不超过 450 m，基准线设置宽度除应保证摊铺外，还应满足两侧 650~1 000 mm 横向支距的要求，基准线桩在直线段一般间距为 10 m，曲线段要加密设置，但间距不能小于 2.5 m。固定线桩时，应保证夹线臂到基层距离为 450~750 mm，设置好后应以不小于 1 000 N 的拉力对基准线进行张拉。

碾压混凝土摊铺前应先洒水湿润基层，摊铺速度要均匀、连续，不要随意变换速度或停顿，速度可按下式计算确定，一般控制在 0.6~1.0 m/min 范围内。

$$v=MK/60bh$$

式中：v——摊铺机速度，m/min；

　　　M——搅拌机产量，m³/h；

　　　b——摊铺宽度，m；

　　　h——摊铺厚度，m；

　　　K——效率系数，一般为 0.85~0.95，使用一台搅拌机时选低值，多台时选高值。

碾压混凝土路面摊铺时的松铺系数应根据混凝土配合比，施工机械由试铺决定。摊铺布料时应使用螺旋布料器，转速和摊铺速度相适应，防止两边缘料不足。

在摊铺到弯道路段时，应及时调整左右两侧分料器的转速，防止两侧供料不均衡。在摊铺中，应同时设置拉杆，通过设置醒目的标记保证拉杆准确打入。

摊铺完成后，应立即对混凝土表面进行检查，修补缺陷，局部缺料应及时补上，粗集料集中部位采用湿筛砂浆进行弥补。

当摊铺长度超过 30 m 即可进行碾压，一般碾压作业段长度为 30~40 m。碾压按初压、复压、终压三个阶段进行。碾压时，在直线段应按从外侧向路中心碾压；在平曲线及超高路段，由低侧向高侧、由内向外碾压。

初压一般要用钢轮压路机或振动压路机静压，相邻碾压带应重叠 1/3~1/2 碾压宽度。

在复压过程中应禁止振动压路机中途急停、急拐、紧急起步和快速倒车，要缓慢柔顺。复压要使混凝土达到规定压实度为止，一般为 2~6 遍。

终压采用轮胎压路机静压，终压遍数应以弥合表面微裂纹和消除轮迹为标准。

初压、复压、终压作业要紧密相连，环环相扣，一气呵成，中间不停顿，相互间也不得干扰。

碾压混凝土横向施工缝和其他方法相比较特殊，宜为"台阶状"。目的是便于插入传力杆和接头处碾压密实，其制作方式为：在施工终点处设纵向斜坡，碾压结束后将不合格部位切除，第二天摊铺开始时，后退 15~20 cm，切割施工缝，深度为 8~10 cm，并将切缝外混凝土刨除形成台阶，然后涂刷水泥浆，继续连接摊铺新路面，硬化后切施工缝。

第三节　轨道式摊铺机施工

一、轨道摊铺工艺流程

轨道式施工是指在基层上铺设两条轨道板，作为路面侧向支撑和路型定位模板，顶部作为路面表面基准，施工机械行驶在轨道上进行布料、振动密实、成型、修整和拉毛、养生的混凝土路面施工法。

轨道摊铺施工的工艺流程为：准备工作→混凝土搅拌→人工支模板→架设拉

杆→布料→振捣→表面修整→接缝施工→抗滑构造制作→养护→锯缝填缝→路面性能检测→竣工验收→开放交通等。

二、混凝土的拌和与运输

混凝土组成材料的技术指标和配比计量的准确性是混凝土拌制的关键，实际施工中采用集料箱加地磅的方法计量，有条件时宜采用配有电子秤等自动计量设备。如用国产强制式拌和机拌制坍落度为 1~5 cm 的混凝土，其最佳拌制时间为：立轴强制式拌和机为 90~180 s，双卧轴强制式拌和机为 60~90 s，最长拌制时间不超过最短拌制时间的 3 倍。拌和中需外加剂时，应对外加剂单独计量。各材料的计量精度、水和水泥不超过 ±1%，粗细集料不超过 ±3%，外加剂不超过 ±2%。

运输中，如因蒸发和水化失水、颠簸和振动使混凝土发生离析，影响混凝土的工作性，应尽量缩短运输时间，并用帷布或适当的方法覆盖。

机械化施工时，可采用自卸汽车或搅拌车运输混凝土。一般坍落度大于 5 cm 时宜用搅拌车运输，运输时间不宜超过 1.5 h，自卸车不宜超过 1.0 h，特殊情况时，可使用缓凝剂。

三、混凝土的摊铺与振捣

1.轨道模板安装

轨道摊铺机施工是在使用轨道和模板合一的专用机模上行进摊铺，其模板要求较高，一般其单根长度 3 m，底面宽度为高度的 80%，轨道顶面应高于模板 2~4 cm，轨道中心至模板内侧边缘距离一般为 12.5 cm。轨道准备的数量应根据施工进度和施工气温并满足拆模周期需要而定，一般不少于 3~5 d。

安装时，以轨道模板顶面高程为基准控制路面表面的高程，其高程控制的精确度、铺轨是否平直、接头是否平顺、模板的刚度将直接影响路面表面的质量和行驶性能。轨道用螺栓和垫层固定在模板支座上，模板用钢钎固定在基层上，安装后应对照摊铺厚度进行调整检测，并在模板内涂刷脱模剂和隔离剂，接头应黏胶带或塑料薄膜密封。设置纵缝时，应按要求间距在模板上预先做孔放置拉杆。各种钢筋的安装位置偏差不得超过 1 cm；传力杆须与板面平行并垂直接缝，偏差不得超过 5 mm；传力杆间距不得超过 1 cm。

2. 摊铺

轨道摊铺机通过卸料机将混凝土倾卸在基层上或料箱内，然后将混凝土按摊铺厚度均匀地铺在模板中，常用的摊铺机械主要有刮板式、箱式、螺旋式。

刮板式摊铺机能在模板上自由前后移动，导管也能左右移动，刮板可以任意方向旋转摊铺。这种摊铺机质量轻、易操作，但摊铺能力较低。

箱式摊铺机在前进时从横向移动的箱中卸下混凝土，同时箱子的下端按松铺厚度刮平混凝土。混凝土一次全部放入箱内，质量大，摊铺均匀而准确。

螺旋式摊铺机的摊铺能力很强，由可以正反方向旋转的螺旋杆（直径约50 cm）将混凝土摊开。螺旋后面有刮板，可正确调整高度。

布料松铺系数应根据拌和物实测坍落度确定，一般在 1.15~1.30，具体见表5-3。

表5-3　松铺系数 K 与坍落度 SL 的关系

坍落度/mm	5	10	20	30	40	50	60
松铺系数	1.30	1.25	1.22	1.19	1.17	1.15	1.12

使用螺旋布料器和刮板布料时，卸在铺筑宽度中间的拌和物不得过高、过大，也不得缺料，螺旋布料器前拌和物应保持在面板以上 10 cm 左右。

箱式布料一般应用在摊铺钢筋混凝土路面和有裸露粗集料的抗滑表层路面。其装料时应关闭料斗出料口，运到布料位置时，轻轻打开出料口，待拌和物堆成"堤状"，再左右移动料斗布料。

3. 振捣

混凝土的振捣可采用振捣机或内部振动式振捣机进行。

振捣机在摊铺机后面对混凝土进行整平和捣实。在振捣梁前方设置一道与铺筑宽度相同的复平刮梁，后面是一道全宽的弧面低频率弹性振动梁。振动频率一般为 50~100 Hz，复平刮梁前沿堆有确保充满模板的不超过 15 cm 厚的余料。弹性振动梁通过后混凝土已全部振实，其后的混凝土应控制有 2~5 mm 的回弹高度，挤出砂浆，进行整平。靠近模板处的混凝土可用插入式振捣器补充振捣。内部振动式振捣机主要用并排安装的振捣棒插入混凝土中进行内部振实。

四、混凝土的修整与养生

振实后的混凝土应进行整平、收光、压纹和养生。

1. 整平

混凝土的表面整平有斜向和纵向移动两种，用一对与摊铺机前进方向成一定角度的整平梁进行斜向整平（其中有一根为振动整平梁），与摊铺机方向一致的整平梁在混凝土表面纵向往返移动做纵向整平。整平时，应使整平机前的混凝土涌向路面横坡的一侧。

2. 收光

收光是使混凝土的表面更加致密、平整、美观。常用的国产 C-450X 机有较完备的整平、修光配套设施，整平质量较高。有时，也可由人工辅助收光。

3. 压纹

压纹是提高水泥混凝土路面行车安全的重要措施。施工时，用纹理制作机对混凝土路面进行拉槽或压槽，在不影响平整度的前提下，使路表面具有一定的粗糙度。纹理的平均深度一般控制在1~2 mm以内，纹理走向应与路面前进方向垂直，相邻板的纹理要相互衔接，相互沟通，以利排水。压纹的时间要控制适当，以混凝土表面无波纹水迹较适合。

4. 养生

混凝土的表面修整后，应进行养生。初期可用活动的三角形罩棚将混凝土全部遮盖。等混凝土的表面泌水消失后，可用洒水、薄膜、湿草或麻袋覆盖。有时也可喷洒养生液进行养生，用量要足够、均匀。使用普通硅酸盐水泥时养生时间一般为 14 d，使用早强水泥时养生时间为 7 d。

拆卸轨模应根据不同气温条件、混凝土抗压强度达到 8.0 MPa 以上时方可进行。模板一般在浇注混凝土 60 h 后才可拆除，气温不低于 10℃时，可缩短至 20 h；低于 10℃时，可至 36 h。拆除模板时，不得损坏混凝土板和模板，拆除的模板应及时清理。混凝土养生期满后，才可开放交通。

五、接缝施工

1. 纵缝

平缝施工应在模板上设计的孔位放置拉杆，并在缝壁一侧涂刷隔离剂。拉杆应采用螺纹钢筋，顶面的缝槽以切缝机切成，用填料填满，并将表面的黏浆等杂物清理干净，保持纵缝的顺直和美观。

假缝施工应预先将拉杆采用门形式固定在基层上，或用拉杆置放机在施工时置入。顶面的缝槽以切缝机切成，使混凝土在收缩时能从此缝向下规则开裂，施工时应防止切缝深度不足引起不规则裂缝。

2. 横向缩缝

混凝土结硬后，应适时切缝。切缝时间应控制在混凝土获得足够的强度，而收缩应力并未超出其强度范围时，以防切缝不整齐或出现早期裂缝；一般切缝时间以施工温度与施工后时间乘积为 200℃~300℃/h 或混凝土的抗压强度为 8~10 MPa 时比较合适。切缝的方法以调深调速的切缝机锯切效果较好，为减少早期裂缝，切缝可采用"跳仓法"，即每隔几块板切一缝，然后再逐块切锯。切缝深度为板厚的 1/4~1/3，切缝太浅会引起不规则断板。

3. 胀缝

胀缝分浇注混凝土终了时设置和施工中间设置两种情况。

施工终了时设置胀缝，可采用以下形式。传力杆长度的一半穿过端部挡板，固定于外侧定位模板中，混凝土浇筑前应先检查传力杆位置。浇注时，应先摊铺下层混凝土，用插入振捣器振实，并校正传力杆位置，再浇注上层混凝土。浇筑邻板时应拆除顶头木模，并设置下部胀缝板、木制嵌条和传力杆套管。

施工过程中间设置胀缝则可采用以下形式。胀缝施工应预先设置好胀缝板和传力杆支架，并预留好滑动空间。为保证胀缝施工的平整度以及机械化施工的连续性，胀缝板以上的混凝土硬化后用切缝机按胀缝板的宽度切 2 条线，待填缝料时，将胀缝板以上的混凝土凿去。这种施工方法对保证胀缝施工质量特别有效。

4. 施工缝

施工缝为施工间断时设置的横缝，常设于胀缝或缩缝处，多车道施工缝应避免设在同一横断面上。施工缝如设于缩缝处，板中应增设传力杆，其一半铺固于混凝土中，另一半应先涂沥青，允许滑动。传力杆必须与缝壁垂直。

5.接缝填封

混凝土板养生期满后应及时填封接缝，填缝内必须清扫干净并保持干燥。填缝料应与混凝土缝壁黏结紧密，不渗水，其灌注深度以 3~4 cm 为宜，下部可填入多孔柔性材料。填缝料的灌注高度，夏天应与板面平齐，冬天宜稍低于板面。

当用加热施工式缝料时，应不断搅匀至规定温度。气温较低时，应用喷灯加热缝壁，个别脱开处应用喷灯烧烤，使其黏结紧密。用的强制式灌缝机和灌缝枪，能把改性聚氯乙烯胶泥和橡胶沥青等加热施工式填缝料和常温施工式填缝料灌入缝宽不小于 3 mm 的缝内，也能把分子链较长、稠度较大的聚氨酯焦油灌入 7 mm 宽的缝内。

第四节　滑模式摊铺机施工

一、概述

施工技术直接影响水泥混凝土路面的使用性能，而其关键是水泥混凝土路面摊铺机械和技术。我国水泥混凝土路面发展迅速，每年铺筑 1.5 万 km 以上，且交通运输向大型重载高速发展，这些都要求加快施工速度，提高施工质量降低工程造价。因此客观上要求在水泥混凝土路面施工中采用滑模施工等机械化施工。

滑模施工是一种采用滑模摊铺水泥混凝土路面的机械化施工工艺方式，其特征是不架设边缘固定模板，将布料、松方控制、高频振捣棒组、挤压成形滑动模板、拉杆插入，抹面等机构安装在一台可自行的机械上，通过基准线控制，能够一遍摊铺出密实度高、动态平整度优良，外观几何形状准确的水泥混凝土路面。

滑模施工与其他施工技术相比具有以下特点。

（1）滑模摊铺机有密集排列均匀配制的振捣棒，振动强度高、振动速度大，对水泥的活性有很大激发作用，使水泥的水化反应程度加深。试验表明，滑模施工的水泥混凝土路面比人工施工的抗折强度高 10%~15%。

（2）滑模摊铺机吨位大，有自重 50%~70% 的挤压力作用于振捣过的混凝土路面。由于具备强大的挤压成形和进一步密实作用，因而滑模摊铺施工的水泥混凝土路面外观规矩、密实度高、抗折强度的保证率高得多。

（3）节约材料和人工费用。滑模摊铺不需架设模板，无模板及其损耗，且因自动化程度高，需辅助生产的劳动力比其他施工方式少得多，其生产率是人工施工的5~10倍。

（4）生产效率高，摊铺速度快。国内日施工最快可达15 300 m²（8.5 m宽，26 cm厚路面），正常情况下，可施工场8 500 m²。

（5）水泥混凝土配料精度和均匀稳定性极高。由于滑模摊铺混凝土速度快，必须使用数台大型混凝土搅拌机生产混凝土配合，大型搅拌机计量精度和自动化程度较高，从而极大地提高水泥混凝土拌和物的精度。

（6）自动化程度高。滑模摊铺机具有变动防差错系统、自动学习系统、自动设置路线弯道参数等高技术计算机操作系统，是筑路机械设备中高新技术应用最充分的先进路面施工装备之一。

2020年起，滑模摊铺施工的逐步推广已经极大地提高了我国水泥混凝土摊铺效率及水泥混凝土路面质量，充分发挥了水泥混凝土路面的优势。

二、滑模摊铺工艺流程

滑模摊铺的特点是不需轨模，由四个液压缸支承腿控制下履带行走机构行走。它可以通过控制机构上下移动调整摊铺层厚度。在摊铺机两侧设置有随机移动的固定的滑模板，因此不需另设轨模。这种摊铺机一次通过就可以完成摊铺、捣实、整平等多道工序。

滑模摊铺机械化程度高，其施工工艺较为复杂，每一个流程都要求做到充分、精确，整个施工工艺大致可分为：施工前准备→混凝土拌和→混凝土运输→滑模摊铺及整修养护→灌填缝料→验收及开放交通。

1. 施工工艺

滑模式摊铺机的摊铺过程如下：先由螺旋摊铺器把堆积在基层上的水泥混凝土向左右横向铺开，刮平器进行初步刮平，然后用振捣器进行捣实，刮平器进行振捣后整平，形成密实而平整的表面，再利用搓动式振捣板对混凝土层进行振实和整平，然后用光面带进行抹面。

混凝土面层滑模式摊铺机的其他施工工艺与轨道式基本相同，但其整机性能好，操纵方便和采用电子导向，因此生产率较高。

2.滑模式摊铺机施工常见问题

滑模式摊铺机施工中，主要解决塌边和麻面问题。

（1）塌边。

主要有边缘塌落、边缘倒塌和松散无边等，它影响到路面的质量，增加修边的工作量。

①边缘塌落。边缘塌落影响路面的平整度和坡度，对双幅施工的整体路面会造成中间积水。应根据混凝土的坍落度调整一定的预抛高度，使坍落定型时恰好符合设计的边缘要求，同时，摊铺速度宜控制在2~4 m/min。

②倒边和松散无边。使用立轴式混凝土拌和设备时，拌和料应避免出现离析现象，否则，在边缘处就会出现倒边，在路中间就会出现麻面。

布料器布料时往往将混凝土稀浆分到两边，可用人工粗布料或适当调整靠边侧的振动器的振动频率。

另外，应注意集料的形状和配合比。扁平状或圆状集料成型较差，一般混凝土的坍落度不大时，塌边是可以避免的。

（2）麻面。

混凝土的坍落度值低是形成麻面的主要原因，此外，拌和不均匀也会导致麻面。施工时应严格控制混凝土的坍落度，这就要求高精度的拌和设备和计量装置。

三、滑模施工机械设备配置

水泥混凝土路面滑模施工机械由各施工单位根据路面结构设计、工期要求、公路等级等条件，按照"性能先进适用、生产能力匹配，施工稳定高效"的原则选择配置。

高速公路、一级公路主要道施工，一般应选配能同时摊铺2~3个车道、宽度为7.5~12.5 m的大型或12.5~16.0 m特大型摊铺机。选择特大型摊铺机施工时，其外侧路肩的宽度要大于履带宽度加上基准线间距，二级以下路面的最小摊铺宽度不得小于3.75 m。

滑模摊铺机应配备螺旋式刮板布料器，松方高度控制板，振动排气仓，足够的振动棒、夯实杆或振动差动搓平梁、自动抹平板，可提升模板、侧向及中部打拉杆装置，需要时可配备自动传力杆插入装置（DBI），需夜间施工时应配备照明设备。施工单位根据自身条件和工期要求，可选择配备布料机、滑模摊铺机和拉毛养生机三台设备联合施工，也可只配备一台滑模摊铺机，其他由人工辅助施工。滑模连续摊铺规模较大的钢筋混凝土路面、桥面、桥头搭板时，一般应配备侧面上料的布料机或自带侧向上料机构的滑模摊铺机。

四、基准线设置

设置基准线的目的是为滑模摊铺建立一个高程、纵横坡、板厚、摊铺中线、弯道及连续平整度等基本几何位置的基准参考系。滑模摊铺的基准线设置方式有基准线、方铅管和多轮支架等。除基准线外，其他方式要求基层必须经过精整机铣刨达 3 m 直尺平整度 ≤ 3 mm，而我国施工中一直要求平整度为 8 mm，在这种条件下，为保证滑模施工的高平整度不宜采用其他简易基准设置方式。

1. 基准线形式

基准线按照所摊铺路面横坡方向和基准线位置可分为单向坡双线式、单向坡单线式和双向坡双线式三种形式。

（1）单向坡双线式：所铺路面横向坡为单向坡，基准线位于摊铺机两侧。

（2）单向坡单线式：只在摊铺机一侧设基准线，适用于在已摊铺好的水泥混凝土面板边缘摊铺另一幅水泥混凝土面板。

（3）双向坡双线式：所摊铺面板横向坡为双向坡，基准线位于摊铺机两侧，基准线上没有横坡。

2. 设置基准线的技术要求

设置基准线时，拉线到摊铺面板边缘的距离应根据摊铺机侧模到传感器的位置而定，一般 2~4 履带跨中摊铺机，需 0.65~1.50 m，这个宽度又称为基准线支距。放线桩应打入基层 10~15 cm，当打入困难时，应采用电钻打孔后再打。基层顶面到夹线臂的高度为 45~75 cm，夹线臂夹口到桩的水平距离约为 30 cm。

放线桩距离在平面直线段 ≤ 10 m；圆曲线段应加密，在小半径弯道或山区极小半径的回头弯道上，内侧为 2.5 m~5.0 m，外侧为 3.5~7.0 m；平面缓和曲线段或纵断面竖曲线段为 5~10 m。

基准线两端应设固定紧线器，并偏置在放线桩外侧 30~50 cm 处；基准线必须张紧，每侧拉线应施加 1 000 N 的拉力，张紧后基准线的垂度≤1 mm。张拉线时，每段基准线的长度不大于 400 m，否则全线张紧会较为困难。

3. 基准线的精度要求

基准线是为滑模摊铺机上的 4 个水平传感器和 2 个方向传感器提供一个精确与路面平行的水平（横坡）和直线（转弯）方向平面基准参考体系，其精度高低决定着路面摊铺的几何精度和平整度。因此基准线是滑模摊铺施工的"生命线"，是保证摊铺出的面板的高程、横坡、板厚、板宽等技术指标符合规范要求的必要条件。

4. 基准线放线时的注意事项

（1）为保证拉线准确性，设置平面基准线时，必须边测设边用眼睛贴近拉线观测。在有中央路拱的平面圆曲及缓和曲线段拉线时，除拉线准确外，应在每个放线桩外标出摊铺拱中垂直高度，便于机手调整和渐变路拱的路面横坡。曲线及过渡段基准线设置好以后，在摊铺前必须由另一测工进行校核，防止出现差错。

（2）在地形复杂的山区公路施工，测量人员设置拉线时，应切实了解最小可摊铺的弯道半径。一般滑模摊铺机可施工的最小弯道半径≥50 m；带加长侧模板的滑模摊铺机最小弯道半径≥75 m。小转角弯道最小半径及侧模长度为 50~75 m；大转角回头曲线最小半径为 75~100 m。如不注意，将损坏所铺弯道路面或滑模摊铺机侧面板。

（3）基准线设置好以后，禁止扰动，在摊铺时，严禁碰撞和振动基准线，接头不得大于 1 cm。风力大于 5 级时，基准线不稳定，振动过大，影响摊铺平整度，应停止施工。

基准线设置宜在施工前一天完成。摊铺前应对基准线进行复测或抽查。

五、滑膜摊铺水泥混凝土路面施工要点

1. 施工前准备

应对施工前准备工作进行全面细致的检查，检查基准线是否符合板厚要求，设备和机具是否全部到位，运转是否正常；基层是否合格，是否清扫和洒水湿润；在横向连接摊铺时，传力杆是否矫正补齐，纵缝是否顺直，沥青是否涂抹等。这

一切都是通过大量实践经验得来的,如板厚必须在摊铺前基准线上控制就是通过多条高速公路施工总结得到的。

2. 正确设置滑模摊铺机各项工作初步参数

摊铺前,应对滑模摊铺机进行全面性能检查和各施工部件位置参数设定,参数的正确设定是滑模摊铺操作技术中最关键的技术环节之一,也是摊铺机调试中最重要的内容。这些参数通过试铺固定下来,在正式施工时根据现场情况适当微调。设置时注意振捣棒下缘位置应在挤压板最低点以上,间距不宜大于 45 cm,并均匀排列;最边缘振捣棒与摊铺边缘不大于 25 cm;调整挤压板前倾角为 3°左右,提浆夯板的位置为挤压板前沿以下 5~10 mm;设超铺角的滑模摊铺机两边缘超高程应根据料的稠度在 3~8 mm 间调整;带振动搓平梁的滑模摊铺机应将搓平梁前缘调整到与挤压板后沿同一高程,搓平梁的后缘比挤压板后沿低 1~2 mm,并与路面高程相同。

3. 摊铺机首次摊铺位置矫正

首次摊铺时,在无纵坡和弯道的摊铺起点位置钉 4 个矩形分布的木桩,其顶面高程分别为挤压底板的 4 角点高程。后两桩为路面高程,前两桩在路面高程上应加挤压底板前倾角高程。有路拱时应增设拱中两个桩,准确测量摊铺机底板高程、横坡度和路拱,将传感器挂到基准线上,调整水平传感器立柱高度,使摊铺机挤压底板正好落在精确测量设置好的木桩上,同时调整摊铺机机架前后左右水平度。让摊铺机挂线自动行走,再返回校正一遍,正确无误后,即可摊铺。

4. 初始摊铺校正

在开始摊铺前 5 m 内,必须对所摊出的路面高程、厚度、宽度、中线、横坡度等技术参数进行复核测量,机手应根据测量结果及时在摊铺中微调传感器、挤压底板、拉杆打入深度及压力、抹平板的压力及边缘位置。严禁停机剧烈调整高程、中线、横坡等,以免影响平整度。调整应在 10 m 内完成。摊铺效果达到要求的参数要固定保护起来,严禁非机手更改或撞动。第二天连接摊铺时,应将摊铺机后退至前一天做的侧向收口工作缝(收口每侧 5 m,长度与侧模等长或略长)路面内,到挤压底板前沿对齐工作缝端部,开始摊铺。

5. 卸料、布料要求

(1)滑模摊铺混凝土路面时,必须有专人指挥车辆卸料。自卸车卸料时,卸料应分布均匀,以减少摊铺机的摊铺负荷。最高料位高度不得高于松方控制板上缘，正常料位高度应在螺旋布料器叶片上缘以下。机前缺料时，可用装载机或挖掘机补充送料，并要求供料和摊铺速度协调。

（2）布料要求采用布料机施工，松铺系数应视坍落度大小由试铺确定，当坍落度为 1~5 cm 时，松铺系数宜为 1.08~1.15；坍落度为 3 cm 时，松铺系数应控制在 1.1 左右。布料与滑模摊铺机之间的距离应控制为 5~10 m。热天日照强、风大时取小值，阴天、湿度大、无风时取大值。

6. 摊铺过程中操作要领

（1）机载布料器控制。滑模摊铺机带的布料器有螺旋布料器和刮板布料器两种形式。刮板布料器的优点是布料效率高，摊铺阻力小，刮板磨损少，便于更换；缺点是对混合料不能进行二次机前搅拌，容易造成混合料离析和两侧混凝土不均匀。螺旋布料器则相反，具有优良的机前二次搅拌效果，离析小，分布的混凝土均匀，布料效率高，效果好；但是摊铺阻力大，螺旋棱磨损快，堆焊加强和更换比较麻烦，一般施工情况下，施工完成 30~50 km 的高速公路就不得不更换螺旋。

螺旋布料器在机上的固定形式有两种：连续单根和中间分开独立控制。在摊铺宽度较窄的单车道路面时，适合单根形式，可将卸偏的混凝土从一侧分布到另一侧，但两根螺旋布料器的形式因中间支撑的阻隔较难做到。在摊铺双车道大宽度路面时，在摊铺宽度内可同时卸两车料，使用独立控制的两根螺旋布料器较适宜。注意布料要均匀，特别注意两侧边角的料要充足。螺旋布料器有很强的机前二次搅拌功能。如机前料充足，但不均匀时，应连续不断地左右旋转，以达到充分混合搅拌均匀的目的。

（2）松方高度控制板控制。松方高度控制板或称进料门的控制技术是滑模摊铺施工的第一关。控制得好，施工顺畅；控制不好，不仅是平整度差，而且会损坏滑模摊铺机。摊铺过程中，机手应随时调整松方高度控制板进料位置，开始应略高些，以高于振捣棒 15 cm 左右为宜，以保证进料；正常料位以保持振捣仓内砂浆位高于振捣棒 10 cm 左右较为适宜，以利于振动仓内混凝土中的气泡受振动彻底排放掉。进料门应尽量控制在振捣仓内的混凝土基本维持在一个适宜的恒定高度上，根据我国的施工经验，这个高度一般为振捣棒中心线以上 10 cm 左右较适宜。仓内有螺旋的摊铺机，正常料位应保持在螺旋杆中轴位置。

（3）摊铺行进速度控制。滑模摊铺机应缓慢、匀速、连续不间断摊铺。摊铺速度应根据拌和物稠度和设备性能进行控制，一般为 1 m/min 左右。当稠度发生变化时，应先调整振捣频率，再调整速度。一般拌和物偏稀时，应适当降低振捣频率，加快摊铺速度，最快控制为 2 m/min，最低振捣频率不得低于 6 000 r/min；拌合物偏稠时，应适当提高振捣频率，减缓摊铺速度，最慢控制为 0.5 m/min，最高振捣频率不得高于 11 000 r/min。

（4）监控振捣棒的位置和工作情况。摊铺中要随时检查振捣棒情况，以防止麻面和纵向塑性收缩裂缝，振捣棒的位置宜在底沿在挤压底板的后沿高度以上。不出现塑性收缩裂缝的前提下，允许使用板中位以上的振捣位置。在摊铺通过胀缝和钢筋网时，必须提高振捣棒，使其最低点位置在挤压板的后沿高度以上，以便于在不推移胀缝板和钢筋网的前提下，顺畅摊铺通过。

（5）摊铺密实度控制。在滑模摊铺推进过程中，要视混凝土混合料的稠度随时对行进速度和振捣频率进行调整，以控制摊铺密实度。只有这样才能控制混凝土路面始终达到所要求的高密实度，并防止发生塌边、麻面、拉裂和砂浆层过厚等质量病害。

操作手应随时观察振捣仓内混凝土的排气情况，特别要求在振捣仓后部挤压底板前沿基本没有气泡排出的情况下，才能向前推进。在给定速度和振捣频率的工作状态下，在振捣仓内充分排除混凝土中的气泡，是当时混凝土稠度下，推进速度和振捣频率合适与否的基本判断依据之一。同时，观察所摊铺出路面的平整度。如果在摊铺后的路面上发现有气泡、拱包，说明排气很不充分，必须降低速度，提高振捣频率，同时降低进料门控制高度，减小混凝土路面板承受的压力，以保证密实度和平整度。如果采取上述措施仍调整不了，或挤压板的混凝土表面有拉裂现象，就证明挤压底板前仰角过大，需要往小调整。在混凝土所有原材料中，只有气泡在挤压力下具有较大的可压缩性，待摊铺过后，压力释放，接近表面的大气泡会将路面砂浆顶起来，影响平整度。

（6）挤压底板前仰角的调整。滑模摊铺机型号不同，其设定的挤压底板前仰角也各不相同。对于给定的混凝土稠度，每台滑模摊铺机都有一个最佳前仰角设定角度，最佳前仰角需通过施工实践摸索积累。滑模摊铺机的前仰角设定必须在每天开工之前设定，施工进行中不能调整。因此必须在前几次施工中摸索并确定最佳前仰角，固定下来，不可经常调整。

（7）超铺角控制。滑模摊铺机上设置超铺角是因为混凝土振实脱模后，由于失去支撑，路面一方面会自动胀宽；另一方面，两侧边缘即使不塌边也会溜肩，高程自动塌落，必须设法多铺料补偿，才能做出断面几何形状规矩的面板。超铺角设置从进料门开始，增大两边角的进料高度和数量，并令挤压底板两侧模板视稳定的坍落度大小翘起合适的高度。同时，将两侧边模板向内倾斜一定角度，构成混凝土路面两侧边角适宜的超铺量，待混凝土路面脱模后，自动塌落成90°边沿，保证路面两边横向平整度。

（8）纵坡施工。摊铺较大纵坡时，注意调整挤压底板前仰角。上坡时应适当调小，同时调小抹平板压力；下坡时应适当调大，同时调大抹平板压力。

（9）弯道施工。弯道、渐弯段摊铺时，若单向横坡，应随时观察和调整抹平板内外侧的抹面距离，防止压垮边缘。中央路拱若靠手工控制，操作手应根据路拱消失和生成的位置，在一定路段内分级逐渐消除或生成设计路拱。

7. 摊铺中高程控制和校准

滑模摊铺的路面高程控制主要靠4个水平传感器沿基准线控制，为防止因底板没有顶拖力或调整不到位形成高程误差，影响路面厚度和平整度，在开始摊铺路面3~5 m长度时，应用水准仪进行校核。发现误差超过规定范围时，应在滑模摊铺机行进中对水平传感器垂直伸缩臂缓慢调整到位，调整后做上标记，固定位置。通过连续几次调整，确定滑模摊铺底板、传感器等与基准线之间的相对位置并固定下来。除非以后有人动过，否则不再调整，但仍需每天调整。

8. 滑模摊铺中出现问题的处理

滑模摊铺的表面应平滑，几何形状规矩，不应出现麻面、拉裂、塌边、溜肩等病害现象，出现问题应立即查找原因，采取补救措施。

（1）摊铺中应经常检查振捣棒工作情况。发现路面上在横断面某处多次出现麻面或拉裂现象，表示该处振捣棒出现问题，必须停机检查或更换该处振捣棒。摊铺后发现表面上留有发亮的振捣棒拖出的砂浆条带，表明振捣棒位置过深，必须调整正确位置至振捣棒底沿在挤压底板的后沿高度以上。

（2）在摊铺宽度大于等于8 m的双（多）车道路面时，若左右卸了两车稠度不一致的混凝土时，摊铺速度应按偏干一侧设置，并应将偏稀一侧振捣棒频率迅速调小，保证施工路面密实，不塌边溜肩，保持基本相同的表面砂浆厚度。

（3）滑模摊铺出现横向拉裂现象，应从以下几个方面进行检查。

①拌和物局部或整体过干硬、离析、集料粒径过大，不适宜滑模摊铺；该部位摊铺速度过快，振捣频率不够，混凝土未振动液化也会导致拉裂，应降低摊铺

速度，提高振捣频率。

②挤压底板的位置和前仰角的设置是否变化。前倒角时必定拉裂，前仰角过大也可能拉裂。应在行进中调整前两个水平传感器，即改变挤压底板为适宜的前仰角，消除拉裂现象。

③拌和物较干硬或等料停机时间较长，起步摊铺速度过快，也可能拉裂路面。等料停机时间较长时，应间隔 15 min 开启振捣棒振动 2~3 min；起步摊铺时应先振捣 2~3 min，再缓慢推进。

（4）当混凝土供应不上时，或搅拌机出现机械故障时，停机等待时间不得超过当时气温条件下混凝土初凝时间的 2/3，超过此时间，应将滑模摊铺机开出摊铺工作面，并做施工缝。当滑模摊铺机出现机械故障时，应紧急通知后方搅拌机停止生产，在故障停机时间内，滑模摊铺机内混凝土尚未初凝，如能及时排除故障，允许继续摊铺，否则应尽快将滑模摊铺机拖出工作面。故障排除后，重新起步摊铺。

9. 纵缝拉杆安置

摊铺单车道时，必须根据路面设计配置单侧或双侧打拉杆机械装置，打拉杆装置的正确插入位置应在挤压底板下的中部或偏后部。无论采用何种方式打入拉杆，其压力应满足一次打到位。同时摊铺两条以上车道时，除侧向打拉杆装置，还应在假纵缝位置中间配置一个以上的中间拉杆自动插入装置，该装置根据摊铺机的类型有前插和后插两种配置。打入拉杆位置必须在板厚中间，中间和侧向拉杆的高低和左右误差不得大于 ±2 mm。

10. 平交口变宽段和匝道路面滑模施工

平交口变宽段和匝道路面滑模施工时，只要摊铺宽度小于滑模摊铺机固定宽度，可采用滑模摊铺机跨一侧或两侧模板施工方式。模板应粘贴橡胶垫，模板顶面高程应低于路面高程 3 mm，振捣仓在模板上部应加隔离板，并关闭隔板外侧振捣棒。

11. 连接摊铺

连接摊铺时，若摊铺机上前次施工路面，其履带底部必须铺垫橡胶垫或使用挂胶履带，并且前次摊铺路面应养护 7 d，最低不得少于 5 d。

施工结束后应及时做好下面两项工作。

（1）及时将滑模摊铺机驶离工作面，先将传感器脱离基准线，解除自动跟踪控制，然后及时对滑模摊铺机进行清理保养。

（2）做横向施工缝。施工时应丢弃从摊铺机振动仓内脱出的厚砂浆。设置施工缝模板，并用水准仪测量和抄平面板的高程和横坡。为使下次摊铺能紧接施工缝，侧模需向内收进 2~4 cm，长度视摊铺机侧模而定。施工缝也可在第二天硬切除全部端部制作。连接施工时，由于混合料相对不饱满，在此位置应用人工辅助振捣，并做好平整度，以防止工作缝接合部低洼跳车。

12. 胀、缩缝和工作缝施工

胀缝应采用前置法施工，以保证施工质量和摊铺连续性，要预先加工好钢筋支架，传力杆无沥青涂层一端焊接在支架上，接缝板夹在两支架间。无布料机（件）时，应摊铺至胀缝位置前 1~2 m 处，将支架准确定位，用钢纤固定在基层上。然后摊铺；有布料机（件）时，应提前安装好胀缝支架，采用侧向上料方式施工。在混凝土硬化前剔除胀缝板上部，嵌入 2 cm×2 cm 木条，修整好表面，填缝时应先凿去木条，涂黏结剂后再嵌入多孔橡胶条。

缩缝和施工缝上部槽口应采用切缝法施工，切缝包括硬切缝和软切缝。切缝时采用何种切缝方式应根据施工期间路面摊铺完毕到切缝时的昼夜温差确定。滑模施工宜采用硬切缝，硬切缝应当在混凝土达到设计强度的 25%~30% 时进行，缩缝宽度控制为 4~6 mm。横向缩缝硬切缝时间，在任何情况下不得小于 24 h。

软切缝应在摊铺后混凝土强度为 1.0~1.5 MPa 时进行，为防止断板，在昼夜温差较小时，横向缩缝宜每隔 1~2 块板先切一道缝，然后逐条补切，温差较大时，应全部软切缝。对一次摊铺两条车道以上的纵缝，切缝深度应控制到 1/3 板厚。

分幅施工时，应在先摊铺好的混凝土板横缩缝不断开的部位做好标记。在后摊铺的路面上对齐已断开横缩缝位置提前软切缝。

摊铺完毕或整平表面后，应使用钢支架拖挂 1~3 层叠合麻布、帆布、棉布，洒水湿润后，软拖制作微观抗滑结构。布片接触路面长度以 0.7~1.5 m 为宜，细度模数偏大的粗砂长度取小值，偏小的中砂取大值。

当施工进度超过 500 m 时，抗滑构造制作应选用拉毛机进行，制作时应在混凝土表面泌水完毕 20~30 min 内及时进行。拉槽深度为 2~3m m，宽度为 3~5 mm，槽间距为 15~25 mm。当采用硬刻槽方式制作抗滑构造时，硬刻槽机宜重不宜轻，刻槽应在摊铺后 3 d 开始，两周内完成。

混凝土板抗滑构造软拉制作完毕后，应及时养生。养生一般采用喷洒养生剂并保湿覆盖的方式进行。在水资源充足的情况下，也可采用覆盖洒水湿养生方式养生，一般情况不宜使用围水养生方式。

使用喷洒养生剂养生时，应在混凝土表面泌水完毕后进行，用量为 0.35 kg/m²，喷洒高度控制为 0.5~1.0 m。加盖塑料薄膜养生时，加盖时间应以不压坏细观抗滑构造为准。

当采用覆盖物洒水湿养生时，要始终保证覆盖物处于潮湿状态。

养生期满后要及时灌缝，灌缝前清除缝内杂物并保证缝内清洁干燥，防止砂石等杂物掉入缝内。灌缝时，灌注深度宜为 2~3 cm，最浅不得小于 1.5 cm。填缝料的灌注顶面在夏季宜与板平，冬季宜低于板面 1~2 mm。

灌缝后，要封闭交通进行养生。填缝料为常温料时，低温天气养生期为 24 h，高温天气养生期 12 h；填缝料为热料时，低温天气养生期为 2 h，高温天气养生期为 6 h。

第五节　特殊条件下水泥混凝土路面施工

水泥混凝土路面刚度大、整体性强、抗折强度较高，其弹性模量、较低的变形能力及水稳定性和温度稳定性均优于沥青混凝土路面，不易出现沥青路面的某些稳定性不足的损坏（如车辙等）。路面早期损坏引起的病害使水泥混凝土道路功能得不到充分发挥，很大程度上影响了路面的使用寿命和行车安全。

1. 高温季节施工

拌和与铺筑场地的气温 ≥ 30° 时，属于高温施工。高温会增加水分的散失，易使混凝土板表面出现裂缝。因此，施工时应尽量降低混凝土的浇注温度，缩短施工工序的操作时间，并采取必要的措施保证混凝土的充分养生，提出高温施工的工艺设计。一般情况下，整个施工环境的气温 >35℃时，应停止混凝土的浇注。

2. 低温季节施工

当施工操作和养生的环境温度 ≤ 5℃或昼夜最低气温可能低于 −2℃时，属于低温施工。低温施工时，混凝土因水化速度降低使得强度增长缓慢，且可能发生冻害。因此，必须提出低温施工的工艺设计。

（1）提高混凝土拌和温度。砂石材料应采用间接加热法（如保暖储仓、热空气加热、矿料内设置蒸气管等），水可直接加热。混凝土的拌和温度可通过下列公式计算：

$$T_h = T_h = \frac{0.2(T_a m_a + T_c m_c) + T_f m_f + T_w m_w}{0.2(m_a + m_c) + m_f + m_w}$$

式中：m_a、T_a——表面干燥饱水状态的集料质量（kg）及温度（℃）；

m_c、T_c——水泥的质量（kg）及温度（℃）；

m_f、T_f——集料所含水的质量（kg）及温度（℃）；

m_w、T_w——搅拌用水的质量（kg）及温度（℃）。

（2）路面保温措施。混凝土铺筑后，通常采用蓄热法保温养生，即选用合适的保温材料覆盖路面以减少路面热量的散失，从而得到一定的养生条件，这是冬季施工养生常用的方法。一般使用的保温材料有麦秸、稻草、油毡纸、锯末、石灰等。保温层至少10 cm厚，具体视气温而定。

（3）低温施工时，混凝土的设计配合比一般不宜超过0.6。应延长搅拌时间，减小施工作业面和施工长度，定期检测各种材料、拌和物的温度和混凝土的摊铺、浇注、养生的温度。

铺筑后的混凝土，在72 h内养生温度应保持在10℃以上，以后7 d的养生温度应保持在5℃以上。

3. 雨季施工

应根据近期预报的降雨时间和雨量安排雨季施工方案，做好施工区域内的结构物、拌和场及铺筑现场等的排水工作。

拌和场内的设备应搭棚遮雨，经常测定、调整混凝土拌和物的用水量。水泥的存放应注意防雨受潮，现场下雨时应严禁铺筑混凝土。混凝土终凝前，雨水不得直接淋在已抹平的路面上。需在雨下操作时，应配备活动的工作雨棚。

4. 大风天施工

应成立风季施工领导组织机构，并由项目经理亲自主抓，各施工班组协助，做好风季施工的准备工作并制定相应的施工措施。

松散材料如砂、散装水泥等有遮盖措施，防止污染周边环境。制定风季预防火灾的安全技术措施，并绘制现场预防火灾的重点防护部位。

施工现场设防火工具专用箱，防火工具要齐全。对施工人员定期进行防火安全教育，增强施工人员的防火意识。对施工现场采用原煤生火做饭的炉灶，在使用前必须经过防火检查，认定合格发放用火审批手续后方可使用。在施工现场要配备防火专用旗，一旦遇大风天要悬挂防火旗，并且认真执行和检查，杜绝火灾的发生。

由于风季气候变化恶劣，风沙较多、较大且频繁，在进入风季施工时，一定要加强现场的风期施工管理，注意风期施工安全，注意观察和记录本工程所在地的气候变化，采取切实可行的风季施工措施，确保风季施工安全。

第六节　水泥混凝土路面施工质量控制与验收

水泥混凝土路面施工应根据质量管理要求建立健全有效的质量保证体系，实行严格的质量、投资、工期控制、工序管理和岗位责任制度，对各施工阶段进行全面控制检查，以确保施工质量。

一、施工前材料的控制

原材料精良是修筑高质量路面的前提条件，进场前控制好原材料的质量非常重要，无论工期怎样紧张，都要把好原材料进场关。

做好原材料抽检工作，要配备充足的质量检验设备和人员。施工前，试验室应对混凝土路面工程计划使用的原材料进行质量检验和混凝土配制试验，以便进一步优选原材料和优化配合比，出具原材料检验和配合比报告，并应通过监理对原材料抽检和配合比试验验证，报业主审批。重要的原材料供应，如水泥外加剂、养生剂等，和供应商签合同时不仅要确定供应量、方式，还要明确各项技术指标等要求。

原材料抽检要根据原材料检验项目以一定频率分批量进行检验，从不同厂家供应的水泥或粉煤灰，即使品种和强度等级完全相同，也必须分别存放，不得混装。水泥罐换装水泥时，必须清罐。

二、铺筑试验路段

由于每个工程项目的情况各不相同，所用原材料和配合比也不尽相同，摊铺机各项参数也需调整。因此，在正式摊铺前必须进行不少于200 m的试验路摊铺。试验路面厚度、摊铺宽度、基准线设置、接缝设置、钢筋设置等均应和实际工程相同，通过试验段施工应达到以下目的。

（1）检验拌和物和易性并确定合理的搅拌制度，全面检验摊铺机性能和生产能力以及机械配套是否合理，并提出改进措施。

（2）通过试拌确定检验拌和物各项技术指标，如坍落度、振动黏度系数、工作性、含气量、泌水量、是否离析等，以优化调整配合比。

（3）通过试铺确定模板架设或基准线设置方式，调整设置摊铺机工作参数。

（4）检验确定辅助人工、机具、工具、模具种类和数量，确定合理的施工组织形式和人员编制。

（5）通过试铺，建立原材料和新拌混凝土的各项技术指标，如坍落度、含气量和路面弯拉强度、平整度、构造深度等检验手段，并熟悉检验方法。

（6）通过试铺，掌握各种接缝设置和施工方法抗滑构造施工工艺、养生方式；检验全套施工工艺流程。

在试铺过程中，施工单位应做好记录、监理应检查施工质量，及时和施工方商定有关结果，以试铺结束后，业主、监理、施工单位会商试验结果，提出改进意见和注意事项，以便在正式施工中加以改进。

三、施工过程中的质量控制与检查

混凝土路面应检查平整度、弯拉强度和板厚三大指标和其他指标。

1. 平整度

3 m直尺检测平整度只能反映小波长的不平整度，不能反映大波长的不平整度，在施工过程中，因每天摊铺长度并不太长，因此从施工成本考虑，可采用3 m直尺量验作为施工过程中平整度控制的检测项目。在验收时必须采用精度较高、能客观反映路面行车过程中平整度实际情况的平整度仪检测动态平整度，作为验收时工程质量评定依据。

施工时，一级以上公路，3 m直尺量验结果90%以上≤3 mm，二级以下公路量验90%以上≤5 mm。3 m直尺量验频率应为单车道每100 m两处10尺，在检测时若发现平整度不符合要求，应在10 d内使用最粗磨头的水磨机磨平，并应做出微观抗滑构造和宏观抗滑槽。此种处理方法只能用于小面积少量处理。

2. 抗折强度

抗折强度是混凝土路面的第一强度指标，混凝土路面板的开裂破坏多是因弯拉应力超过弯拉强度极限而造成的，因此抗折强度达到设计要求是混凝土路面长寿命的重要保证。在施工过程中必须严格控制，对其评价应以搅拌机生产中随机取得混凝土在振动台上制作的小梁弯拉强度为准。在过去的试验中发现，振动棒插入振动孔会严重降低混凝土的嵌锁能力，简易自制振动板的振动能量无法得到控制，因此在制作试件时的推测结果不能反映实际路面弯拉强度，不得采用。弯拉强度检测频率应按 200 m³ 混凝土制作一组试件，每组 3 块小梁，每天施工开始、中间和结束各一组，按照标准方法养生 28 d，先测弯拉强度，再测抗压强度。

3. 板厚

混凝土路面在施工中应严格控制板厚，测量人员将两侧基准线定好以后，用直尺检查基准线到基层的距离，即板厚，每 100 m 测两个断面，若符合要求，经监理确认后即可摊铺。若板厚不足、面积不大时可采用铣刨机铣刨基层。若大面积基层偏高，允许在 50 m 以外通过调整路面、高程控制板厚。使用模板施工时，应在两横板槽间设一板厚刮板，通过纵向走一遍进行板厚控制。通过上述做法可杜绝摊铺后因平均板厚误差超过 1 cm 而返工，将问题消灭在摊铺之前。

除上述三大指标外，还应通过检查控制接缝、切缝、灌缝、抗滑构造，摊铺中线高程和横坡。

四、工程质量检查验收

工程施工完之后，施工单位应将全线按每千米一个评价段，规定的检验项目和 1/3 频率进行自检，准备好总结报告、自检结果、原始记录等完整资料，申请验收。

工程质量应以设计文件要求为标准。为了保证混凝土路面的施工质量，要求在施工过程中对每一道工序进行严格的检查和控制。对已完成的路面要求进行外观检查，并量测其几何尺寸，根据设计文件要求进行核对。此外还要查阅施工记录，其中包括原材料试验和试件强度资料、配合比、隐蔽构造（各种钢筋的位置等）等，作为工程质量鉴定的依据。业主、监理和质监站收到施工单位的验收申请，确认资料完整后，应首先对照施工中的抽检数据检查交工报告中数据是否与其吻合，然后再按规定的检查项目和验收频率进行检查和验收。混凝土面层质量验收的允许误差应符合现行规范的有关要求。

第六章 公路工程项目管理概述

管理，是人们为实现一定的共同目标而对被管理对象进行的计划、组织和控制活动。计划，是预测被管理对象的发展趋势，确定其在一定时期内应达到的目标和为达到这个目标应采取的方法、步骤。组织，是安排被管理对象的各个环节和因素的相互联系。控制，是为达到预定目标，在协调和监督被管理对象过程中及时纠正出现的偏差。

公路工程建设是一个非常复杂的实施过程，包括规划、测设、施工、养护等生产过程。公路建设管理是指对公路建设全过程的管理，而且主要指宏观方面的管理。公路工程管理，是公路建设管理中的重要组成部分，是指对公路建设过程中有关施工和养护方面的组织与管理。但公路工程管理所研究的内容却涉及公路建设的规划、测设、施工、养护等生产过程。

现代公路工程建设由于战线长、规模大、技术复杂、分工细致、协作面广、机械化和自动化程度高，不仅需要现代科学施工技术，还需要现代科学的管理。

第一节 公路工程项目管理基础知识

工程项目管理是项目管理中的一个重要分支。现阶段我国工程项目管理的发展主要有三个目标：确保工程项目质量目标的实现；确保工程项目按既定时间实现目标；确保工程项目的投资处于受控状态。工程项目管理概念的提出，使得倡导工程项目百分管理文化及施工企业所推崇的"客户利益最大化"得到完美的体现。

一、工程项目管理的基本概念

（一）项目及项目管理

所谓项目，就是在既定的资源和要求的约束下，为实现某种目的而相互联系的一次性工作任务。项目包括的范围十分广泛，社会上的所有领域都有项目，在相同的领域中也有不同类型的项目，如在建筑工程中有水利工程建设项目、港口工程建设项目、工业工程建设项目、民用工程建设项目、公路工程建设项目等。

所谓项目管理，就是项目的管理者在一定的资源约束条件下，运用系统的观点、方法和理论对项目涉及的全部工作进行有效的管理。即从项目的投资决策开始到项目结束的全过程进行计划、组织、指挥、协调控制和评价的系统管理活动，以实现项目的目标。

一定的资源约束条件是制定项目管理目标的依据，也是对项目管理过程控制的依据。项目管理的目的就是保证项目目标的实现。项目管理的对象是项目，由于项目具有单件性和一次性的特点，所以要求项目管理一定要具有针对性、系统性、程序性和科学性。只有用系统工程的观点、理论和方法对项目进行管理，才能保证项目目标的顺利实现。

（二）项目管理的内容

不同时期的项目管理包括的内容也是不同的。根据现代系统工程的观点、理论和方法，项目管理应当包括以下内容。

（1）项目范围管理。这是指为了实现项目的既定目标，对项目的工作内容进行控制的管理过程。其包括范围的界定、范围的规划、范围的调整等。

（2）项目时间管理。这是指为了确保项目最终能按时完成的一系列管理过程。其包括具体活动界定、活动排序、时间估计、进度安排及时间控制等工作。

（3）项目成本管理。这是指为了保证完成项目的实际成本、费用不超过预算成本、费用的管理过程。其包括资源的配置、成本和费用的预算以及费用的控制等项工作。

（4）项目质量管理。这是指为了确保项目达到客户所规定的质量要求而实施的一系列管理过程。其包括质量规划质量控制和质量保证等。

（5）人力资源管理。这是指为了保证所有项目关系人的能力和积极性都得到最有效的发挥和利用所做的一系列管理措施。其包括组织的规划、团队的建设、人员的选聘和项目的班子建设等一系列工作。

（6）项目沟通管理。这是指为了确保项目信息的合理收集和传输所需要实施的一系列措施。其包括沟通规划、信息传输和进度报告等。

（7）项目风险管理。这是指对项目可能遇到的各种不确定因素的管理措施。其包括风险识别、风险量化、制定对策和风险控制等。

（8）项目采购管理。这是为了从项目实施组织之外获得所需资源或服务而采取的一系列管理措施。采购管理主要包括采购计划、采购与征购、资源的选择以及合同的管理等项工作。

（9）项目集成管理。这是指为确保项目各项工作能够有机地协调和配合所展开的综合性和全局性的项目管理工作和过程。其包括项目集成计划的制订与实施项目变动的总体控制等。

（10）项目收尾管理。这是指对项目的收尾试运行、竣工验收、竣工结算、竣工决算、考核评价、回访保修等进行的计划、组织、协调和控制等活动。

（11）项目合同管理。这是指对项目合同的签订、履行、变更和解除进行监督检查，对合同履行过程中发生的争议或纠纷进行处理，以确保合同依法订立和全面履行的管理措施。

（三）工程项目管理

工程项目是指建设领域中的项目，一般是指为某种特定目的而进行投资建设并含有一定建筑或建筑安装工程的建设项目。工程项目的规模和范围是不同的，如建设一定规模的住宅小区、建设一定长度和等级的公路、建设一座特大桥梁等。工程项目管理属于项目管理的一大类，其主要包括建设项目管理、设计项目管理、施工项目管理和咨询项目管理等。

公路工程项目管理是工程项目管理的重要组成部分，其是以工程项目的质量控制、进度控制和投资控制为核心的管理活动，以达到保证工程质量、缩短施工工期、提高投资效益的目的。公路工程项目管理在工程建设过程中具有十分重要的意义，其基本任务主要包括以下几个方面。

1. 合同管理

合同是当事人设立、变更和终止相互权利和义务关系的协议。经济合同是合同中的一种，是法人之间为实现一定的经济目的、明确相互权利和义务关系的协议。公路工程承包合同属于经济合同的范畴，是指在业主和参与公路工程项目实施各主体之间明确双方责任、权利和义务的具有法律效力的协议文件。

合同的主体、客体和内容被认为是构成合同的三大要素。合同的主体是指签约的当事人，是合同的权利和义务的承担者；合同的客体是签约人权利和义务所共指的对象；合同的内容是指签约人之间相互的权利和义务，如工程的合同质量、工期、价格等。

公路工程合同管理，主要是指对各类合同的依法订立过程和履行过程的管理，主要包括合同文本的选择，合同条件的协商与谈判，合同书的签署，合同的履行检查、变更和违约、纠纷的处理，合同管理的总结评价等。

2. 组织协调

这是实现项目目标必不可缺少的方法和手段。公路工程的组织协调是指在公路工程项目的实施过程中，各个项目的参与单位需要处理和调整的协作关系，使相互之间加强合作、减少矛盾、避免纠纷，共同完成项目目标。

工程项目的控制目标是质量、进度和投资。在实施的全过程中，施工企业的首要任务就是组织协调各有关单位围绕控制目标采取有效措施。为了实现控制目标，需要创造内外部的条件和环境，如地质部门的配合协作，设计部门按时无误提供图纸，施工队伍具有较高施工水平和管理能力，设备、材料及时保质保量的供应，供电、供水单位的不间断供应，有关单位的密切配合，兄弟单位对建设项目的支持和帮助，这些无一不是完成既定目标的控制条件。

3. 动态控制

这是指在完成工程项目的过程中，通过对过程、目标和活动的跟踪，全面、及时、准确地掌握工程建设信息，将实际目标值和工程建设状况与计划目标和状况进行对比，如果偏离了计划和标准的要求就要采取措施加以纠正，以便达到计划总目标的实现。这种控制是一个动态的过程。

工程在不同的空间展开，控制就要针对不同的空间来实施。工程项目的实施分不同的阶段，控制也就分成不同阶段的控制。工程项目的实现总要受到外部环境和内部因素的各种干扰，因此必须采取应变性的控制措施。计划的不变是相对的，计划总是在调整中运行，控制就要不断地适应计划的变化，从而达到有效的控制。监理工程师只有把握住工程项目动态的脉搏才能做好目标控制工作。

动态控制是在目标规划的基础上针对各级分目标实施的控制，以期达到计划总目标的实现。整个动态控制过程都是按事先安排的计划来进行的。一项好的计划应当首先是可行、合理的，其要经过可行性分析来保证计划在技术上先进、资源上允许、财务上可行经济上合理。同时，要通过必要的反复完善过程，力求达到优化的程度。

4. 风险管理

我国的基础设施建设取取得快速发展，使许多长期困扰经济发展的问题明显得到缓解，拉动了相关产业的快速增长，对国民经济起到了重要的推动作用。然而，当前在实施全过程的质量管理中，有一个环节往往被忽视，那就是工程的风险管理。

公路工程项目风险管理还只侧重于项目后期，在项目前期之所以没有进行风险管理，一方面是由于国家项目管理程序中没有风险分析这一部分；另一方面就是建设单位（业主）不重视，没有意识到进行风险分析和管理可以克服项目的片面性，有利于项目的科学决策的重要性。

工程实践证明，公路工程项目从立项到运营都存在着风险，对项目全过程实行风险管理可减少项目决策的不确定性，从而创造稳定的工作环境，保证目标控制的顺利进行，更好地实现项目质量、进度和投资目标。

5. 信息管理

所谓信息是指可以用语言、文字、数据、图表、音像或其他可以让使用者识别的信号来表示的，并可以进行传递、处理与应用的，能帮助人们做出正确决策的知识。公路工程实施控制的基础是信息，及时、准确、完整地掌握信息可使施工人员耳聪目明、卓有成效地完成施工任务。因此，信息管理工作的好坏将会直接影响工程施工的成败。重视信息管理工作、掌握信息管理的方法则是施工企业工程管理中的一项重要任务。

公路工程项目的信息管理，主要是指对有关项目的各类信息的搜集、储存、加工、整理、传递与使用等一系列工作的总称。信息管理的主要任务是及时、准确地向项目管理各级领导、各参加单位及有关人员等提供所需要的综合程度不同的信息，以便在项目进展的全过程中动态地进行项目规划与管理，迅速正确地进行各种决策，及时检查决策执行结果，反映工程实施中暴露出来的各类问题，为实现工程项目的总目标服务。

6. 环境保护

随着公路的高速发展，公路污染、公路对周边环境的影响等问题也大量凸显出来。如何解决公路建设带来的环境问题，如何按照现阶段我国实际情况分析评价公路建设各阶段对环境的作用与影响，采取何种措施减少或杜绝公路环境污染、恢复路域生态损失，是一个值得我们认真研究的重要课题。

在我国公路工程建设中造成的环境问题很多，有些地方甚至非常严重。例如，选线不当会破坏沿线生态环境；防护不当会造成水土流失；公路带状延伸会破坏路域的自然风貌，造成环境损失；公路施工造成环境污染；公路通车营运期间产生的噪声、排放的尾气及扬尘对沿线造成环境污染等。

在公路工程项目实施阶段，要做到主体工程与环境保护措施工程同步设计、同步施工、同步投入运行。在公路工程施工承发包中，必须依法做好环境保护工作，要将其列为重要的合同条件加以落实，并在施工方案的审查和施工过程中，始终把落实环境保护措施、克服建设公害作为重要内容。

7. 目标控制

合理的目标控制是实现目标的手段，组织的设置、人员的配备和有效的领导是实现目标控制的基础。在工程项目计划执行过程中，必须进行目标控制。在实施过程中发现偏离目标时，应及时分析偏离的原因，确定应采取的纠正措施，直至工程项目目标实现为止。

目标控制是公路工程项目管理的重要职能，其是指项目管理人员在不断变化的动态环境中，为保证既定计划目标的实现而进行的一系列检查和调整活动。公路工程项目目标控制的主要任务就是在项目前期策划、勘察设计、施工、竣工验收、交付使用等各个阶段，采用规划、组织、协调等手段，从组织、技术、经济、合同等方面采取措施，确保工程项目总目标的顺利实现。

二、公路工程项目管理的内容

我国在公路工程项目管理方面取得了许多经验。从工程项目管理的内容来看，主要包括以下几个方面。

1. 建立精干的项目管理组织

选聘称职的项目经理,组建高效的项目管理机构,制订行之有效的项目管理制度,这是现代公路工程项目管理中的一项重要内容,也是确保公路工程实现总目标的组织基础。

2. 编制项目管理规划

项目管理规划是对项目管理的各项工作进行的综合性的、完整的、全面的总体计划。项目管理规划主要内容包括:项目管理目标的研究与目标的细化,项目的范围管理和项目的结构分解,项目管理实施组织策略的制定,项目管理工作程序,项目管理组织和任务的分配,项目管理所采用的步骤、方法,项目管理所需资源的安排和其他问题的确定等。

实际上,项目管理规划是对工程项目管理目标、组织、内容、方法、步骤、重点进行预测和决策并做出具体安排的文件。工程项目管理规划是对工程项目的大体构思和更为详细的论证。在工程项目的总目标确定后,通过工程项目管理规划可以分析研究工程总目标能否实现,总目标确定的费用、工期、功能要求是否能得到保证,是否能够达到综合平衡。

3. 进行项目的目标控制

公路工程项目的目标分为阶段性目标和最终目标,实现各阶段性的目标是实现项目最终目标的基础;实现项目的最终目标是工程项目管理的目的所在。在整个公路工程的实施过程中,应当坚持以控制论为指导,进行全过程的科学管理与控制。公路工程项目的控制目标主要有质量控制目标、进度控制目标、成本控制目标和安全控制目标等。

在公路工程项目目标的控制过程中会不断受到各种客观因素的干扰,各种风险因素都有随时发生的可能性,应通过组织协调和风险管理,对公路工程施工项目的目标控制进行动态控制。

4. 对项目施工现场的生产要素进行优化配置和动态管理

生产要素是指维系国民经济运行及市场主体生产经营过程中所必须具备的基本因素。生产要素是经济学中的一个基本范畴。工程项目的生产要素是公路工程项目目标得以实现的保证,主要包括人力资源、建筑材料、机械设备、施工技术和工程投资。

根据我国公路建设的经验,公路工程项目生产要素管理的要点包括三个方面：分析各项生产要素的基本特点；对工程施工项目生产要素进行优化配置，并对配置状况进行评价；对各项生产要素进行动态管理。

5. 项目的合同管理

工程实践经验证明，在社会主义市场经济条件下，建设项目中推行"项目法人责任制、招标投标制、建设监理制"改革，必须坚持按国际通用条款管理项目，坚持从中国国情出发管理项目，以强化合同管理为突破口。以法治理念为基础的合同管理是项目管理的灵魂。

公路工程项目管理是在市场经济条件下进行的特殊交易活动，这种交易活动从工程的招标投标开始，并持续于工程项目管理的全过程。因此，公路工程建设必须依法签订合同，进行履约经营。

6. 项目的信息管理

信息管理是项目管理的重要部分，尤其是公路工程中大型的建设工程项目的启动、规划、实施等项目生命周期的展开，与项目有关的合同、图纸、报告、文件、照片、音像、模型等各类纸介质和非纸介质信息会层出不穷地产生，其包括项目的组织类信息、管理类信息、经济类信息、技术类信息和法规类信息。项目信息的管理变得越来越重要。现代化公路工程管理要依靠信息。公路工程项目管理是一项复杂的现代化管理活动，更需要依靠大量信息及对大量信息进行管理。施工项目的目标控制、动态管理必须依靠信息管理，并应用计算机进行辅助。

7. 项目的组织协调

一个项目的实施要取得成功，组织协调具有重要作用。组织协调作为一种管理方法已贯穿于整个项目和项目管理的全过程。良好的组织协调能够建设高效、精干、和谐的项目团队，能够提高项目的经济效益和企业的市场竞争力。

工程项目组织协调是指以一定的组织形式、手段和方法，对工程项目中产生的关系不畅进行疏通，对产生的干扰和障碍予以排除的活动。在各种协调中，组织协调具有独特的地位和作用，是使其他协调获得有效性的保证，只有通过积极的组织协调才能实现整个系统全面协调的目的。

第二节　公路工程基本建设

公路是国民经济建设的重要基础设施，是我国进行四个现代化建设的"先行官"之一。公路运输与其他运输相比，不仅具有一定的优越性，而且还具有很大的灵活性，是其他运输方式所不可替代的。公路建设的迅速发展对于促进国民经济的发展、拉动其他相关产业发展起着非常重要的作用。

21世纪是我国国民经济发展的重要阶段，也是全面推进公路交通跨越式发展的关键时期。随着国民经济的持续、稳定、快速、健康发展，公路交通建设和城市道路基础设施建设均在以前所未有的规模、标准与速度向前推进。

一、公路工程基本建设

基本建设是指利用国家预算内基建资金、自筹资金、国内外基建贷款以及其他专项资金进行的，以扩大生产能力或新增工程效益为主要目的的新建、改建及扩建工程及有关工作。简单来讲，凡是固定资产扩大再生产的新建、改建、扩建、恢复工程及与相关的工作统称为基本建设。

公路工程是基本建设的重要组成部分，公路基本建设是指与公路运输业有关的固定资产的建筑、购置、安装等活动以及与其相关的（如勘察设计、征用土地等）工作。

（一）公路工程建设现状

1. 中国公路总里程稳步提升

据交通运输部统计数据显示，2010年以来，全国公路总里程不断增加。到2020年，全国公路总里程501.25万km，比2019年增加16.60万km。公路密度每平方百米52.21 km，增加每平方百米1.73 km。

随着我国基础建设投资、重视程度增加，高速公路的建设也呈平稳增长态势，高速公路里程14.96万km，增加0.7万km。

我国自20世纪80年代开始高速公路的修建，已建成的大部分高速公路设计寿命为 15-20 年，但由于超载、使用保养不当，有些路段实际使用 10-15 年甚至更短的时间内就出现开裂、泛油、剥落、严重车辙等问题。

在高速公路网络大规模建设的同时，高等级公路和此等级公路的保养维护，尤其是路面保养维护将是一个不可忽视的市场。近 10 年来，公路养护里程占公路总里程比例不断上升；2014 年公路养护里程所占比例已达 97.5%。据交通运输部统计数据显示，2019 年我国公路养护里程 495.31 万 km，占公路总里程的 98.8%。

2. 四级以上公路占比进一步提升

从具体公路等级来看，2020 年全国四级及以上等级公路里程 469.87 万 km，比 2019 年增加 23.29 万 km，占公路总里程 93.7%，提高了 1.6 个百分点；二级及以上等级公路里程 67.20 万 km，增加了 2.42 万 km，占公路总里程的 13.4%，此与 2019 年基本持平。

3. 中国公路建设投资额平稳增长

我国公路建设投资额不断上升。2019 年全年完成公路建设投资 21 895 亿元，比 2018 年增长 2.6%，增速较上年有所回升。其中，高速公路建设完成投资 11 504 亿元，增长 15.4%；普通国省道建设完成投资 4 924 亿元，下降 10.3%；农村公路建设完成投资 4 663 亿元，下降 6.5%。2020 年，进一步平稳增长。

（二）公路工程基本建设的内容

公路工程基本建设所包括的内容与其他工程基本建设大体相同，但根据公路工程的特点也有不同之处。根据我国公路工程的建设实践，主要包括以下内容。

1. 建筑安装工程

建筑安装工程指公路建设的主要施工活动，也是公路工程实施的主体，包括建筑工程和设备安装活动。

（1）建筑工程。这是公路工程的主体，具有工程量大、施工期长、难度较高、影响因素多等特点。主要包括路基路面、桥梁、隧道、防护工程、沿线设施、临时工程等建筑施工。

（2）设备安装工程。这是公路工程中不可缺少的组成部分，如高速公路、大型桥梁所需各种生产运输及动力等设备和仪器的安装、测试等。

2. 设备、工具、器具的购置

设备、工具、器具的购置指为满足公路营运、服务、管理、养护所需要购置的设备、工具、器具以及为保证新建、改建公路初期正常生产、使用、管理所需办公和生活用家具的采购或自制。设备可分为需要安装的设备和不需要安装的设备。

3. 其他基本建设工作

其他基本建设工作主要指不属于上述各项但不可缺少的基本建设工作，如勘察、设计及有关的调查和技术研究工作，公路筹建阶段和建设阶段的管理工作，征用土地、青苗补偿和安置补助工作，施工机构的迁移工作等。

（三）公路工程基本建设项目的划分

1. 基本建设工程项目的划分

为了加强对基本建设工作的管理，使工程建设有序、快速进行，必须对基本建设工程项目进行科学的分解和合理的划分。基本建设工程项目可以划分为建设项目、单项工程、单位工程、分部工程和分项工程。

（1）建设项目：也称为基本建设项目，是指在一个总体设计或初步设计范围内，按同一总体设计进行建设的全部工程。建设项目由一个或几个单项工程组成，经济上实行统一核算，行政上实行统一管理，一般以一个企业或联合企业、事业单位或独立工程作为一个建设项目。

凡属于一个总体设计中的主体工程和相应的附属配套工程、综合利用工程、环境保护工程、供水供电工程以及水库的干渠配套工程等，都统作为一个建设项目；凡是不属于一个总体设计，经济上分别核算，工艺流程上没有直接联系的几个独立工程，应分别列为几个建设项目。公路工程基本建设以单独设计的公路路线、独立桥梁作为建设项目。

（2）单项工程：指具有单独设计文件的，建成后可以独立发挥生产能力或效益的一组配套齐全的工程项目。单项工程从施工的角度看是一个独立的系统，在工程项目总体施工部署和管理目标的指导下，形成自身的项目管理方案和目标，依照其投资和质量要求，如期建成并交付使用。

单项工程是建设项目的组成部分，也称为工程项目。如工厂中的生产车间、办公楼、住宅，学校中的教学楼、食堂、宿舍等，都是基建项目的组成部分。公路工程中独立合同段的路线大型桥梁、隧道等均属于单项工程。

（3）单位工程：指具备独立施工条件并能形成独立使用功能的建筑物及构

筑物。从施工的角度看，单位工程就是一个独立的交工系统，有自身的项目管理方案和目标，按业主的投资及质量要求，如期建成交付生产和使用。

单位工程具有独立的设计文件，竣工后不能独立发挥生产能力或工程效益，其是构成单项工程的组成部分。在公路工程中，完整的道路和桥梁通常是一个设施，即单项工程。如果道路或桥梁划分标段，每个标段就是单位工程。单位工程与单项工程不同的是，单位工程竣工后不能独立发挥其生产能力或价值。

（4）分部工程：指单位工程的组成部分，分部工程是按照工程结构、材料或施工方法不同进行分类的。如建筑工程中可划分为土方工程地基与基础工程、砌体工程、地面工程、装饰工程，管道工程等分部工程；公路工程可划分为路基、路面、桥梁上部构造、桥梁下部构造等分部工程。

（5）分项工程：指分部工程的组成部分，是施工图预算中最基本的计算单位。其是按照不同的施工方法、不同材料的不同规格等，将分部工程进一步划分。如砌筑工程可分为浆砌片石和浆砌块石；公路路面工程可分为沥青路面、水泥混凝土路面、级配砾石路面；桥梁基础工程可分为桩基础、扩大基础、沉井基础、组合式基础等。

2. 土建部分工程项目的划分

在施工准备阶段，应将建设项目划分为单位工程、分部工程和分项工程。参与公路工程的施工单位、工程监理单位和建设单位应按相同的工程项目划分进行工程质量的监控和管理。

3. 机电部分工程项目的划分

机电工程是整个公路工程重要的组成部分，其技术要求、施工工艺、试验检评方法等与公路工程的土建部分有较大的区别，所以应当将机电工程作为一个独立的专业单位工程设置。公路工程中的机电工程应本着不同的专业应由不同的承包单位组织施工的原则划分分部工程，以减少施工交叉矛盾，便于进行质量监控和管理。

二、公路工程基本建设程序

建设程序是指建设项目从设想、选择、评估、决策、设计施工到竣工验收，甚至在投入生产或使用的整个建设过程中，各项工作必须遵循的先后次序，是建设项目科学决策和顺利进行的重要保证。这个次序是由基本建设的客观规律所决定的。

工程建设是项很复杂的工作，有其特殊性。正是由于建设项目的复杂性和特殊性，要求我们必须按照建设项目发展的内在规律和过程，将建设程序分成若干阶段，这些阶段有严格的先后次序，不能任意颠倒，必须共同遵守，这个先后次序就是我们通常说的建设程序。科学的基本建设程序能指导基本建设工作有计划、按步骤地进行，是基本建设管理中的核心内容。

基本建设涉及面非常广泛，既有地质、气候、水文等自然条件的严格控制，又有资源供应、施工技术和管理水平的影响，同时还需要内外各个环节的协作配合。因此，完成一项基本建设工程，必须按照一定的程序依次进行各个方面的工作才能达到预期的目标，否则就会造成严重的经济损失或者给工程带来无法弥补的缺陷。

公路工程基本建设程序：根据国民经济长远规划及公路网建设规划，进行预可行性研究并提出项目建议书；进行可行性研究，编制可行性研究报告；对公路工程项目进行评估，下发设计任务书；进行公路工程项目初步设计；经批准后列入国家年度基本建设计划并进行技术设计和施工图设计；设计文件经审批后组织施工；工程施工完成后，进行竣工验收，然后交付使用。公路工程的这一基本建设程序必须依次进行，任何程序和环节不得超越或拖后。

（1）预可行性研究，也称初步可行性研究，是在投资机会研究的基础上，对项目方案进行的进一步技术经济论证，对项目是否可行进行初步判断。预可行性研究应通过对项目实地勘察和调查重点研究项目建设的必要性，并对项目的建设规模、技术标准建设资金、经济效益等进行必要的分析论证，根据勘察和调查的实际情况编制预可行性研究报告，作为项目建议书的依据。

预可行性研究报告包括的主要内容有项目影响区域社会经济和交通运输的现状及发展、交通量预测、建设必要性、建设标准和规模、建设条件和初步方案、投资估算和经济评价等。

（2）项目建议书，又称立项申请，是项目建设筹建单位或项目法人根据国民经济的发展、国家和地方中长期规划、产业政策、生产力布局、国内外市场、所在地的内外部条件提出的某一具体项目的建议文件，是对拟建项目提出的框架性的总体设想。对于大中型项目，有的工艺技术复杂、涉及面广、协调量大的项目，还要编制预可行性研究报告，作为项目建议书的主要附件之一。项目建议书是项目发展周期的初始阶段，是国家选择项目的依据，也是可行性研究的依据，涉及利用外资的项目，在项目建议书获得批准后方可开展对外工作。

发展国民经济的长远规划和公路网建设规划是项目建议书编制的依据。其是由公路建设主管部门按经济发展对公路交通的要求，在广泛收集和综合各方面意见的基础上提出的。项目建议书应对拟建项目的建设目的和要求、主要技术标准原材料及资金来源等提出文字说明。项目建议书是进行各项前期准备工作及进行可行性研究的基础和依据。

（3）可行性研究。这是一种系统的投资决策分析研究方法，是项目投资决策前，对拟建项目的工程、技术、经济、财务、生产、销售、环境、法律等各个方面，进行全面、系统、综合的调查研究，对备选的建设方案从技术的先进性、生产的可行性、建设的可能性、经济的合理性等方面进行比较评价，从中选出最佳方案。

可行性研究是在建设前期对工程项目按照规定要求和内容进行的一种考察和鉴定，即对项目建议书中拟定的公路建设项目进行全面、综合的技术经济调查和系统的分析论证，从而做出是否要立项建设的正确判断。因此，可行性研究是基本建设前期工作的重要组成部分，也是建设项目立项、决策的主要依据。对于大中型工程、高速公路、一级公路及重点工程建设项目，均应进行可行性研究，小型工程及低等级公路项目可以适当简化。

公路建设项目可行性研究的主要任务：在对拟建工程地区社会、经济发展和公路网状况进行充分的调查研究评价、预测和必要的勘察工作的基础上，对公路工程项目建设的必要性、经济合理性、技术可行性、实施可能性提出综合性研究论证报告。

公路建设项目可行性研究报告的主要内容有：建设项目的立项依据、历史背景；建设地区综合交通网的交通运输状况；建设项目在交通网中的地位和作用；原有公路的技术状况及适应程度；记述建设项目所在地区的经济特征，研究建设项目与经济发展的内在联系，预测交通量、运输量的发展水平；建设项目的地理位置、地形、地质、地震、气候、水文等自然特征；筑路材料的来源及运输条件；论证不同建设方案的路线起讫点、重点控制点、建设规模、建设标准，提出建设方案的推荐性意见；评价建设项目对环境的影响；测算主要工程量、征地拆迁数量、估算工程投资、提出资金筹措方式；提出勘测设计、施工计划安排；确定运输成本及有关经济参数、敏感性分析,对收费公路、桥梁和隧道还应进行财务分析;评价推荐项目建设方案,提出存在的问题和有关建议。

(4)设计任务书,又称为计划任务书,是确定基本建设项目、进行现场勘测和编制设计文件的重要依据。公路建设项目要根据工程可行性研究报告和现场踏勘,编制公路建设项目的设计任务书。

设计任务书是大中型基本建设项目和大型技术改造项目进行投资决策和转入实施阶段的法定文件,也是进行工程设计的依据和工程建设的大纲。大中型基本建设项目和大型技术改造项目,要在可行性研究报告完成之后编写设计任务书。

(5)工程初步设计。公路工程基本建设项目一般采用两阶段设计,即初步设计和施工图设计。对于技术简单、方案明确的小型建设项目,也可只采用施工图设计。对于技术比较复杂、基础资料缺乏及试验性项目,如高速公路、一级公路和特大桥等,必要时可采用三阶段设计,即在初步设计之后增加技术设计。在高速公路和一级公路的各设计阶段还应进行总体设计。

工程初步设计应根据批复的可行性研究报告、测设合同及勘测资料进行编制。工程初步设计的目的是确定设计方案。因此,必须充分进行设计方案的比较,以便确定科学合理的设计方案。

在选定设计方案时,应对公路工程的路线走向、控制点和方案进行现场核查,征求沿线地方政府和建设单位的意见,基本落实路线布置方案。对于难以取舍、投资影响较大或地形特殊的复杂地段的路线特大桥隧道、立体交叉枢纽的位置等,一般应选择两个以上的方案进行同深度、同精度的测设工作和方案比较,从中选出最佳方案作为推荐方案。

设计方案选定后,应立即拟定修建原则、计算工程量和主要材料用量,提出建设方案的意见,编制工程设计概算,提供文字说明和相关的图表资料。初步方案经审查批复后,则可作为订购材料、机具、设备,安排重大科学研究试验项目,联系征地、搬迁,进行准备工作以及编制施工图文件和控制建设项目投资等的依据。

(6)列入年度基本建设计划。当建设项目的初步设计和概算报上级部门审查批准后,可将此项目列入年度基本建设计划,这是国家对基本建设实行统一管理的措施。年度基本建设计划是年度建设工作的指令性文件,一经确定后一般不允许再变动,如需要增加投资额或调整项目,必须上报原审批机关批准。当项目被列入国家年度基本建设计划后,建设单位根据国家计划发展委员会颁发的年度基本建设计划控制数字,按照初步设计文件编制本单位的年度基本建设计划。建设单位年度计划报经上级批准后,再编制物资劳动力、财务计划。这些计划分别经过主管部门审查平衡后,作为国家安排生产、分配物资、调配劳动力和财政拨款或贷款的依据。计划落实后,即可组建工程管理单位,并通过招标的方式或其他方式落实施工单位。

(7)技术设计和施工图设计。按三阶段设计的项目,需要进行技术设计。技术设计应根据初步设计批复的意见、勘察设计合同的要求,对重大、复杂的技术问题通过试验、专题研究,深入勘探调查及分析比较,解决初步设计中尚未解决的技术难题,落实技术方案,计算工程量,提出修正的施工方案,编制修正设计概算,批准后作为编制施工图设计的依据。

两阶段或三阶段施工图设计,应根据初步设计或技术设计的批复意见勘测设计合同,进一步对所审定的修建原则、设计方案、技术决策加以具体化和深化,通过现场定线勘测,确定路线及结构物的具体位置和设计尺寸,最终确定各项工程数量,提出文字说明和适应施工需要的图表资料及施工组织设计并编制施工图预算。对于一阶段施工图设计的项目,应根据批复的可行性研究报告,勘测合同和定测、详勘资料进行编制。

根据公路工程建设项目的经验,施工图设计文件一般由以下几部分组成:总说明书、总体设计、路线路基、路面及排水、桥梁、涵洞、隧道、路线交叉、交通工程及沿线设施、环境保护、渡口码头及其他工程、筑路材料、施工组织计划、施工图预算、附件。其中总体设计只用于高速公路和一级公路,附件内容为补充地质勘探、水文调查及计算等基础资料。一阶段施工图设计的总说明及分篇说明应参照初步设计说明书的内容编写,并补充必要的比较方案图表资料。

(8)施工准备工作。公路工程施工涉及面广,为了保证施工的顺利进行,建设主管部门、勘测设计单位、施工单位等都应在施工准备阶段充分做好各自的准备工作,尽到各自应尽的责任和义务。

建设主管部门应根据计划要求的建设进度组建专门的管理机构,办理登记及征地拆迁,做好施工沿线各有关单位和部门的协调工作,抓紧配套工程项目的落实,组织分工范围内的技术资料、建筑材料、机具设备的供应。

工程勘察是工程建设的先行工作,是保证工程项目安全、顺利、成功实施追求最大效益（含经济效益和社会效益）的前提条件。勘测设计单位应按照技术资料供应协议，按时提供各种图纸资料，做好施工图纸的会审及移交工作。

工程施工单位应组织人员、机具进场，进行施工测量、修筑便道及生产、生活临时设施，组织材料及技术物资的采购、加工运输、供应、储备，做好施工图纸的接收工作，熟悉图纸并进行现场核对，编制实施性施工组织设计和施工预算，提出开工报告，按投资隶属关系上报有关主管部门核准。

（9）工程施工。施工准备工作完成并经检查合格后，施工单位必须按上级下达的开工日期或工程承包合同规定的日期准时施工。在建设项目的整个施工过程中，应严格执行现行的有关施工技术规程和规范，按照设计要求确保工程质量和安全施工。

施工单位在施工过程中，要坚持正常的施工秩序，加强施工管理，大力推广应用新技术、新工艺，努力缩短工期，降低工程造价，做好施工记录，建立技术档案。

（10）工程竣工验收。公路工程施工全部完成后，应由施工单位按要求进行竣工测量绘制工程竣工图和工程决算。

（11）后评价阶段。建设项目的后评价阶段是我国建设程序中新增加的一项内容。建设项目竣工投产或使用后，经过1~2年的生产运营，对其目标、执行过程效益和影响进行系统的、客观的分析，并以此确定目标是否达到，检验项目是否合理和有效。总之，后评价是指建设项目已实施完成并且发挥一定效益时所进行的评价。建设项目后评价的主要内容包括以下几个方面。

①目标评价：通过项目实际产生的经济技术指标与项目审批决策时所确定的目标进行比较，检查建设项目是否达到了预期的目标，从而判断项目是否成功。

②效益评价：对项目投资、社会经济效益、技术进步、可行性研究深度等进行评价。

③影响评价：对项目周边地区在经济、环境和社会三个方面所产生的作用和影响进行评价。

④项目过程评价：根据项目的结果和作用，对项目周期的各个环节进行回顾和检查，即对项目的立项勘测设计、施工管理竣工投产生产运营等全过程进行评价。

第三节　公路工程相关法律法规

一、公路法中的相关规定

（一）公路规划方面的规定

（1）公路规划应当根据国民经济和社会发展以及国防建设的需要编制，与城市建设发展规划和其他方式的交通运输发展规划相协调。

（2）公路建设用地规划应当符合土地利用总体规划，当年建设用地应当纳入年度建设用地计划。

（3）国道规划由交通主管部门会同有关部门并商国道沿线省、自治区、直辖市人民政府编制。省道规划由省、自治区、直辖市人民政府交通主管部门会同同级有关部门并商省道沿线下一级人民政府编制，报省、自治区、直辖市人民政府批准，并报交通主管部门备案。县道规划由县级人民政府交通主管部门会同同级有关部门编制，经本级人民政府审定后，报上一级人民政府批准。乡道规划由县级人民政府交通主管部门协助乡、民族乡、镇人民政府编制，报县级人民政府批准。依照有关规定批准的县道、乡道规划，应当报批准机关的上一级人民政府交通主管部门备案。省道规划应当与国道规划相协调。县道规划应当与省道规划相协调。乡道规划应当与县道规划相协调。

（4）专用公路规划由专用公路的主管单位编制，经其上级主管部门审定后，报县级以上人民政府交通主管部门审核。专用公路规划应当与公路规划相协调。县级以上人民政府交通主管部门发现专用公路规划与国道、省道、县道、乡道规划有不协调的地方，应当提出修改意见，专用公路主管部门和单位应当做出相应的修改。

（5）国道规划的局部调整由原编制机关决定。国道规划需要做重大修改的，由原编制机关提出修改方案，报原批准机关批准。经批准的省道、县道、乡道公路规划需要修改的，由原编制机关提出修改方案，报原批准机关批准。

（6）国道的命名和编号，由交通主管部门确定；省道、县道、乡道的命名和编号，由省、自治区、直辖市人民政府交通主管部门按照交通主管部门的有关规定确定。

（7）规划和新建村镇开发区，应当与公路保持规定的距离并避免在公路两侧对应进行，防止造成公路街道化，影响公路的运行安全与畅通。

（8）国家鼓励专用公路用于社会公共运输。专用公路主要用于社会公共运输时，由专用公路的主管单位申请或者由有关方面申请，专用公路的主管单位同意后并经省、自治区、直辖市人民政府交通主管部门批准，可以改划为省道、县道或者乡道。

（二）公路建设方面的规定

（1）县级以上人民政府交通主管部门应当依据职责维护公路建设秩序，加强对公路建设的监督管理。

（2）筹集公路建设资金，除各级人民政府的财政拨款，包括依法征税筹集的公路建设专项资金转为的财政拨款外，可以依法向国内外金融机构或者外国政府贷款。国家鼓励国内外经济组织对公路建设进行投资。开发、经营公路的公司可以依照法律、行政法规的规定发行股票、公司债券筹集资金。依照本法规定出让公路收费权的收入必须用于公路建设。向企业和个人集资建设公路，必须根据需要与可能，坚持自愿原则，不得强行摊派，并应符合有关规定。公路建设资金还可以采取符合法律或者规定的其他方式筹集。

（3）公路建设应当按照国家规定的基本建设程序和有关规定进行。

（4）公路建设项目应当按照国家有关规定实行法人负责制度、招标投标制度和工程监理制度。

（5）公路建设单位应当根据公路建设工程的特点和技术要求，选择具有相应资格的勘察设计单位、施工单位和工程监理单位，并依照有关法律、法规及规章规定和公路工程技术标准的要求，分别签订合同，明确双方的权利和义务。承担公路建设项目的可行性研究单位、勘察设计单位、施工单位和工程监理单位，必须持有国家规定的资质证书。

（6）公路建设项目的施工，须按交通主管部门的规定报请县级以上地方人民政府交通主管部门批准。

（7）公路建设必须符合公路工程技术标准。承担公路建设项目的设计单位、施工单位和工程监理单位，应当按照国家有关规定建立健全质量保证体系，落实岗位责任制，并依照有关法律、法规、规章以及公路工程技术标准的要求和合同约定进行设计、施工和监理，保证公路工程质量。

（8）公路建设使用土地要依照有关法律、行政法规的规定办理。公路建设应当贯彻切实保护耕地、节约用地的原则。

（9）公路建设需要使用国有荒山、荒地或者需要在国有荒山、荒地、河滩、滩涂上挖砂、采石、取土的，依照有关法律、行政法规的规定办理后，任何单位和个人不得阻挠或者非法收取费用。

（10）地方各级人民政府对公路建设依法使用土地和搬迁居民，应当给予支持和协助。

（11）公路建设项目的设计和施工，应当符合依法保护环境、保护文物古迹和防止水土流失的要求。公路规划中贯彻国防要求的公路建设项目，应当严格按照规划进行建设，以保证国防交通的需要。

（12）因建设公路影响铁路、水利电力、邮电设施和其他设施正常使用时，公路建设单位应当事先征得有关部门的同意；因公路建设对有关设施造成损坏的，公路建设单位应当按照不低于该设施原有的技术标准予以修复或者给予相应的经济补偿。

（13）改建公路时，施工单位应当在施工路段两端设置明显的施工标志和安全标志。需要车辆绕行的，应当在绕行路口设置标志；不能绕行的，必须修建临时道路，保证车辆和行人通行。

（14）公路建设项目和公路修复项目竣工后，应当按照国家有关规定进行验收；未经验收或者验收不合格的，不得交付使用。建成的公路，应当按照交通主管部门的规定设置明显的标志、标线。

（15）县级以上地方人民政府应当确定公路两侧边沟外缘起不少于 1 m 的公路用地。

（三）路政管理方面的规定

（1）各级地方人民政府应当采取措施加强对公路的保护。县级以上地方人民政府交通主管部门应当认真履行职责，依法做好公路保护工作，并努力采用科学的管理方法和先进的技术手段提高公路管理水平，逐步完善公路服务设施，保障公路的完好、安全和畅通。

（2）任何单位和个人不得擅自占用、挖掘公路。因修建铁路、机场、电站、通信设施、水利工程和进行其他建设工程需要占用、挖掘公路或者使公路改线的，建设单位应当事先征得有关交通主管部门的同意；影响交通安全的，还须征得有关公安机关的同意。占用挖掘公路或者使公路改线的，建设单位应当按照不低于该段公路原有的技术标准予以修复改建或者给予相应的经济补偿。

（3）跨越、穿越公路修建桥梁、渡槽或者架设、埋设管线等设施的以及在公路用地范围内架设、埋设管线、电缆等设施的，应当事先经有关交通主管部门同意，影响交通安全的，还须征得有关公安机关的同意；所修建、架设或者埋设的设施应当符合公路工程技术标准的要求。对公路造成损坏的，应当按照损坏程度给予补偿。

（4）任何单位和个人不得在公路上及公路用地范围内摆摊设点、堆放物品、倾倒垃圾、设置障碍挖沟引水、利用公路边沟排放污物或者进行其他损坏、污染公路和影响公路畅通的活动。

（5）在大中型公路桥梁和渡口周围200 m、公路隧道上方和洞口外100 m范围内以及在公路两侧一定距离内，不得挖砂、采石、取土、倾倒废弃物，不得进行爆破作业及其他危及公路、公路桥梁、公路隧道、公路渡口安全的活动。在以上范围内因抢险、防汛需要修筑堤坝、压缩或者拓宽河床的，应当事先报经省、自治区、直辖市人民政府交通主管部门会同水行政主管部门批准，并采取有效措施保护公路、公路桥梁、公路隧道、公路渡口的安全。

（6）铁轮车，履带车和其他可能损害公路路面的机具，不得在公路上行驶。农业机械因当地田间作业需要在公路上短距离行驶或者军用车辆执行任务需要在公路上行驶的，可以不受前款限制，但是应当采取安全保护措施。对公路造成损坏的，应当按照损坏程度给予补偿。

（7）在公路上行驶的车辆其轴载质量应当符合公路工程技术标准要求。

（8）超过公路、公路桥梁、公路隧道或者汽车渡船的限载、限高、限宽、限长标准的车辆，不得在有限定标准的公路、公路桥梁上或者公路隧道内行驶，不得使用汽车渡船。超过公路或者公路桥梁限载标准确需行驶的，必须经县级以上地方人民政府交通主管部门批准，并按要求采取有效的防护措施；运载不可解体的超限物品的应当按照指定的时间路线、时速行驶，并悬挂明显标志。运输单位不能按照以上规定采取防护措施的，由交通主管部门帮助其采取防护措施，所需费用由运输单位承担。

（9）机动车制造厂和其他单位不得将公路作为检验机动车制动性能的试车场地。

（10）任何单位和个人不得损坏、擅自移动、涂改公路附属设施。公路附属设施是指为保护、养护公路和保障公路安全畅通所设置的公路防护、排水、养护管理、服务、交通安全、渡运监控、通信、收费等设施、设备以及专用建筑物、构筑物等。

（11）造成公路损坏的，责任者应当及时报告公路管理机构，并接受公路管理机构的现场调查。

（12）任何单位和个人未经县级以上地方人民政府交通主管部门批准，不得在公路用地范围内设置公路标志以外的其他标志。

（13）在公路上增设平面交叉道口，必须按照国家有关规定经过批准，并按照国家规定的技术标准建设。

（14）除公路防护养护需要的以外，禁止在公路两侧的建筑控制区内修建建筑物和地面构筑物；需要在建筑控制区内埋设管线、电缆等设施的，应当事先经县级以上地方人民政府交通主管部门批准。以上规定的建筑控制区的范围，由县级以上地方人民政府按照保障公路运行安全和节约用地的原则，依照市人民政府的规定划定。建筑控制区范围经县级以上地方人民政府划定后，由县级以上地方人民政府交通主管部门设置标桩、界桩，任何单位和个人不得损坏、擅自挪动该标桩、界桩。

（四）监督检查方面的规定

（1）交通主管部门、公路管理机构依法对有关公路的法律、法规执行情况进行监督检查。

（2）交通主管部门、公路管理机构负有管理和保护公路的责任，有权检查、制止各种侵占或损坏公路、公路用地、公路附属设施及其他违反有关规定的行为。

（3）公路监督检查人员依法在公路、建筑控制区、车辆停放场所、车辆所属单位等进行监督检查时，任何单位和个人不得阻挠。公路经营者、使用者和其他有关单位、个人应当接受公路监督检查人员依法实施的监督检查，并为其提供方便。公路监督检查人员执行公务应当佩戴标志，持证上岗。

（4）交通主管部门、公路管理机构应当加强对所属公路监督检查人员的管理和教育，要求公路监督检查人员熟悉国家有关法律和规定，公正廉洁，热情服务，秉公执法。对公路监督检查人员的执法行为应当加强监督检查，对其违法行为应当及时纠正，依法处理。

（5）用于公路监督检查的专用车辆，应当设置统一的标志和示警灯。

二、公路工程施工企业资质的相关规定

不同的建筑等级有不同的质量标准，不同的建筑行业、不同的质量标准，则需要不同资质的施工企业才能完成。公路工程施工总承包企业资质分为特级、一级、二级、三级。

（一）特级资质标准

（1）企业注册资本金3亿元以上。

（2）企业净资产3.6亿元以上。

（3）企业近三年上缴建筑业营业税均在5 000万元以上。

（4）企业银行授信额度近三年均在5亿元以上。

（二）一级资质标准

（1）企业资产。净资产1亿元以上。

（2）企业主要人员。具体包括：公路工程专业一级注册建造师不少于15人；技术负责人具有15年以上从事工程施工技术管理工作经历且具有公路工程相关专业高级职称；公路工程相关专业中级以上职称人员不少于75人；持有岗位证书的施工现场管理人员不少于25人且施工员、安全员、造价员等人员齐全；经考核或培训合格的中级工以上技术工人不少于50人。

（3）企业工程业绩。近十年承担过下列4类中的3类工程的施工，工程质量合格：累计修建一级以上公路路基100 km以上；累计修建二级以上等级公路路面（不少于2层且厚度10 cm以上沥青混凝土路面或22 cm以上水泥混凝土路面）

300万 m² 以上；累计修建单座桥长≥500 m 或单跨跨度≥100 m 的桥梁 6 座以上；累计修建单座隧道长≥1 000 m 的公路隧道 2 座以上或单座隧道长≥500 m 的公路隧道 3 座以上。

（4）技术装备。具有下列机械设备：160 t/h 以上沥青混凝土拌和设备 3 台；120 m³/h 以上水泥混凝土拌和设备 4 台；300 t/h 以上稳定土拌和设备 4 台；摊铺宽度 12 m 以上的沥青混凝土摊铺设备 6 台；各型压路机 20 台（其中沥青混凝土压实设备 10 台、大型土方振动压实设备 10 台）；扭矩 200 N·m 以上的钻机 2 台；80 t 以上自行式架桥机 2 套；水泥混凝土泵车 4 台；隧道掘进设备 2 台；水泥混凝土喷射泵 4 台；压浆设备 2 台。

（三）二级资质标准

（1）企业资产。净资产 4 000 万元以上。

（2）企业主要人员。具体包括：公路工程专业注册建造师不少于 15 人；技术负责人具有 8 年以上从事工程施工技术管理工作经历且具有公路工程相关专业高级职称或公路工程专业一级注册建造师执业资格；公路工程相关专业中级以上职称人员不少于 50 人；持有岗位证书的施工现场管理人员不少于 15 人且施工员、安全员、造价员等人员齐全；经考核或培训合格的中级工以上技术工人不少于 30 人。

（3）企业工程业绩。近十年承担过下列 3 类工程的施工，工程质量合格：累计修建三级以上公路路基 200 km 以上；累计修建四级以上公路路面（厚度 5 cm 以上沥青混凝土路面或 20 cm 以上水泥混凝土路面）200 万 ㎡ 以上；累计修建单座桥长≥100 m 或单跨跨度≥40 m 的桥梁 4 座以上。

（4）技术装备。具有下列机械设备：120 t/h 以上沥青混凝土拌和设备 2 台；60 m³/h 以上水泥混凝土拌和设备 2 台；300 t/h 以上稳定土拌和设备 2 台；摊铺宽度 8 m 以上沥青混凝土摊铺设备 2 台；120 kW 以上平地机 3 台；1 m³ 以上挖掘机 3 台；100 kW 以上推土机 3 台；各型压路机 10 台（其中沥青混凝土压实设备 4 台，大型土方振动压实设备 2 台）；扭矩 200 N·m 以上钻机 1 台；80 t 以上自行式架桥机 1 套；50 t 以上吊车 1 台；水泥混凝土泵车 2 台；隧道掘进设备 1 台；水泥混凝土喷射泵 2 台；压浆设备 1 台。

（四）三级资质标准

（1）企业资产。净资产 800 万元以上。

（2）企业主要人员。具体包括：公路工程专业注册建造师不少于 8 人；技术负责人具有 6 年以上从事工程施工技术管理工作经历且具有公路工程相关专业中级以上职称或公路工程专业注册建造师执业资格；公路工程相关专业中级以上职称人员不少于 15 人；持有岗位证书的施工现场管理人员不少于 8 人且施工员、安全员、造价员等人员齐全；企业具有经考核或培训合格的中级工以上技术工人不少于 15 人；技术负责人或注册建造师主持完成过本类别资质二级以上标准要求的工程业绩不少于 2 项。

（3）技术装备。具有下列机械设备：100 t/h 以上沥青混凝土拌和设备 1 台；50 m/h 以上混凝土拌和设备 1 台；摊铺宽度 4.5 m 以上沥青混凝土摊铺设备 2 台；8t 以上压路机 5 台；1 m³ 以上挖掘机 2 台；120 kW 以上平地机 2 台；30 t 以上吊车 1 台。

三、对公路施工企业资质要求

（1）公路施工企业不得跨资质、越级、超范围承包工程。

公路工程不同资质的施工企业，承包工程的范围，应符合以下要求：特级企业可承担各等级公路及桥梁、隧道工程的施工；一级企业可承担单项合同额不超过企业注册资本金 5 倍的各等级公路及其桥梁、长度 3 000 m 及以下的隧道工程的施工；二级企业可承担单项合同额不超过企业注册资本金 5 倍的一级标准及以下公路、单跨跨度 <100 m 的桥梁、长度 <1 000 m 的隧道工程的施工；三级企业可承担单项合同额不超过企业注册资本金 5 倍的二级标准及以下公路、单座桥长 <500 m、单跨跨度 <40 m 的桥梁工程的施工。

公路施工企业参与专业工程（指路基、路面、桥梁、隧道、公路交通工程安全设施、通信系统、监控系统、收费系统、综合系统工程等）投标和施工的，应具备相应的专业工程承包资质；公路施工企业参与施工总承包工程（指路基、路面、桥梁、隧道工程中任意两个及两个以上的工程一起招标的工程）投标和施工的，应具备公路工程总承包资质。

公路施工企业承包工程的范围，除符合以上要求外，还应当遵守公路路面工程专业承包工程范围、公路桥梁工程专业承包工程范围、公路隧道工程专业承包工程范围、公路交通工程专业承包工程范围。

①公路路面工程专业承包工程范围：一级企业可承担各级公路的各类路面和钢桥面工程的施工；二级企业可承担单项合同额不超过企业注册资本金5倍的一级标准及以下公路路面工程的施工；三级企业可承担单项合同额不超过企业注册资本金5倍的二级标准及以下公路路面工程的施工。

②公路桥梁工程专业承包工程范围：一级企业可承担各类桥梁工程的施工；二级企业可承担单跨150 m以下、单座桥梁总长1 000 m以下桥梁工程的施工；三级企业可承担单跨50 m以下，单座桥梁总长120 m以下桥梁工程的施工。

③公路隧道工程专业承包工程范围。一级企业可承担各类隧道工程的施工；二级企业可承担断面60 m²以下且单洞长度1 000 m以下的隧道工程施工；三级企业可承担断面40 m²以下且单洞长度500 m以下的隧道工程施工。

④公路交通工程专业承包工程范围。交通安全设施分项：可承担各级公路标志标线、护栏、隔离栅防眩板等工程的施工及安装；通信系统工程分项：可承担各级公路干线传输系统、程控交换系统、移动通信系统、光（电）缆敷设工程、紧急电话系统的工程施工及安装；监控系统工程分项：可承担各级公路交通信息采集系统、信息发布系统、中央控制系统、供电配套设施系统工程的施工及安装；收费系统工程分项：可承担收费公路收费车道及附属配套设备、收费管理系统及附属配套设备工程的施工及安装；通信、监控、收费综合系统工程分项：可承担各级公路干线传输系统、程控交换系统、移动通信系统、光（电）缆敷设工程、紧急电话系统、交通信息采集系统、信息发布系统、中央控制系统、供电配套设施系统工程的施工及安装和收费公路收费车道及附属配套设备、收费管理系统及附属配套设备工程的施工及安装。

（2）公路建设项目法人在发布项目招标公告和编制招标文件时，要明示该公路项目各标段的工程内容，同时明示各标段对公路施工企业的资质、已承担过类似工程的业绩等条件和具体要求。

（3）公路施工企业如果以联合体形式参与投标，主办人应具备与所投标段工程内容相应的资质，成员单位应具备与其承担的工程内容相适应的资质。对于依法分包的工程，分包人应具备与其分包的工程内容相适应的资质。

（4）施工总承包工程中的桥梁、隧道，如果其规模（总长、跨径）超出公路工程施工总承包资质规定的承包工程范围，施工企业还应同时具备相应的桥梁、隧道工程专业承包资质。

（5）对公路交通工程的通信、监控、收费系统中任意两个及两个以上系统一起招标的，施工企业应具备公路交通工程专业承包通信、监控、收费综合系统工程资质。对公路交通工程交通安全设施纳入土建工程一起招标的，施工企业应同时具备公路工程的相应资质和交通安全设施资质。

四、相关规定

（一）总则

（1）为加强公路工程质量管理，确保公路工程质量，根据《中华人民共和国公路法》制定本办法。

（2）凡在中华人民共和国境内从事公路工程建设活动的建设、设计、施工、监理单位和个人，必须遵守本办法。

（3）本办法所称公路工程，是指由各级人民政府财政拨款、国家投资、中央和地方合资、地方投资、国内外经济组织投资、贷款以及其他投资方式建设的公路，包括路基、路面、公路桥涵和隧道、公路渡口及公路防护、排水和附属设施等。

（4）本办法所称公路工程质量，是指有关公路工程建设的法律、法规、规章、技术标准以及批准的设计文件和工程合同对建设公路工程的安全、适用、经济、美观等特性的综合要求。

（5）交通主管部门主管全国公路工程质量管理工作。县级以上人民政府交通主管部门负责本行政区域内公路工程质量管理工作；但是，大中型公路建设项目的质量管理工作，由省、自治区、直辖市人民政府交通主管部门负责。县级以上人民政府交通主管部门设置的公路工程质量监督机构（以下简称质监机构）根据交通主管部门委托的权限，代表交通主管部门行使行政执法职能，具体负责公路工程质量监督工作。

（6）公路工程质量实行建设单位或项目法人（以下统称建设单位）全面负责，监理单位控制、设计、施工单位保证和政府监督相结合的质量管理体制。公路工程建设各方必须按有关规定向质量监督机构报告公路工程质量情况，提供有关资料；任何单位和个人对公路工程的质量事故、质量缺陷和影响工程质量的行为有权向交通主管部门或质监机构进行检举、控告和投诉。

（7）2020年，将公路工程建设标准分为强制性标准和推荐性标准。下列标准属于强制性标准：涉及工程质量安全、人身健康和生命财产安全、环境生态安全和可持续发展的技术要求；材料性能、构造物几何尺寸等统一的技术指标；重要的试验、检验、评定、信息技术标准；保障公路网安全运行的统一技术标准；行业需要统一控制的其他公路工程建设标准。至于强制性标准以外的标准，则是推荐性标准。

（二）建设单位质量管理

（1）建设单位应根据国家和交通主管部门有关规定设立，并应当按照国家规定建立健全质量保证体系，建立质量管理制度，落实质量岗位责任制。

（2）建设单位应严格履行基本建设程序，根据公路工程特点和技术要求，确定合理标段、合理工期、合理造价，并按交通主管部门的规定通过项目招投标选择具有相应资格的勘测设计施工和监理单位，应分别签订合同，实行合同管理。公路工程的合同文件必须有工程质量条款，明确各项工程和材料的质量标准和合同双方的质量责任。

（3）承担工程项目同一合同段的施工和监理单位不得隶属于同一管理单位，设计单位不得承担本单位设计工程项目的监理任务，招标代理机构不得参加工程投标。

（4）建设单位应主动接受质监机构对其质量保证体系的监督检查。工程开工前，应按规定向质监机构办理工程质量监督手续；工程施工过程中，应主动接受质监机构对工程质量的监督检查；工程完工后，应由质监机构对工程质量进行鉴定。

（5）建设单位应依照有关公路工程建设的法律、法规、规章、技术标准、规范和合同文件，组织项目设计、施工和监理。开工前应组织施工图设计审查和设计交底；施工中应对工程质量进行检查；工程完工后应及时组织交工验收，并做好竣工验收的准备工作。

第四节　公路工程项目管理的应用与发展

项目管理是以项目为对象，由项目组织对项目进行高效率的计划、组织领导、控制和协调，以实现项目目标的过程。其管理的主要内容为目标、进度、成本、资源，是由一组有起止时间、相互协调、有控制性活动所组成的特定过程。项目管理在研究开发过程和建设工程项目中得到了广泛的应用。

一、项目管理在我国的应用

我国从引进项目管理理论、开始项目管理实践活动至今，不仅发展非常迅速，而且在很多方面有创新。这些都充分证明项目管理是适应我国国情的，是可以应用成功并能得到发展的。项目管理在我国的应用有以下特点。

（1）项目管理被引进的时候，正是我国改革开放开始向纵深发展的时候。改革的内容是多方面的，其中包括建筑施工企业的体制改革、基本建设投资包干、成立综合开发公司、供料体制的改革、工程招投标的开展等。这些改革与建设项目、施工项目有关，都是项目管理被引进到我国后遇到的新问题。探索项目管理与改革相结合的问题，在改革中发展我国的项目管理科学，这是当时形势的需要。

（2）由于我国实行开放政策，国外投资者在我国进行项目管理的同时，也给我们带来了项目管理的经验，给我们做出了项目管理的典范，使我国的工程项目管理少走弯路，鲁布革水电站工程的项目管理经验就是典型的代表。相应的，我国的施工队伍走出国门，迈进世界建筑市场进行各方面综合输出，在国外进行施工管理的过程中也学习了很多项目管理方面的经验。

（3）我国推行项目管理制度与其他国家不同，是在政府的领导和推动下进行的，是有规划、有步骤、有法规、有制度、有号召的推进。这与国外进行项目管理的自发性和民间性是有原则区别的，这种具有强制性和可靠性的项目管理，使项目管理在我国推行具有很强的生命力和广泛性。

（4）由于实行项目管理具有明显的效果，所以项目管理学术活动在我国非常活跃。与土木建筑工程有关的大学都开设了项目管理课程，在大中型工程中全部实行了项目管理，国内的、国际的项目管理学术交流活动十分频繁，一些很有价值的项目管理研究成果已用于工程。

（5）在各种建设项目中产生了一大批项目管理先进典型，为我国迅速推进项目管理奠定了基础。除鲁布革水电站工程的经验外，还有北京的中国国际贸易中心工程、京津唐高速公路工程、葛洲坝水利枢纽工程、引滦入津工程等。这些工程的项目管理水平不仅已赶上或超过了先进国家，而且创造出了符合中国国情的新经验。

（6）根据我国建设项目管理的实践，项目管理又分为建设监理和施工项目管理两个分支。在每个项目的实施过程中，两者能够同时进行，形成互相促进、互相兼顾的局面，不仅使项目管理和监理均获得成功，而且推进了项目管理学科的发展。

（7）在实行项目管理的过程中，我国有一整套十分严格的管理程序，特别注重不断总结经验教训，并以典型经验推动项目管理的全面发展。

（8）我国的工程项目管理大力推进计算机化。随着信息化大潮的到来和我国向市场经济的迅速推进，计算机在项目管理中的应用迅速普及，集约化的精细管理已成为每个企业追求的目标。用计算机进行工程项目全过程管理的研究和实践，必将使项目管理水平跃上新台阶。

二、项目管理的发展趋势

项目管理自问世以来，在各国专家的努力下迅速健康发展。项目管理的发展主要呈现以下四大趋势。

（一）工程项目管理的国际化趋势

随着我国改革开放的进一步加快，中国经济日益深刻地融入全球市场，在我国的跨国公司和跨国项目越来越多。改革开放以来，我国的许多项目要通过国际招标、咨询或 BOT 方式运作。我国企业走出国门在海外投资和经营的项目也在增加。与此同时，项目管理的国际化正形成趋势和潮流。

特别是在我国加入世界贸易组织后，我国的行业壁垒下降，国内市场国际化，国内外市场全面融合，外国企业必定利用其在资本、技术、管理、人才、服务等方面的优势挤占我国国内市场，尤其是工程总承包市场。面对日益激烈的市场竞争，我国的企业必须以市场为导向，转换经营模式，增强应变能力，自强不息，勇于进取，在竞争中学会生存，在拼搏中寻求发展。

从项目管理理论研究的角度来看，各国专家都在探讨项目管理的通用体系，国际项目管理协会的各成员国之间每年都要举办很多行业性和学术性的研讨会，交流和研究项目管理的发展问题。对于项目管理活动，2021年国际上已形成了一套比较完整的国际法规、标准和惯例，制定了严格的管理制度，形成了通用性较强的国际惯例，各国专家正在探讨完整的通用体系。

（二）工程项目管理的信息化趋势

随着计算机技术、网络技术和信息技术的飞速发展，项目管理的信息化已成为必然趋势。日新月异的电脑技术和网络技术在企业经营管理中普及应用的速度令人吃惊，而且呈现加速发展的态势，这给项目管理带来很多新的特点。在信息高速膨胀的今天，项目管理越来越依赖于电脑手段，其竞争从某种意义上讲已成为信息战。另外，作为21世纪的主导经济——知识经济已经来临，与之相应的项目管理也将成为一个热门前沿领域。

知识经济时代的项目管理通过知识共享、运用集体智慧提高应变能力和创新能力。知识经济可以理解为把知识转化为效益的经济。知识经济利用较少的自然资源和人力资源，而更重视利用智力资源。知识产生新的创意，形成新的成果，带来新的财富。

西方发达国家的项目管理公司已经在运用项目管理软件进行项目管理的运作，利用网络技术进行信息传递，实现了项目管理的自动化、网络化、虚拟化。我国的一些项目管理公司也开始使用项目管理软件进行项目管理，积极组织人员开发研究更高级的项目管理软件，力争用较少的自然资源和人力资源实现经济效益的最大化。

（三）逐渐关注"客户化"趋势

现代项目管理与传统的项目管理相比，其管理观念越来越以客户为中心。在当今竞争激烈的时代，任何经济组织生存和发展的关键不仅是生产产品，还要赢得需要这些产品的客户。在一个项目的实施和管理过程中，应当充分贯彻"以客户满意为关注焦点"的质量标准，充分满足客户明确的需求并挖掘客户隐含的需求，实现并超越客户的期望。只有让客户满意，项目组织才有可能更快地结束项目；只有尽可能地减少项目实施过程中的修改和调整，真正地实现节约成本、缩短工期，才能够提升同客户再次合作的可能性。

（四）新方法应用普及的趋势

纵观项目管理的发展历程，其中一个最显著的变化是项目管理的内容知识大幅度增加，如项目管理知识体系中的范围管理、质量管理、风险管理和环境管理等内容。项目管理概念大大拓宽，提出了基于项目的管理、客户驱动型项目管理等不同类别的项目管理；项目管理的应用层已不单纯是工程建设部门，而拓宽普及到各行业的各个领域。在项目管理中新方法的应用，更加体现出项目管理的重要性。

1. 风险评估小组的出现

在传统的项目管理中，项目中出现的问题通常归咎于项目实施管理不利。随着市场经济的不断深入发展，在项目管理中的风险管理变得越来越重要，可以通过成立风险评估小组来减少和解决项目风险管理方面的问题。

2. 设立项目办公室

在工程项目未正式实施前，设立项目办公室是进行项目管理的重要组织措施之一。项目办公室的作用包括：行政支持，项目咨询，建立项目管理标准，开发、更新工作方法和工作流程，指导、培训项目管理人员等。

第七章 施工组织设计概论

第一节 公路施工组织设计的任务与原则

一、公路施工的特点

公路是通过设计和施工，消耗大量的物资资源及人力而完成的建筑产品。和工业生产比较，公路施工同样是把一系列的资源投入产品（工程）的生产过程。在生产上的阶段性和连续性、组织上的专业化和协作化方面，它们是一致的。但是，由于公路施工自身的特殊性，它不仅与工业生产不同，而且与房屋、水利等土建工程施工也有一定差异。

1. 线性分部工程，施工流动性大

公路是沿地面延伸的线性人工构筑物。由于它的线性特性，使施工流动性大、临时工程多、施工作业面狭长、施工组织与管理的工作量大，也给施工企业员工的生活安排带来一定的困难。

工程数量分布不均匀。大、中型桥梁、隧道、高填深挖路段的路基土石方工程等，往往是控制工期的集中工程。路面工程、小桥、涵洞、交通工程设施、环境绿化等，可视为线性分部工程。

2. 固定性的建筑，占用土地多

公路工程的全部构筑物都固定于一定地点的自然地面上，因此占用土地多。不仅有公路构筑物本身的永久性占地，而且还有施工期间的临时占地。如设计速度 100 km/h 的一级公路每千米公路所用的永久性占地一般不会低于 33 333 m²（50 亩），这是任何一项土建工程都无法相比的。临时占地如便道、便桥、工棚、施工场地等。因此，精心设计、精心施工是十分必要的。

3.类型繁多，施工协作性要求高

公路线形及构造物形式受地形、地质、水文等自然条件的影响，又因公路等级和使用要求而异。因此，公路工程类型多种多样，标准化难度大，必须个别设计，施工组织亦须个别进行。就是同一地区相同技术等级的公路，也不可能采用同样的施工组织，这是因为施工时的技术条件（物资供应、机具设备、技术力量等）、自然条件（季节、气候等）和工期要求等不尽相同的缘故。

为了按计划正常施工，建设、设计、施工、监理等单位必须密切配合，施工单位的材料、动力、运输各部门应通力协作，还需要地方各级政府部门和施工沿线各相关单位的大力支持。因此，公路施工过程中的综合平衡和合理调度、严密的计划和科学的管理是特别重要的。

4.工程形体庞大，施工周期长

公路结构物与其他土建工程一样，具有体形庞大的特点，加之公路工程的线性特性，使这一特点对施工的影响更为严重。首先是同一地点要依次进行多个分部工程作业，致使施工周期长，特别是集中土石方、特大桥等处，在较长时间内占用和消耗大量的人工、材料、机具，直到整个施工周期结束才能得到直接使用的建筑产品；其次是施工各阶段、各环节必须有机地组成整体，在时间上不间断，空间上不闲置，才能有正常的施工秩序，否则将导致工期延迟，造成人力、物力和财力的大量浪费。

5.野外作业受外界干扰和自然因素影响

公路施工大都是野外露天作业，自然地理及气候条件，特别是灾害性天气、不良地质、不良水文等，不但影响施工，而且还会给工程造成损失。另外，来自自然的（如地形艰险、地质条件变化）和人为的（如拆迁受阻、与其他工程交叉）干扰以及环境因素等，如果处理不当，将对工程的进度、质量、造价等造成很大的影响。

6.工程质量影响国民经济各部门

公路关系到一个地区的总体规划和国民经济的发展，等级较高的公路总是位于经济较发达的地区。公路施工质量如不符合要求，不仅造成公路建设的直接经济损失，而且严重影响工农业生产和人民生活，其间接经济损失和不良的社会影响将是无法估量的。因此，"百年大计，质量第一"的方针应落实到每一个施工环节上。

二、施工组织设计的基本概念

公路施工组织设计是公路建设项目在设计、施工阶段必须提交的技术文件，它是准备、组织、指导施工和编制施工作业计划的依据。因此，施工组织设计是公路工程建设管理规定的主要管理制度之一，是对整个施工活动实行全面的有效控制的基础。

那么，什么是施工组织设计呢？简单来说，就是在工程施工前编制的、用来指导拟建工程施工准备和组织施工的全面性的技术、经济文件。施工组织设计应从工程施工的全局出发，根据工程的特点，按照客观的施工规律和当时当地的具体施工条件和工期要求，统筹考虑施工活动中的人工、材料、机械、资金和施工方法等主要因素，对整个工程的施工在时间上和空间上做出科学而合理的安排。

施工组织设计可以是对整个基本建设项目起控制作用的总体战略部署，也可以是对某一单位工程的具体施工作业起指导作用的战术安排。以上两者均称为公路建设项目的施工组织设计，只是前者以施工的宏观控制为核心，后者以施工现场的实施为重点。做好施工组织设计的关键是根据客观的施工条件，充分考虑施工过程中可能出现的各种情况，选择切实可行的施工方案和效果最好的施工组织方法。由于公路施工受到各种因素的制约，因此不存在固定模式的、标准化的施工组织设计。

三、施工组织设计的任务与作用

工程施工需要时间（工期）、占用空间（场地）、消耗资源（人工、材料、机具等）、投入资金（造价）、确定施工方案、选择施工方法等。公路施工需要具备哪些基本条件，如何按照施工的客观规律来考虑工期的安排、场地的布置、资源的消耗等要素，就成为公路施工组织设计必须认真解决的问题。

施工组织设计的主要任务包括以下内容。确定开工前必须完成的准备工作，做好施工部署，制定经济、合理的施工方案，选择合适的施工方法和施工机具；统筹安排施工顺序，确定合理可行的施工进度计划；确定施工需用的人工、材料、机具等资源的数量；布置施工现场，做到少占农田、节约开支、有利生产、方便生活；拟定切实有效的施工技术、质量、安全措施，确保工程顺利进行。

施工组织设计的作用有：使复杂的施工过程明细化、程序化，实现有组织、有计划、有秩序的施工；合理的施工进度计划确保待建项目费用省、效率高、质量好，按合同工期完成；在施工前使工程技术人员和管理人员对工程所需的各种施工资源数量和先后顺序做到心中有数，对施工现场平面进行合理布置，实现安全生产、文明施工；针对预计可能出现的各种情况进行相应的准备，能防患于未然；可以把工程的设计与施工、技术与经济、前方与后方、整个企业的施工安排和具体工程的施工组织紧密地联系起来。

编制施工组织设计本身就是施工准备工作的一项重要内容。公路施工从准备工作开始，也就是说，施工组织设计起着指导施工准备工作、全面布置施工活动、控制施工进度、进行劳动力和机械调配的作用，同时对施工活动内部各环节的相互关系和与外部的联系、确保正常的施工秩序起着有效的协调作用。总之，施工组织设计对于能否优质、高效、按时、低耗地完成公路工程施工任务起着决定性的作用。

四、公路施工组织设计的一般原则

1. 认真贯彻我国公路建设和经济发展的方针政策

公路工程建设的投资巨大，耗用的人力、物力等各种资源多，必须纳入国家或地方政府的计划安排，公路建设才有可靠的保障。组织施工应严格按基本建设程序办事，认真做好施工组织设计，充分发动群众，建立和健全各项施工的技术保障措施和相应的施工管理制度，确保正常的施工秩序。

随着国家经济的发展，公路建设突飞猛进，建设资金从单一的国家投资来源，增加到地方投资、银行贷款、国外投资、发行股票及债券等多种渠道。

公路施工，特别是高速公路的施工，更应该以现行政策为依据，利用施工组织设计调动各方面的积极性，努力提高劳动生产率，加快工程进度，提高工程质量，降低成本，全面完成公路建设计划。

2. 根据建设期限的要求，统筹安排施工进度

公路施工的目的在于保质保量地把拟建项目迅速建成，尽早交付使用，早日发挥工程的社会效益和经济效益。因此，保证工期是施工组织设计中考虑的首要问题。根据规定的建设期限，按轻重缓急进行工程排队，全面考虑、统筹安排施工进度，做到保证重点，让控制工期的关键项目早日完工。在施工部署方面，既

要集中力量保证重点工程的施工，又要兼顾全面，避免过分集中而导致人力、物力的浪费，同时还需要注意协调各专业之间的相互关系，按期完成施工任务。

3. 采用先进技术，实现快速施工

先进的科学技术是提高劳动生产率、加快施工速度、提高工程质量、降低工程成本的重要源泉。同时，积极运用和推广新技术、新工艺、新材料、新设备，减轻施工人员的劳动强度，是现代化文明施工的标志。

施工机械化是公路工程实现优质、快速的根本途径，扩大预制装配化程度和采用标准构件是公路施工的发展方向。只有这样才能从根本上尽可能减少公路施工的手工操作，实施快速施工。在组织施工时，应结合当时的机具实际配备情况、工程特点和工期要求，做出切实可行的布置和安排。注意机械的配套使用，提高综合机械化水平，充分发挥机具设备的效能。对于基础工程、路基土石方、起重运输等用工多和劳动强度大的工程，以及特殊路基、高级路面等工序复杂的工程，尤其应优先考虑机械化施工。

4. 实现连续、均衡而紧凑的施工

公路施工系野外流动作业，受外界的干扰很大，要实现连续、均衡而紧凑的施工就必须科学、合理地安排施工计划。计划的科学性，就是对施工项目做出总体的综合判断，采用现代数学的方法，使施工活动在时间上、空间上得到最优的统筹安排，也就是施工优化；计划的合理性，是指对各个项目相互关系的合理安排，如施工程序和工序的合理确定等。要做到这些，就必须采用系统分析、流水作业、统筹方法、电子计算机辅助管理和先进的施工工艺等现代化科学技术成果。

施工的连续性和均衡性，对于施工物资的供应、减少临时设施、生产和生活的安排等都是十分有利的。安排计划时，在保证重点工程施工的同时，可以将一些辅助的或附属的工程项目适当穿插。还应考虑季节特点，将一些后备项目作为施工中的转移调节项目。采取这些措施，才能使各专业机构、各工种工人和施工机械，能够不间断地、有次序地进行施工，尽快地由一个项目转移到另一个项目上去，从而实现在全年中能够连续、均衡而又紧凑地组织施工。

5. 保证工程质量和安全施工

公路是永久性的构筑物，工程质量的好坏不但影响施工效果，而且直接影响沿线国民经济的发展和人民的生活。本着对国家建设高度负责的精神，严肃认真地按设计要求组织施工，确保工程质量，这是每个施工管理者应有的态度。

为此，在进行施工组织设计时，要有保证工程质量和安全施工的措施，在组织施工时，要经常进行质量、安全教育，遵守有关规范、规程和制度。实行预防为主的方针，质量和安全保障措施具体可靠，认真贯彻执行，把质量事故和安全事故消灭在萌芽状态之中。

6. 增产节约，降低工程成本

公路工程建设耗费的巨额资金和大量的物资，是按工程概、预算的规定计算的，即有一个"限额"（承包人则以合同价格为限额）。如果施工时突破这一限额，不仅施工企业没有经济收益，而且从基本建设管理角度也是不允许的。因此，施工企业必须实行经济核算，贯彻增产节约的方针，才能不断降低工程成本，增强企业自身的经济实力和社会竞争力。

社会经济实力的增长，一方面是以现有生产条件为基础，挖掘潜力、增加生产；另一方面则是依靠资金的积累，进行投资，增加生产设备，实现扩大再生产。公路施工涉及面广，需要资源的品种及数量繁杂，在施工组织设计和施工管理中，只有认真实行经济核算，增加生产，厉行节约，上面所述的科学合理的施工计划安排就会收到更大的经济效益。此外，还应做到一切施工项目都要有降低成本的技术组织措施，尽可能减少临时工程，充分利用当地资源，以及降低一切非生产性开支和管理费用。

第二节　公路施工组织设计的阶段与内容

在公路基本建设项目的设计阶段和施工阶段，都必须编制相应的施工组织设计文件。在初步设计阶段编制施工方案（也称为施工组织规划设计），在技术设计阶段编制修正施工方案（也称为施工组织总设计），在施工图设计阶段编制施工组织计划，在施工阶段编制实施性施工组织设计。

一、施工方案

公路工程两阶段初步设计和三阶段初步设计中的施工组织设计文件称为施工

方案。该方案由以下内容的文件组成。

1. 施工方案说明

（1）施工组织、施工力量的设想和施工期限的安排，关键工程项目的施工方案比较、论证、决策情况。

（2）主要工程、控制工期的工程和特殊工程采用的施工方案。

（3）主要材料的供应，施工机具、设备的配置及临时工程的安排。

（4）下一设计阶段应解决的问题及注意事项。

2. 人工、主要材料及机具、设备安排表

列出主要材料、机具、设备的名称、单位、总数量和人工数量，并分上半年、下半年编列。主要材料一般指施工中价格高的钢材、木材、水泥、沥青等，以及施工中用量大的如石料、砂及施工中有特殊重要用途的如处理软土地基的土工织物、高强度水泥混凝土供用的外加剂等。

3. 工程概略进度图

根据劳动力、施工期限、施工条件以及施工方案按年和季度进行施工进度概略安排进度。图中应列出工程项目名称、单位、数量，按年度和季度列示出各项工程施工的起止时间、机动时间、衔接时间等。

4. 临时工程一览表

列出临时工程名称，如便桥、便道、预制场、电力设施、通信设施等。列出各项临时工程的地点或桩号、工程项目及数量等。

5. 公路临时用地表

列出临时用地的位置或桩号、工程名称、隶属（县、镇、村、个人）关系、长度、宽度、土地类别及数量等。

上述施工方案说明列入初步设计文件的第一篇即总说明书中，其余4项构成第十篇即施工方案文件。

二、修正施工方案

采用三阶段设计的公路工程，在技术设计阶段编制的施工组织设计文件称为修正施工方案。修正施工方案根据初步设计的审查意见和施工方案说明中提出应进一步解决的问题及注意事项进行编制，修正施工方案的编制深度和提交的文件内容介于施工方案和施工组织计划之间。

三、施工组织计划

公路工程不论采用几个阶段设计，都要在施工图设计阶段编制施工组织计划。施工组织计划由以下内容的文件组成。

1. 说明

初步设计（或技术设计）批复意见的执行情况；施工组织、施工期限、主要工程的施工方法、工期、进度及采取的措施；劳动力计划及主要施工机具的使用安排；主要材料供应、运输方案及临时工程的安排；对缺水、风沙、高原、严寒等地区以及冬季、雨季施工所采取的措施；对高速公路和一级公路的交通工程及沿线设施施工协调和分期实施有关问题的说明；施工准备工作的意见，如拆迁、用地、修建便道、便桥、临时房屋，架设临时电及电信设施等。

2. 工程进度图

图中应列出工程项目名称、单位、数量、劳动力等，按年、月分别绘出各工程项目施工延续工期并标出其月计划工日数，绘出劳动力安排示意图等。

3. 主要材料计划表

表中列出主要材料的名称、规格、单位、数量、来源、运输方式，按年、季的计划用量等。

4. 主要施工机具、设备计划表

表中列出机具、设备的名称、规格、数量（台班数、台数）、使用期限（开始和结束时间），按年、季的计划用量等。

5. 临时工程数量表

表中包括便道、便桥、预制场地、施工场地、电力及通信线等。列出各项临时工程的地点或桩号、工程名称、工程说明、工程数量等。

6. 公路临时用地表

列出临时用地的位置或桩号、工程名称，土地的隶属（县、镇、村、个人）关系、长度、宽度，土地的类别及数量。施工组织计划为施工图设计文件的第十二篇。

四、实施性施工组织设计

在公路工程的招标、投标阶段和施工阶段，由施工单位编制的施工组织设计统称为实施性施工组织设计，招标、投标阶段由施工企业的经营管理层编制的施工组织设计文件称为标前施工组织设计，中标后由施工项目管理层编制的施工组织设计文件称为标后施工组织设计。标前施工组织设计是规划性的，目的是力争中标、签订工程承包合同，施工条件是一种预计，内容较概略。标后施工组织设计是操作性的，目的是组织项目施工、提高效益，施工条件确定，内容全面而具体。根据公路工程招标文件的规定，如果中标，标后施工组织设计应与标前施工组织设计基本上保持一致。

投标时编制的施工组织设计文件通常又称为施工组织设计大纲，内容必须符合招标文件的要求，一般由以下七张表或图组成：施工组织设计的文字说明、分项工程进度计划、工程管理曲线、施工总平面布置图、主要分项工程施工工艺框图、分项工程生产率和施工周期表、施工总体计划表。其中文字说明部分应包括：设备、人员动员周期以及设备、人员、材料运到施工现场的方法；主要工程项目的施工方案、施工方法；各分项工程的施工顺序，确保工程质量和工期的措施；重点（关键）和难点工程的施工方案、施工方法及其措施；冬季和雨季的施工安排；质量、安全保证体系；其他应说明的事项。

工程中标后、正式开工前编制的实施性施工组织设计文件，根据工程对象的不同又分为施工组织总设计、单位工程施工组织设计和分部分项工程施工组织设计。施工组织总设计的编制对象是整个施工项目，在公路施工项目的准备阶段编制；单位工程施工组织设计针对某一单位工程，在其开工前编制；分部分项工程施工组织设计针对现场作业按施工工序编制。施工组织总设计、单位工程施工组织设计和分部分项工程施工组织设计是同一工程项目的不同广度、深度和作用的三个层次的施工组织设计，它们是一个相互关联的整体，层层细化，实现对工程施工活动的有效管理与控制。

编制实施性施工组织设计时，施工原则、施工方案和施工方法已确定，施工条件明确。为确保这一阶段的施工组织设计能在工程施工中顺利实施，就必须根据不同的工程对象分别对各单位工程、各分部分项工程、各工序和施工队进行施工进度的日程安排和具体的操作设计。实施性施工组织设计文件的内容与施工图设计阶段的施工组织计划相似，但更具体、更详细。工程进度图应按月、旬、周安排，以分部工程施工为编制对象时，应列出各工序的施工持续时间，并编制相应的人工、材料、机具、设备计划。

综上所述，从施工方案到实施性施工组织设计，后一阶段比前阶段的要求更高，内容也更详细，但是各个阶段既是独立的又是相互联系的。前一阶段是后一阶段施工组织设计的基础，后一阶段是对前一阶段施工组织设计的深化和落实。

上述施工组织设计文件的内容是就通常情况而言的，对于某一具体工程的施工组织设计，应结合该工程的实际情况，以满足公路工程的设计、施工要求为原则进行适当的调整和补充。

第三节　原始资料的调查与分析

一、调查的目的和方法

开展任何工作都应首先深入了解有关情况，才能避免盲目性，做出正确的决策。要编制出切实可行的施工组织设计，事先必须掌握准确可靠的原始资料，以此为依据，才能做好施工方案和施工进度安排，才能正确做出各项资源供应和施工现场部署。

公路施工涉及面广、专业多、材料及机具类型繁多、投资大，需要协调的问题各种各样。如果原始资料出现差错，对施工组织设计的编制和施工作业的正常进行都会造成不利影响，常常导致延误工期、质量低劣、事故频繁等严重后果。因此，施工前应有计划、有步骤地认真做好原始资料的调查、收集和分析工作。

为编制设计阶段的施工组织设计文件而进行的原始资料调查，是由设计单位在公路的勘察设计阶段进行的。为编制施工阶段的施工组织设计文件而进行的原始资料调查，则由施工单位在公路施工准备阶段进行。勘察阶段的调查由公路设计时外业勘测中的调查组随着公路设计资料的调查同时完成。

施工阶段的调查是对设计阶段调查结果的复核和补充，由开工前组成的调查组来完成。设计阶段和施工阶段的调查方法及内容基本相同，都要深入现场，通过实地勘察、座谈访问、查阅历史资料,采取必要的测试手段获得所需数据及资料。

调查的主要内容有：工程所在地点的地形、地质、水文、气候条件；自采加工材料场储量、地方生产材料情况、施工期间可供利用的房屋数量；当地劳动力资源、工业生产加工能力、运输条件和运输工具；施工场地的水源、水质、电源,以及生活物资供应情况；当地民俗风情、生活习惯等。

二、自然条件调查

1. 地形、地貌

重点调查公路沿线大桥、隧道、附属加工场、工程困难地段。调查资料用于选择施工用地、布置施工平面图、规划临时设施、掌握障碍物及其数量等。

2. 地质

用以选择路基土石方施工方法、确定特殊路基处理措施、复核地基基础设计及其施工方案、选定自采加工材料场、制订障碍物的拆除计划等。

3. 水文地质

（1）地下水。判定水质及其侵蚀性质和施工注意事项、研究降低地下水位的措施、选择基础施工方案、复核地下排水设计。

（2）地面水。制定水下工程施工方案、复核地面排水设计、确定临时供水的措施。

4. 气象

（1）气温。确定冬季施工及夏季防暑降温措施,估计混凝土、水泥砂浆的强度增长情况,选择水泥混凝土工程、路面工程及砌筑工程的施工季节。

（2）降雨。确定雨季施工措施、工地排水及防洪方案,确定当年施工作业的有效工作天数及桥涵下部构造的施工季节。

（3）风力及风向。布置临时设施,确定高空作业及吊装的方案与安全措施。

5. 其他自然条件

如地震、泥石流、滑坡等、必要时亦需进行调查,并注意它们对基础和路基的影响,以便采取专门的施工保障措施。

三、施工资源调查

1. 筑路材料

对于筑路材料，应了解以下内容：外购材料的供应及发货地点、规格、单价、可供应数量、运输方式及运输费用；地方材料的产地、质量、单价、运输方式、运输距离及运输费用；自采加工材料的料场、加工场位置、可开采数量、运距等情况。

2. 交通运输条件

对于交通运输条件，应了解以下内容：工地沿线及邻近地区的铁路、公路、河流的位置；车站、码头到工地的距离和卸货与存储能力，以及装卸运输费用标准；公路桥梁的最大承载力；航道的封冻、洪水及枯水期；当地汽车修理厂的情况及能力；民间运输能力。

3. 供水、供电、通信

对于供水应了解：施工由当地水厂供水的可能性，当地供水的水量、水压、水质，输水管道的长度；工地自选水源的可能性，其水质、引水方式、投资费用及设施。对于供电，应了解当地电源供电的容量、电压、电费、每月停电次数，如需自行发电，应了解发电设备、燃料、投资费用等。对于通信，应了解当地邮电机构的设置情况。如当地能为施工提供水、电力及通信服务，应签订相应的协议书或意向书，以利于施工现场的相关部门提前做好准备。

4. 劳动力及生活设施

（1）当地可功用的劳动力数量、技术水平，如系少数民族地区，还应了解当地风俗习惯。

（2）可供作临时施工用房的栋数、面积、地点，以及房屋的结构、设备情况。

（3）工地所在地区的文化教育、生活、医疗、消防、治安情况及其支援能力。

（4）环境条件，如附近有无有害气体、污水及地方性疾病等。

5. 地方施工能力

如当地钢筋混凝土预制构件厂、木材加工厂、采石场、混凝土搅拌站等建筑施工附属企业的生产能力，这些地方企业满足公路施工需求的可能性和数量。

四、施工单位能力调查

在公路设计阶段，如可行性研究报告没有明确对施工单位的要求，应向建设单位调查了解，确定是由专业队伍施工还是由地方力量施工。对施工单位，主要调查其施工能力，如施工工人数量及水平、技术人员数量及类别、施工机械设备的装备水平、施工学位的资质等级及施工业绩等。

对实行招标、投标的工程，在设计阶段不可能明确施工单位，编制施工组织设计时，应从工程设计的角度出发，提出优化的、最合理的意见作为依据。在施工阶段，施工单位已确定，施工单位能够调动的施工力量，包括本单位自身的施工能力和按合同规定允许分包的其他施工能力，都是编制施工组织设计的依据。

第四节　施工组织的基本方法

公路施工组织的主要方法是流水作业法和网络计划法，个别情况下也可采用顺序作业法和平行作业法。由于不同地区、不同等级公路的建设规模、技术复杂程度、施工要求等差异较大，采用的施工组织方法也有所不同。这几种方法不仅适用于公路工程施工，也可以应用在其他建筑工程施工或工业产品加工的生产过程中。

1. 顺序作业法

将拟建工程项目划分成若干段落，每段又分解成若干施工过程，按照一定的施工顺序，前一个施工过程完成后，后一个施工过程才开始进行，或前一段施工结束后，后一段才开始施工，这就是顺序作业的组织方法，如路面一段一段地铺筑、涵洞一座一座地修建等。这是最基本的、原始的施工组织方法。

2. 平行作业法

将拟建工程项目分段或划分施工项目，分别组织施工队在同一时间的不同空间上同时进行作业，这样的施工组织方法叫平行作业法。工程被划分成多少段（或施工项目），就相应地组织多少个施工队。

3. 流水作业法

公路工程的流水作业法，是将拟建工程划分为若干个施工段，按工序或按相同的施工过程分别组建专业施工队，各专业施工队按照一定的施工顺序依次在各施工段上完成各自的施工作业任务，从而保证拟建项目的施工全过程在时间上和空间上实现连续、均衡而有节奏地进行。公路工程流水作业法的表现形式是产品（工程）固定、生产者流动。而工厂化施工或工业生产的流水作业正好相反，即产品（或构件）在生产流水线上移动，加工机械或工人则在固定位置上作业。

4. 网络计划法

每条公路所处的地理环境和地形条件互不相同，从总体上讲，公路工程是线性非均布工程，不但不同结构的构筑物有不同的工程量，而且常常会出现几个同一结构和尺寸的构筑物，由于土质、地质条件的差异，其工程数量也不尽相同的情形，山区公路尤其显著。若用前述的几种方法组织施工，除个别情况外，要实现连续而均衡的施工，难度都是相当大的，而且不容易得到最佳方案。随着我国高速公路建设的开展，对工程质量和进度的要求越来越严，施工规模和技术难度也越来越大，因此，将新的、更科学的施工组织方法引入公路工程的施工组织管理中是十分必要的。网络计划法就是这样一种能从头绪众多的施工环节中较快得到相对最优方案的施工组织方法。自然，前述三种施工组织方法也可以通过网络计划法来安排施工进度。

网络计划采用网络图的形式表达各项工作的先后顺序和相互关系，所以又称为网络计划法或网络分析法。它逻辑严密，主要矛盾突出，有利于计划的优化、调整和应用电子计算机进行计算。因此，在我国推广以来，已在工业、建筑、国防、农业和科学研究中得到了广泛的应用。

在建筑工程的施工中，通常用网络图来安排施工进度计划，本书将这一方法称为"网络计划法"。在应用于施工组织设计时，首先绘制上程施工的网络图，然后分析各个施工过程（或工序）在网络图中的地位，通过计算找出关键工作和关键线路，接着按照定的目标不断调整、优化计划安排，选择最优方案，并在计划的执行过程中进行有效的控制和监督，确保以最小的消耗取得最大的经济效果，按时完成施工任务。

第五节　机械化施工组织

一、机械化施工组织的任务

现代工程建设离不开施工机械，公路工程体形庞大，又是露天作业，影响因素很多，只有实行机械化施工才能取得保证工期、提高工程质量、控制造价的综合最佳效果。由于机械化施工的速度快、需要一定的作业场地、专业性强、一次投入较大，因此，采用前述方法进行机械化施工组织时，除了满足施工任务的要求外，特别需要考虑的应是如何使机械化施工发挥最大的经济效益。

公路工程机械化施工组织的主要任务有以下几点。

1. 制定切实可行的机械化施工方案和进度计划

路基土石方、水泥混凝土、处治地质病害等工程的施工，当采用不同的施工机械时，施工方案截然不同，应考虑工程规模、工期长短、作业安全，并结合地形、地质条件等因素因地制宜地选择和制定施工方案，并合理安排施工进度。路面工程通常采用专用机械，施工方案相对较单一，这种情况下应着重抓好机械的组合与配套。

2. 认真进行施工机械的选型与配套

公路施工大都是多种机械的联合作业，即综合机械化作业。进行施工机械选型时，首先应根据施工现场的具体条件，充分考虑各种施工机械的性能和用途，经过技术经济比较后选定主要施工机械。然后确定在不同作业环境及施工方案下的作业配套机械，实现施工机械的最佳配套组合，提高机械化施工的经济效益。

3. 优化分部分项工程的机械平面运行设计

各种施工机械（特别是路基土石方施工机械）都有若干特定的运行模式，分部分项工程的机械化施工应针对作业场地条件（如地形、土质、施工干扰）、工程要求（如挖方用作填方、弃方还是借方）等采用最适合的运行模式进行作业，最大限度地提高施工效率。对于关键工程的机械化施工，更应做好这方面的工作。

4. 做好施工机械数金的安排及调度计划

施工机械的数量必须满足施工任务的要求。但是，公路施工的环境随时都在变化，随着工程的进展，不同施工阶段所需要的施工机械的数量和型号也不尽相同，为保证机械化施工的连续性，应根据施工进度安排做好施工机械调度计划。通过施工机械的合理安排和及时调度，可以充分发挥机械的施工能力，最大限度地避免机械闲置现象的发生。

5. 机械的维修保养与施工进度协调

施工机械的技术状况直接关系到工程质量和施工进度，因此，及时进行机械的维修保养、提高机械完好率，是机械化施工必需的保障条件。由于公路施工常常受到天气、地质变化、交叉作业等外部因素的干扰，因而施工进度不可能是均匀的，有时会出现短期内集中使用较多机械的情况，这就要求机械设备的维修保养与施工进度协调，确保满足施工现场作业对机械的需求。

二、施工机械的选型与配套组合

1. 选择施工机械的原则

工程量和施工进度是选择施工机械（特别是主要机械）的重要依据，但影响选择施工机械的因素是多方面的，选择施工机械时一般应遵循以下原则。

（1）施工机械必须与工程具体情况相适应。

绝大多数公路都是线性非均布工程，施工条件千变万化，选用的机械类型一方面要适应工地的气候、地形、土质、施工场地大小、运输距离、工程断面形状尺寸、工程质量要求等；另一方面，机械的容量要与工程进度及施工任务相吻合，避免因机械工作能力不足造成延缓工期或因机械工作能力过剩使机械利用效率太低的现象。在条件允许的情况下，应尽量选择最能满足施工内容的机种和机型，保证施工顺利进行。

（2）选用的机型应有较好的经济性。

施工机械经济性选择的基础是机械施工单价，主要和机械作为固定资产的消耗及运行费用有关。固定资产消耗与施工机械的投资成正比，包括折旧费、大修费和投资的利息等，而机械的运行费用则是与完成的工程量成正比，包括劳动工资、直接材料费、燃油费、润滑材料费、劳保设施费等。采用大型机械虽然一次性投资大，但它可以分摊到较大的工程量当中，对工程成本影响反而较小。因此在选择机械时，必须权衡工程量与机械费用的关系，同时要考虑机械的先进性和可靠性，这是影响经济效益的重要因素。采用先进的机械设备，由于其技术性能优良、构造简单、易于操作、故障少、维修费低，最终可取得较好的经济效益。

（3）应能保证工程质量要求和施工安全。

合适的施工机械是保证工程质量的重要因素之一。对于技术要求较高的作业项目，应考虑采用性能优良的或专用的机械，以保证工程质量和较高的生产率。但应注意不可片面追求高性能专用机械，应在满足工程质量要求的前提下，与机械的通用性相结合。同时，机械应具有可靠的安全性能，如行驶稳定、有翻车或落体保护装置、防尘隔音、危险施工项目可遥控作业等。此外，在保证施工人员和设备安全的同时，还应注意保护自然环境。

（4）从全局出发统筹考虑选择施工机械。

从全局出发就是不仅考虑本项工程需要，也要考虑所承担的同一施工现场的其他项工程施工的需要。也就是说，从局部考虑选择可能不合理，但从全局考虑是合理的。例如，几个工程需要的混凝土量大，而工程位置又相距不远，采用混凝土拌和楼比多台分散的拌和机要经济，而且可以更好地保证混凝土的质量。

2. 机械的合理配套组合

合理的机械组合是发挥机械设备整体效能的重要因素，也是机械化施工的一个基本要求，它包括技术性能和机械类型及数量两个方面的合理配置与优化组合。

（1）主要机械与配套机械的组合。

与主要机械相配套的配套机械，其工作容量、数量及生产率应稍有储备，机械的工作能力应配合适宜，以充分发挥主要机械的生产率。

（2）牵引车与配套机具的组合。

某些辅助性机具或拖式机械没有独立的动力行走装置，需要配以另外的牵引车才能工作，这时，两者组合要协调、平衡，应避免动力剩余过大造成浪费，或动力不足而不能完成要求的作业内容。

（3）配合作业机械组合数尽量少。

综合机械化作业的组合数越多，其总的效率就越低。而且每一组合中，当其中一台发生故障停机时，组合中的其他机械便无法正常工作。因此，在能完成作业内容的前提下，应尽量减少机械组合的数量。为了避免这种不利情况的发生，应尽可能组织多个系列的组合，并列进行施工，从而减少组合中一台机械停机而造成全面停工的现象，以减少配合机械工作能力的损失。

（4）尽量选用系列产品。

整个机械化施工中，应减少同功能机械的品种类型，尽可能使用统一的、标准化的系列产品，以便全场调配使用和维修管理。尤其是主要机械，应选用系列产品，配套机械亦应力求做到这一点。

3. 选择施工机械的方法

选择公路工程的施工机械需要综合考虑各种因素。通常根据机械的技术性能，针对各项作业的具体情况，从以下几个方面出发，进行机械的合理选择。

（1）根据作业内容选择。

不同的机械适应不同的工程类别和作业内容，实践表明，中小型工程宜选通用性好的机械；大型工程应当更注重根据作业内容进行选择，才能获得最佳的技术经济指标。具体选择时，首先选定作业的主要机械，再根据其生产能力、工作参数及施工条件选择配套机械，以保证工程施工连续均衡地开展。

（2）根据土质条件选择。

土石是公路施工机械作业的主要对象，土石的性质和状态直接影响施工机械作业的质量，工效及成本，因此，土质条件是选择机械的一个重要依据。首先要考虑机械的通行性，即施工机械在工地土质条件下正常行驶的可能程度，然后根据土质的工程特性选择适宜的施工机械。土质条件不仅影响机械的通行性，而更重要的是直接关系到机械进行各种施工作业的可能性和难易程度。显然，工程特性不同的土质，施工时应选择不同的机械。

（3）根据运距选择。

根据运距选择机械，主要针对铲土运输机械而言，根据土的状态、性质以及工程规模、现场条件选择施工机械。

（4）根据气象条件选择。

气象条件对机械作业的影响很大，尤其是雨季和冬季施工时，应特别予以重视。降雨或积雪融水会直接影响土的状态，从而导致机械通行性下降，工作环境恶化。在此期间，如需施工就不得不考虑使用效率较差的履带式机械，代替干燥条件下机动灵活、效率较高的轮胎式机械进行作业。冬季施工应选择适合低温作业的机械，必要时还需选用破冻土等特殊作业的机械。

（5）根据作业效率选择。

施工机械的生产率，一般都是按假定的标准工作条件进行计算的。但实际工程施工的条件是变化的，机械的工作能力（生产率）应在计入作业效率后确定。由于不同的机械在相同条件下的作业效率并不相同，因此，准确求出作业效率有一定困难。表7-1列出了在各种作业条件和机械技术状况下作业效率的参考值。综合机械化作业如何发挥机械组合的作业效率，是在选择机械时必须考虑的问题。

表7-1 施工机械作业效率参考值

作业条件	机械技术状况				
	优秀	良好	普通	较差	很差
优秀	0.83	0.81	0.76	0.70	0.63
良好	0.78	0.75	0.71	0.65	0.60
普通	0.72	0.69	0.65	0.60	0.54
较差	0.63	0.61	0.57	0.52	0.45
很差	0.52	0.50	0.47	0.42	0.32

（6）综合分析选择。

以上是从工程本身的角度选择施工机械的，有时还要考虑与工程间接有关的条件，比如大型企业可能向时承担几个不同的施工项目，这时应考虑机械设备的相互调用。此外，诸如电力、燃油、润滑材料的供应，以及机械的完好率、保养条件、大中修、迁移等情况，都对机械的选择有一定的制约。利用现有机械，购置新机械或租赁机械，因地制宜采用机械化、半机械化相结合等都是机械选择的方式。总之，要综合分析，抓住主要矛盾，认真选择施工机械，切实做到技术上合理、经济上有利，达到两方面的有机统一。

三、机械组织措施

1.施工前的准备

施工机械的选择和优化组合确定后，就可以按施工进度计划的安排投入使用。为确保工程施工的正常进行，施工机械投入使用前要做好以下工作。

（1）检查施工机械。

投入现场的施工机械应技术状况良好，不带故障进场。因此，使用前对机械的认真检查、调试、检修是十分必要的。

（2）制订机械的使用计划。

按施工进度安排制定机械进出现场的时间表，以及作业地点使用的机械类型、台数、施工量的形象图和计划表，以便按计划使用机械。

（3）建立机械的现场保障设施。

在现场设置机械车场、工地简易修理所、常用机械配件库、油料库等。机械车场最好能照顾到各工点，避免机械行走到施工点的时间过长而影响实际的有效作业时间，并减少机械磨损。施工机械不可能在施工中不发生故障，工地简易修理所能及时排除和修理机械故障。一般在土方施工中，有5台以上土方机械作业时，就应建立工地简易修理所。

2. 施工进度安排注意事项

（1）要有足够的工作面。

各种型号机械所要求的工作面不同，主要机械和配套机械的工作面有时还会发生交叉。当多台机械联合作业或组合机械同时作业时，工作面的大小应根据每台机械的运行路线，在不影响机械作业效率和保证施工安全的前提下确定。

（2）合理划分施工段和施工层。

施工段和施工层的划分，除了能使施工机械正常作业外，还应使机械在每个施工段或施工层上的作业持续时间为整天数（个别特殊情况可为半天），当机械需要转移时可利用下班时间，以提高机械的利用效率。

（3）安排一定的组织间歇时间。

机械化施工的每一作业循环完成后，为保证工程质量和构筑物位置的准确性，常常需要进行检查、试验和测量，进度计划中必须安排这一组织间歇时间。

（4）注意与人工施工协调。

在施工段的某些边角处，因工作面狭小无法使用机械作业时，需辅以人工或半机械化作业。由于人工施工速度缓慢，应注意与机械的快速施工协调，可采取增加人工或加班等措施加快人工施工速度，尽量保证机械作业正常进行。

（5）落实安全保障措施。

大型项目的机械化施工通常实行三班制连续作业，为使施工进度能按计划实施，必须落实施工人员和机械设备的安全保障措施。

3.施工中的组织管理工作

（1）施工中的机械调度。

由于施工现场受到地形、地质条件和天气等因素的影响，虽然编制了较完善的施工计划，但现场的实际情况总是在不断变化的，施工机械的作业情况随之发生变化是常有的事，这就要求及时发现和解决。为使实际的施工进度与施工计划保持一致，在施工进行过程中对施工机械的调度工作是必不可少的，机械调度是执行施工计划和补充计划不足的一种措施。

（2）施工机械实际运转记录。

施工机械实际运转记录能反映每班的工作内容、运转小时、台班产量、动力与燃油消耗、故障和维修保养情况等，通过分析可以发现完成工程量的好坏，找出未能完成任务的原因，以便能及时采取补救措施。它是非常重要的施工原始记录，也是基层单位经济核算的主要依据。

第八章　公路工程施工招标投标管理

第一节　公路工程施工招标投标管理要求

一、公路工程施工项目必须进行招标的范围和规模

公路工程施工项目必须进行招标（涉及国家安全、国家秘密、抢险救灾或者利用扶贫资金实行以工代赈等不适宜进行招标的项目除外）：投资总额在 3 000 万元人民币以上的公路工程施工项目；施工单项合同估算价在 200 万元人民币以上的公路工程施工项目；法律、行政法规规定应当招标的其他公路工程施工项目。

二、公路工程施工招标的招标人要求

公路工程施工招标的招标人应当是提出公路工程施工招标项目、进行公路工程施工招标的项目法人。

具备下列条件的招标人，可以自行办理招标事宜：具有与招标项目相适应的工程管理、造价管理、财务管理能力；具有组织编制公路工程施工招标文件的能力；具有对投标人进行资格审查和组织评标的能力。

三、公路工程标准施工招标文件的主要内容

1. 投标人须知的主要内容

（1）投标人须知前附表。

投标人须知前附表的内容对应于投标人须知正文相关条款号，主要有：项目

概况，资金来源和落实情况，招标范围、计划工期和质量要求，踏勘现场，投标预备会的时间和地点，偏离范围和幅度，构成招标文件的其他材料；投标截止时间，投标有效期，工程量清单的填写方式（固化或书面），投标人须知前附表规定的其他材料；投标人递交投标文件的地点等。

（2）投标人须知正文。

投标人须知正文有 10 点：总则、招标文件、投标文件、投标、开标、评标、合同授予、重新招标和不再招标、纪律和监督以及需要补充的其他内容。

2. 公路工程招标文件的主要内容

公路工程招标文件的主要内容有：招标公告（或投标邀请书）、投标人须知、评标办法、合同条款及格式、工程量清单、图纸、技术规范、投标文件格式，以及投标人须知前附表规定的其他材料。

招标文件所做的澄清、修改，构成招标文件的组成部分。当招标文件、招标文件的澄清或修改等在同一内容的表述上不一致时，以最后发出的书面文件为准。

3. 公路工程投标文件的组成

公路工程投标文件由以下部分组成：投标函及投标函附录、法定代表人身份证明或附有法定代表人身份证明的授权委托书、联合体协议书（如果有）、投标保证金、已标价工程量清单、施工组织设计、项目管理机构、拟分包项目情况表、资格审查资料、承诺函、调价函及调价后的工程量清单（如有），以及投标人须知前附表规定的其他材料。

4. 投标文件废标的情况

（1）在开标时的两种废标情况。

开标过程中，若招标人发现投标文件出现以下任一情况，经监标人确认后当场宣布为废标：未在投标函上填写投标总价；投标报价或调整函中的报价超出招标人公布的投标控制价上限。

（2）在评标时的废标情况。

在相应评标办法前附表中约定的各种情况，主要针对重大偏差情况明确了废标规定。

四、招标公告发布和编制招标文件的时间要求

招标人应当按照招标公告或者投标邀请书规定的时间、地点、出售资格预审文件和招标文件。资格预审文件和招标文件的发售时间不得少于 5 d。招标人应当合理确定资格预审申请文件和投标文件的编制时间。编制资格预审申请文件的时间，自开始发售资格预审文件之日起至潜在投标人提交资格预审申请文件截止时间止，不得少于 14 d。编制投标文件的时间，自招标文件开始发售之日起至投标人提交投标文件截止时间止，高速公路、一级公路、技术复杂的特大桥梁、特长隧道不得少于 28 d，其他公路工程不得少于 20 d。

五、招标文件的批准或备案

国道主干线和国家高速公路网建设项目的工程施工招标文件应当报交通运输部备案，其他公路建设项目的工程施工招标文件应当按照项目管理权限报县级以上地方人民政府交通主管部门备案。

交通主管部门发现招标文件存在不符合法律、法规及规章规定内容的，应当在收到备案文件后的 7 d 内，提出处理意见，及时行使监督检查职责。

招标人如需对已出售的招标文件进行必要的澄清或修改，应当在投标截止日期 15 d 前以书面形式通知所有招标文件收受人，并应当按照上述规定进行备案。

对招标文件澄清或者修改的内容为招标文件的组成部分。

六、资格审查

1. 投标人的资格要求

（1）投标人应具备承担本标段施工的资质条件、能力和信誉。包括资质条件、财务要求、业绩要求、信誉要求、项目经理资格和其他要求。

（2）投标人须知前附表规定接受联合体投标的，除应符合投标人应具备承担本标段施工的资质条件、能力和信誉要求和投标人须知前附表的要求外，还应遵守以下规定：联合体各方应按招标文件提供的格式签订联合体协议书，明确联合体牵头人和各方权利和义务；由同一专业的单位组成的联合体，按照资质等级

较低的单位确定资质等级；联合体各方不得再以自己名义单独或参加其他联合体在同一标段中投标；联合体所有成员数量不得超过投标人须知前附表规定的数量；联合体牵头人所承担的工程量必须超过总工程量的50%；联合体各方应分别按照本招标文件的要求，填写投标文件中的相应表格，并由联合体牵头人负责对联合体各成员的资料进行统一汇总后一并提交给招标人；联合体牵头人所提交的投标文件应认为已代表了联合体各成员的真实情况；尽管委任了联合体牵头人，但联合体各成员在投标、签约与履行合同过程中，仍负有连带的和各自的法律责任。

（3）投标人不得存在下列情形之一：为招标人不具有独立法人资格的附属机构（单位）；为本标段前期准备提供设计或咨询服务的，但设计施工总承包的除外；本标段的监理人；本标段的代建人；为本标段提供招标代理服务的；与本标段的监理人或代建人或招标代理机构同为一个法定代表人的；与本标段的监理人或代建人或招标代理机构相互控股或参股的；与本标段的监理人或代建人或招标代理机构相互任职或工作的；被责令停业的；被暂停或取消投标资格的；财产被接管或冻结的；在最近3年内有骗取中标或严重违约或重大工程质量问题的；经审查委员会认定会对承担本项目造成重大影响的正在诉讼的案件；被省级及以上交通主管部门取消项目所在地的投标资格或禁止进入该区域公路建设市场且处于有效期内的；投资参股本项目的法人单位。

2. 资格审查的诚信要求和激励以及对不诚信从业单位的处理

各省级交通主管部门要加快市场信用体系建设，充分利用现有信用信息资源，体现"褒奖诚信，惩戒失信"的政策导向。对诚实守信单位，在招投标、履约保证、质量保证金等方面给予一定的奖励，对存在不良信用信息的从业单位，在市场准入、招标评标等方面适当惩戒，并加大对其承建项目的监管力度。项目法人应正确使用信用信息，对于省级交通主管部门做出的取消从业单位投标资格或禁止进入区域公路建设市场的行政处罚，要严格按照确定的市场范围和处罚期限执行，不得再以其他任何条件限制潜在投标人参与投标。

加强投标人资质条件的审核工作。严格核实投标人资质条件，防止持伪造的资质证书或不具备资质许可权力部门发放的资质证书的单位通过资格审查。对于招标公告要求投标人具有公路工程施工总承包一级及以上资质、公路路基工程专业承包一级资质、公路路面工程专业承包一级资质或公路交通工程通信、监控、收费综合系统工程分项资质的，招标人出售资格预审文件或招标文件（适用于资格后审）时，应通过交通运输部网站政务公告"公路工程施工一级以上资质企业名录"（以下简称"名录","全国公路建设市场信用信息管理系统"启用后"名录"同时废止,招标人可查阅"全国公路建设市场信用信息管理系统")进行审核。对于投标人未列入"名录",或投标人名称与"名录"不符的,应告知投标人及时办理有关更正事宜。对于资格审查时未列入"名录"的投标人,不得通过资格审查。

3.资格预审的办法

资格预审办法由资格审查办法前附表和资格审查办法正文两部分组成,正文部分不得修改,只能在前附表中补充、细化,且不能与正文内容相抵触。资格预审办法分为合格制和有限数量制。资格预审的程序如下。

(1)初步审查。

审查委员会依据初步审查标准,对资格预审申请文件进行初步审查。有一项因素不符合审查标准的,不能通过资格预审。审查委员会可以要求申请人提交"申请人须知"标准规定的有关证明和证件的原件,以便核验(注:申请人资质、财务、业绩等)。

(2)详细审查。

审查委员会依据详细审查标准,对通过初步审查的资格预审申请文件进行详细审查。有一项因素不符合审查标准的,不能通过资格预审。通过详细审查的申请人,除应满足初步审查标准和详细审查标准外,还不得存在下列任何一种情形:不按审查委员会要求澄清或说明的;有"申请人须知"标准规定的任何一种情形的;在资格预审过程中弄虚作假、行贿或有其他违法违规行为的。

(3)资格预审申请文件的澄清。

在审查过程中,审查委员会可以书面形式要求申请人对所提交的资格预审申请文件中不明确的内容进行必要的澄清或说明。申请人的澄清或说明采用书面形式,并不得改变资格预审申请文件的实质性内容。申请人的澄清和说明内容属于资格预审申请文件的组成部分。招标人和审查委员会不接受申请人主动提出的澄清或说明。

(4)评分。

通过详细审查的申请人不少于3个且没有超过资格审查办法前附表中所规定数量的,均通过资格预审,不再进行评分。

通过详细审查的申请人数量超过资格审查办法前附表中所规定数量的,审查委员会依据资格审查办法前附表中评分标准进行评分,按得分由高到低的顺序进行排序。

合格制的资格预审办法只需通过初步审查和详细审查即可,不设人数限制并且不进行评分。

第二节　公路工程施工招标条件与程序

一、公路工程施工招标的条件

1. 公路工程施工招标的项目应具备的条件

规定公路工程施工招标的项目应当具备下列条件：初步设计文件已被批准；建设资金已经落实；项目法人已经确定，并符合项目法人资格标准要求。

2. 初步设计文件的内容和批准

（1）初步设计文件的内容。

初步设计文件的内容包括初步设计的概算以及招标所需的设计图纸及技术资料等。

（2）初步设计文件的批准。

初步设计文件应当履行审批手续，并已经获得批准。招标范围、招标方式和招标组织形式等应当履行核准手续，并经核准。

3. 建设资金已经落实的具体要求

建设资金已经落实，是指建设工期不足 1 年的，到位资金原则上不得少于工程合同价的 50%；建设工期超过 1 年的，到位资金原则上不得少于工程合同价的 30%。建设单位应当提供银行出具的到位资金证明，有条件的可以实行银行付款保函或者其他第三方担保。

4. 项目法人的确定与资格要求

公路建设项目依法实行项目法人责任制。项目法人可自行管理公路建设项目，也可委托具备法人资格的项目建设管理单位进行项目管理。收费公路建设项目法人和项目建设管理单位进入公路建设市场实行备案制度。

5. 招标条件的公告格式

本招标项目（项目名称）已由（项目审批、核准或备案机关名称）以（批文名称及编号）批准建设，项目业主为（项目法人），建设资金来自（资金来源），项目出资比例为（填入数字），招标人为（项目法人、代建单位）。项目已具备招标条件，现进行公开招标，特邀请有兴趣的潜在投标人（以下简称申请人）提出资格预审申请。

6.施工招标的法定方式

公路工程施工招标分为公开招标和邀请招标。

二、公路工程施工招标的程序

1.公路工程施工招标的法定程序

公路工程施工招标应当按下列程序进行：确定招标方式，采用邀请招标的，应当按照国家规定报有关主管部门审批；编制投标资格预审文件和招标文件，招标文件按照本办法规定备案（国道主干线和国家高速公路网建设项目的工程施工招标文件应当报交通运输部备案，其他公路建设项目的工程施工招标文件应当按照项目管理权限报县级以上地方人民政府交通主管部门备案）；发布招标公告，发售投标资格预审文件；采用邀请招标的，可直接发出投标邀请书，发售招标文件；对潜在投标人进行资格审查；向资格预审合格的潜在投标人发出投标邀请书和发售招标文件；组织潜在投标人考察（或踏勘）招标项目工程现场，召开标前会（投标预备会）；接受投标人的投标文件，公开开标；组建评标委员会评标，推荐中标候选人；确定中标人，评标报告和评标结果按照本办法规定备案并公示；发出中标通知书；与中标人订立公路工程施工合同。

2.接受投标人的投标文件并公开开标

招标人对投标人按时送达并符合密封要求的投标文件应当签收并妥善保存。招标人不得接受未按照要求密封的投标文件及投标截止时间后送达的投标文件。

3.评标并推荐中标人

评标办法有三种，分别是综合评估法、合理低标价法、经评审的最低投标价法。公路工程施工招标评标一般应当使用合理低标价法。使用世界银行、亚洲开发银行等国际金融组织贷款的项目和规模较小、技术含量较低的工程，可使用经评审的最低投标价法。不同的评标方法其分值构成和评分标准不同，但是三种方法都是由评标办法前附表和评标办法正文组成的。

除"投标人须知"前附表授权直接确定中标人外,评标委员会按照得分由高到低的顺序推荐中标候选人。

4. 定标

除投标人须知前附表规定评标委员会直接确定中标人外,招标人依据评标委员会推荐的中标候选人确定中标人,评标委员会推荐中标候选人的人数依照投标人须知前附表的规定人数一般不超过 3 人。

第三节 公路工程施工投标条件与程序

一、公路工程施工投标的条件

1. 投标人应具备的条件

(1) 投标人资质要求。

①企业资质。

投标人基本情况表应附企业法人营业执照副本(全本)的复印件(并加盖单位章)、施工资质证书副本(全本)的复印件(并加盖单位章)、安全生产许可证副本(全本)的复印件(并加盖单位章)、基本账户开户许可证的复印件(并加盖单位章)。

②人员资质。

拟委任的项目经理和项目总工资历表应附项目经理(以及备选人)和项目总工(以及备选人)的身份证、职称资格证书以及资格审查条件所要求的其他相关证书(如建造师注册证书、安全生产考核合格证书等)的复印件,应提供其担任类似项目的项目经理和项目总工的相关业绩证明材料复印件,并应附投标人所属社保机构出具的拟委任的项目经理和项目总工参加社保的有效证明材料(并加盖社保机构单位章)。投标人在投标文件中填报的项目经理(以及备选人)和项目总工(以及备选人)不允许更换。

(2) 财务状况要求。

财务状况表应附经会计师事务所或审计机构审计的财务会计报表,包括资产负债表、现金流量表、利润表和财务情况说明书的复印件，具体年份要求见投标人须知前附表。

（3）工程业绩。

完成的类似项目情况表应附中标通知书和（或）合同协议书、工程接收证书（工程竣工验收证书）的复印件，具体年份要求见投标人须知前附表。每张表格只填写一个项目，并标明序号。

工程接收证书（工程竣工验收证书）可以是发包人出具的公路工程（标段）交工验收证书或竣工验收委员会出具的公路工程竣工验收鉴定书或质量监督机构对各参建单位签发的工作综合评价等级证书。

正在施工和新承接的项目情况表应附中标通知书和（或）合同协议书复印件。每张表格只填写一个项目并标明序号。

2.投标的要求

投标人应当按照招标文件的要求，按时参加招标人主持召开的标前会并勘查现场。投标人应当按照招标文件的要求编制投标文件，并对招标文件提出的实质性要求和条件做出响应。

投标文件中的投标函及投标函附录、投标报价部分应当由投标人的法定代表人或其授权的代理人签字并加盖投标人印章，其他部分应当按照招标文件的要求签署。

投标文件按照要求送达后，在招标文件规定的投标截止时间前，投标人如需撤回或者修改投标文件，应当以正式函件提出并做出说明。修改投标文件的函件是投标文件的组成部分，其形式要求、密封方式、送达时间，适用对投标文件的规定。

对于投标人未按照要求密封的投标文件以及投标截止时间后送达的投标文件，招标人不得接受。

二、公路工程施工投标的程序

1.公路工程施工投标的程序

公路工程施工投标的程序如下。

购买并分析招标文件→考察施工现场→核实工程数量→参加投标预备会→调

查收集影响投标报价的资料合数据→制定施工方案、编制施工组织设计/进行成本分析、编制成本预算→分析投标环境、制定投标策略→制定报价方案、工程量清单报价→投标评审、总负责人审核→填写投标函、办理投标担保→按规定密封和递交投标书。

2. 签订合同

招标人和中标人应当自中标通知书发出之日起 30 d 内，根据招标文件和中标人的投标文件订立书面合同。中标人无正当理由拒签合同的，招标人取消其中标资格，其投标保证金不予退还；给招标人造成的损失超过投标保证金数额的，中标人还应当对超过部分予以赔偿。

3. 投标人被没收投标保证金的情况

（1）投标人在规定的投标有效期内撤销或修改其投标文件。

（2）中标人在收到中标通知书后，无正当理由拒签合同协议书或未按招标文件规定提交履约担保。

（3）投标人不接受依据评标办法的规定对其投标文件中细微偏差进行澄清和补正。

（4）投标人提交了虚假资料。

第九章 公路工程项目施工管理实务

第一节 公路工程施工进度管理

一、公路工程进度计划编制

（一）公路工程进度计划编制的依据、步骤及内容

1. 公路工程进度计划编制的依据

公路工程进度计划编制的依据主要有：合同规定的开工竣工日期、里程碑事件或阶段目标，工程的设计文件和图纸，施工总体部署和主要工程的施工方案、施工顺序，各种有关水文、地质、气象和其他技术经济资料，各类定额数据，以及劳动力、材料、机械的供应情况。

2. 公路工程进度计划的主要形式

（1）横道图。公路工程的进度横道图是以时间为横坐标，以用工程分解结构 WBS（Work Break-Down Structure）方法划分的各分部（项）工程或工作内容为纵坐标，按一定的先后施工顺序，用带时间比例的水平横线表示对应工作内容持续时间的进度计划图表。为便于计算资源需求，公路工程中常常在横道图的对应分项的横线下方表示当月计划应完成的累计工程量或工作量百分数，横线上方表示当月实际完成的累计工程量或工作量百分数。

（2）工程管理曲线。工程管理曲线线形像"S"形，故将工程管理曲线称为"S"曲线。"S"曲线是以时间为横轴，以累计完成的工程费用的百分数为纵轴的图表化曲线。一般在图上标注有一条计划曲线和实际支付曲线，实际支付线高于计划线则实际进度快于计划，否则慢；曲线本身的斜率也反映进度推进的快慢。

（3）斜率图。斜率图是以时间（月份）为横轴，以累计完成的工程量的百分数为纵轴，将各个分项工程的施工进度相应地用不同斜率表示的图表化曲（折）线。斜率图主要作为公路工程投标文件中施工组织设计的附表，以反映公路工程的施工进度。

（4）网络图。网络图计划是在网络图上加注工作的时间参数而编制成的进度计划。采用网络图表达施工计划，工序之间的逻辑关系明确，可以反映出关键工序和关键路线。同时，网络图计划能用计算机计算和输出图表，更便于对计划进度进行调整优化，但网络图不便于计算各项资源需求。由于计算机技术的普及，通常用网络图求得最佳优化计划，再整理成时标网络图，相当于横道图，再进行所需资源的计算与平衡。

3. 公路工程进度计划编制的步骤及内容

研究招投标文件和施工图纸、施工条件及相关资料；用 WBS 方法将工程分解为各个施工细目并计算实际工程量；确定合理的施工顺序；计算各个施工过程的实际劳动量；确定各施工过程的工种人数、机械规格与数量以及班制选择并确定持续时间；编制公路施工进度计划图（横道图、斜率图、网络图等）；检查与调整公路施工进度计划以及评价；施工进度资源保障计划。

（二）公路施工过程组织方法和特点

公路施工过程基本组织方法有顺序作业法（也称为依次作业法）、平行作业法、流水作业法。这三种基本组织方法可以单独运用也可综合运用，从而出现平行顺序法、平行流水法、立体交叉平行流水法。

1. 顺序作业法（依次作业法）

顺序作业法的主要特点：没有充分利用工作面进行施工，（总）工期较长；每天投入施工的劳动力、材料和机具的种类比较少，有利于资源供应的组织工作；施工现场的组织、管理比较简单；不强调分工协作，若由一个作业队完成全部施工任务，不能实现专业化生产，不利于提高劳动生产率；若按工艺专业化原则成立专业作业队（班组），各专业队不能连续作业，劳动力和材料的使用可能不均衡。

2. 平行作业法

平行作业法的主要特点：充分利用工作面进行施工，（总）工期较短；每天同时投入施工的劳动力、材料和机具数量较大，影响资源供应的组织工作；如果各工作面之间需共用某种资源时施工现场的组织管理比较复杂、协调工作量大；不强调分工协作，此点与顺序作业法相同。这种方法的实质是用增加资源的方法来达到缩短（总）工期的目的，一般适用于需要突击性施工时施工作业的组织。

3. 流水作业法

流水作业法的主要特点：必须按工艺专业化原则成立专业作业队（班组），实现了专业化生产，有利于提高劳动生产率，保证工程质量；专业化作业队能够连续作业，相邻作业队的施工时间能最大限度地搭接；尽可能地利用了工作面进行施工，工期比较短；每天投入的资源量较为均衡，有利于资源供应的组织工作；需要较强的组织管理能力。

这种方法可以充分利用工作面，有效地缩短工期，一般适用于工序繁多、工程量大而又集中的大型构筑物的施工，如大型桥梁工程、立交桥、隧道工程路面等。

（三）流水施工组织

1. 公路工程常用的流水参数

工艺参数：施工过程数 n（工序个数）、流水强度 V；空间参数：工作面、施工段施工层；时间参数：流水节拍、流水步距、技术间歇、组织间歇、搭接时间。

2. 公路工程流水施工分类

按节拍的流水施工分类，可分为有节拍流水和无节拍流水。有节拍流水又分为等节拍流水和异节拍流水。其中异节拍流水又分为等步距异节拍流水、异步距异节拍流水。按施工段在空间分布形式的流水施工分类，可分为流水段法流水施工和流水线法流水施工。

3. 公路工程常用的流水施工组织

（1）路面工程的线性流水施工组织。一般路面各结构层施工的速度不同，从而持续时间往往不相同。组织路面流水施工时应注意的要点如下。

①各结构层的施工速度和持续时间。要考虑影响每个施工段的因素，水泥稳定碎石的延迟时间、沥青拌和能力、温度要求、摊铺速度、养生时间、最小工作面的要求等。

②相邻结构层之间的速度决定了相邻结构层之间的搭接类型，前道工序的速度快于后道工序时选用开始到开始搭接类型；否则选用完成到完成搭接类型。

③相邻结构层工序之间的搭接时距的计算。时距＝最小工作面长度/两者中快的速度。

（2）通道和涵洞的流水段施工组织。在实际的公路通道和涵洞施工中，全等节拍流水较少见，更多的是异节拍流水和无节拍流水。对于通道和涵洞的流水组织主要是以流水段方式组织流水施工，而流水段方式的流水施工往往会存在窝工（资源的闲置）或间歇（工作面的闲置）。根据流水施工的组织原理，异步距异节拍流水实质上是按无节拍流水组织，引入流水步距概念就是为了消除流水施工中存在的窝工现象。消除窝工和消除间歇的方法都采用累加数列错位相加取大差的方法，当不窝工的流水组织时，其流水步距计算是同工序各节拍值累加构成数列；当不间歇的流水组织时，其施工段的段间间隔计算是同段各节拍值累加构成数列；错位相减取大差的计算方法，两种计算方法相同。

无窝工的无节拍流水工期＝流水步距和＋最后一道工序的节拍和

无间歇的无节拍流水工期＝施工段间间隔和＋最后一个施工段的节拍和

有窝工并且有间歇的无节拍流水工期，一般无法计算，只能绘横道图来确定；如果是异节拍流水，往往是不窝工或者不间歇流水中的最小值。

（3）桥梁工程流水施工组织。多跨桥梁的桥梁基础或桥梁下部结构施工由于受到专业设备数量的限制，不宜配备多台平行施工，因此采取流水施工更适宜。桥梁的流水施工也是属于流水段方式流水施工，应注意尽可能按照有节拍流水方式组织流水施工。工期计算与通道涵洞所用方法相同。

二、公路工程进度控制

1. 进度计划的审批

（1）进度计划的提交内容如下。

①总体性进度计划。在中标通知书发出后合同规定的时间内，承包人应向监理工程师书面提交以下文件：一份详细和格式符合要求的工程总体进度计划及必要的各项关键工程的进度计划；一份有关全部支付的现金流估算；一份有关施工方案和施工方法的总说明（可通过施工组织设计提出）。

②阶段性进度计划。在将要开工以前或在开工以后合理的时间内，承包人应向监理工程师提交以下文件：年、月（季）度进度计划及现金流估算和分项（或

分部）工程的进度计划。

（2）进度计划的审查要点。施工单位编写完进度计划后，应组织有关人员进行审查，审查要点如下。

①工期和时间安排的合理性。施工总工期的安排应符合合同工期；各施工阶段或单位工程（包括分部分项工程）的施工顺序和时间安排与材料和设备的进场计划相协调；易受冰冻、低温、炎热、雨期等气候影响的工程应安排在适宜的时间，并应采取有效的预防和保护措施；对动员、清场、假日及天气影响的时间，应有充分的考虑并留有余地。

②施工准备的可靠性。所需主要材料和设备的运送日期已有保证；主要骨干人员及施工队伍的进场日期已经落实；施工测量、材料检查及标准试验的工作已经安排；驻地建设、进场道路及供电、供水等已经解决或已有可靠的解决方案。

③计划目标与施工能力的适应性。各阶段或单位工程计划完成的工程量及投资额应与设备和人力实际状况相适应；各项施工方案和施工方法应与施工经验和技术水平相适应；关键线路上的施工力量安排应与非关键线路上的施工力量安排相适应。

2. 进度计划的检查

项目部每天按单位工程、分项工程或工点对实际进度进行记录并予以检查，以作为掌握工程进度和进行决策的依据，并及时向监理和建设单位汇报。

3. 工程施工延误的处理

处理延误事件，首先可采用进度检查方法，判断其延误是否造成误期影响，工期将拖延多少，对于无误期影响的延误事件一般无须处理，但对延误较大虽然还未造成误期影响的这些准关键工作（已接近关键工作的工作）要极为关注。其次，应通过现场记录和有关文件或资料分析这些延误事件的原因或责任。由于延误原因或责任有两类，与之相对应的也有两种不同的处理方式。

（1）施工单位自身原因或责任的延误引起误期影响的处理。施工单位自身原因或责任的延误引起工期拖延，没有超过一定比例时，施工单位一般可通过加强内部管理来自身消化；达到或超过一定比例，施工单位提出和采取的加快工程进度的措施必须经过监理工程师批准。

（2）非承包人原因或责任的延误引起误期影响的处理方式。承包人在合同规定期限内向监理工程师提交工程延期的意向通知书；承包人承诺继续按合同规定向监理工程师提交有关造成工期拖延的详细资料，并根据监理工程师需求随时提交有关证明；可获延期的事件终止后，承包人在合同规定的期限内向监理工程师提交正式的延期申请报告。

4. 进度计划的调整

如果发现工程现场的组织安排、施工顺序和人力、设备与进度计划上的方案有较大不一致时，应对原工程进度计划及现金流动计划予以调整，调整后的工程进度计划应符合工程现场实际，并应保证满足合同工期的要求。

进度计划的调整根据调整的原因分为两种，一种是延期后应按新合同工期调整计划；另一种是延误了工期却又无权获得延期，因此需要调整计划使后续计划的工作内容改变或缩短时间以符合合同工期。前一种相当于给定的工期内以原来计划为参考重新编制符合新合同工期的计划；后一种是在原计划的基础上压缩工期，使计划的计算工期符合合同工期。压缩工期就是网络计划优化中的工期优化，就是压缩关键线路，所以调整计划就是调整关键线路。

（1）压缩工期的两种主要途径与方法。

①改变原计划中关键工作之间的逻辑关系：可将顺序施工关系改为平行施工关系或将顺序施工关系改为搭接施工关系。

②压缩关键工作的持续时间：通过网络图直接进行压缩工期很方便，在压缩时首先要考虑的是，要选择哪个关键工作进行压缩并且应压缩多少才合适。

（2）压缩关键工作持续时间的措施。

①组织措施：增加工作面，组织更多的施工队伍；增加每天的施工时间（多班制或加班）；增加关键工作的资源投入（劳力、设备等）。

②技术措施：改进施工工艺和技术，缩短工艺技术间歇时间（如混凝土的早强剂等）；采用更先进的施工方法以缩短施工过程的时间（如现浇方案改为预制装配）；采用先进的施工机械。

③经济措施或行政措施：用物质刺激和精神刺激的方法提高效率；对所采取的技术措施给予相应经济补偿。

④其他配套条件：改善外部配套条件，改善劳动条件，实施强有力的调度等。

（3）调整计划压缩工期的步骤。

用进度检查的方法计算出工期拖延量，以确定压缩天数；简化网络图，去掉已执行的部分，以进度检查日期作为新起始节点起算时间，并将尚需日的实际数据代入正施工的工作的持续时间，保留原计划后续部分；以简化的网络图及代入的尚需日为基础的网络图计算各工作最早开始时间；以计算工期值反向计算各工作最迟结束时间；计算各工作的总时差和自由时差，以便于计算线路的长短；线路与关键线路长度之差称为该线路时差，其数值在双代号网络图中等于该线路上各工作的所有自由时差和；借助自由时差来比较线路长短的方法；多次压缩关键工作的持续时间，保证做到关键工作每压缩一定值，工期也随之缩短一定值，一直压缩到合同工期为止。

第二节　公路工程施工质量管理

一、工程质量控制方法

（一）工程质控制方法

现场质量检查控制的方法主要为测量、试验、观察分析、记录监督、总结改进。

1. 审核与分析有关技术文件、报告或报表

对技术文件、报告、报表的审核与分析是对工程质量进行全面控制的重要手段，项目经理应负总责，各相关部门应恪守职责，做好本职工作，确保控制有效。

2. 现场质量检查控制

现场工程质量检查分开工前检查、施工过程中检查和分项工程完成后的检查。

（1）开工前检查。针对拟开工工序的开工前检查一般包括五个方面的内容：人员准备检查，劳动力需求是否能满足要求，是否需要特殊工种，特殊工种有没有证件，质量管理人员是否有相应资格并熟悉相关规范；操作班组是否经过交底，必要时经过相关培训；机械设备检查，拟进行工序所需机械设备是否齐备，设备性能满足施工规范和施工方案要求，状态完好；材料检查，现场材料准备是否充足，需经试验才能使用的材料是否经试验合格；施工方案和施工方法检查，施工

方案是否经过审批，是否经过三级交底，交底手续是否齐全，必要时与现场监理沟通。关键质量控制点的参数要了解；施工环境检查，现场是否具备足够的工作面，特别是冬、雨期施工天气条件是否满足施工工艺参数的要求。

（2）施工过程中检查。施工过程中检查的内容同施工前的检查，除落实开工前检查的各项内容外，重点检查以下方面的内容：各项技术参数是否正常，操作工作有无误操作；过程中应该做的试验检验工作有没有完成；可能影响施工质量的紧急突发情况。

（3）施工后检查。施工后的检查除按工艺标准或规范要求必须进行的检查、检测外，检查重点为对后续验收、检验评定和下道工序的支持作用及成品保护工作。同时要注重施工过程中可追溯性资料的收集整理工作。

（4）停工后复工前的检查。因处理质量问题或某种原因停工后再复工时，均应检查认可后方可复工。

（5）分项、分部工程完工后的检查。应按规定的程序和要求，经检查认可并签署验收记录后，才允许进行下一工程项目施工。

（6）巡视检查。对施工操作质量应进行巡视检查，必要时还应进行跟踪检查。

3. 工程质量评定方法

公路工程质量评定方法是根据建设任务、施工管理和质量检验评定的，需要将工程划分为单位工程、分部工程和分项工程，依据质量检验评定标准对分项工程进行评分，采用加权平均值计算方法确定分部或单位工程相应的评分值。

$$\text{分部（单位）工程评分} = \frac{\sum[\text{分项（分部）工程评} \times \text{相应权}]}{\sum \text{分项（分部）工程权}}$$

工程质量情况依据得分情况按照分项、分部、单位工程、合同段和建设项目逐级评定，工程质量等级评定分为合格、不合格两个等级。

（二）工程质控制关键点的设置

公路工程质量控制关键点要根据设计文件项目专用技术规范和施工质量控制计划的要求设置，通过公路质量控制关键点的设置确保建造出符合设计和规范要求的工程。公路工程质量管理必须以预防为主，加强因素控制，确定特定特殊工序的质量控制关键点，实施公路工程施工的动态管理。

1. 质量控制关键点的设置

应根据不同管理层次和职能，按以下原则分级设置：施工过程中的重要项目、薄弱环节和关键部位；影响工期、质量、成本、安全、材料消耗等重要因素的环节；新材料、新技术、新工艺的施工环节；质量信息反馈中缺陷频数较多的项目。关键点应随着施工进度和影响因素的变化而调整。

2. 质量控制关键点的控制

制定质量控制关键点的管理办法；落实质量控制关键点的质量责任；开展质量控制关键点 QC 小组活动；在质量控制关键点上开展一次抽检合格管理和检查上道工序、保证本道工序、服务下道工序的"三工序"活动；认真填写质量控制关键点的质量记录；落实与经济责任相结合的检查考核制度。

3. 质量控制关键点的文件

质量控制关键点的文件包括：质量控制关键点作业流程图，质量控制关键点明细表，质量控制关键点（岗位）质量因素分析表，质量控制关键点作业指导书，自检、交接检、专业检查记录以及控制图表，工序质量统计与分析，质量保证与质量改进的措施与实施记录以及工序质量信息。

4. 质量控制关键点实际效果的考查

质量控制关键点的实际效果表现在施工质量管理水平和各项指标的实现情况上。要运用数理统计方法绘制工程项目总体质量情况分析图表，该图表要反映动态控制过程与施工项目实际质量情况。各阶段质量分析要纳入施工项目方针目标管理。

5. 土方路基工程施工中常见质量控制关键点

主要内容如下：施工放样与断面测量；路基原地面处理，按施工技术合同或规范规定要求处理，并平整压实；必须采用设计和规范规定的适用材料，保证原材料合格，正确确定土的最大干密度和最佳含水量；每层的松铺厚度，横坡；分层压实，控制填土的含水量，确保压实度达到设计要求。

6. 路面基层（底基层）施工中常见的质量控制关键点

主要内容如下：基层施工所采用设备组合；路面基层（底基层）所用结合料（如水泥、石灰）剂量；路面基层（底基层）材料的含水量、拌合均匀性、配合比；路面基层（底基层）的压实度、弯沉值、平整度及横坡等；如采用级配碎（砾）石还需要注意集料的级配和石料的压碎值。

7. 水泥混凝土路面施工中常见质量控制关键点

主要内容如下：基层强度、平整度、高程的检查与控制，混凝土材料的检查与试验，混凝土配合比设计和试件的试验。混凝土的水灰比、外掺剂掺加量、坍落度的控制，混凝土的摊铺、振捣、成型及避免离析及锯缝时间和养生的掌握。

8. 沥青混凝土路面施工中常见质量控制关键点

主要内容如下：基层强度、平整度、高程的检查与控制，沥青材料的检查与试验，集料的级配、沥青混凝土配合比设计和试验，路面施工机械设备配置与组合，沥青混凝土的运输及摊铺温度控制，沥青混凝土摊铺厚度的控制和摊铺中离析控制以及沥青混凝土的碾压与接缝施工。

9. 桥梁基础工程施工中常见质量控制点

主要包括以下内容：扩大基础，基底地基承载力的确认，承载力应满足设计要求；基底表面松散层的清理；及时浇筑垫层混凝土，减少基底暴露时间；大体积混凝土施工裂缝控制；钻孔桩的桩位坐标控制；垂直度的控制；孔径的控制，防止缩径；清孔质量（嵌岩桩与摩擦桩要求不同）；钢筋笼接头质量；水下混凝土的灌筑质量。

10. 桥梁下部结构施工中常见质量控制点

实心墩：墩身锚固钢筋预埋质量控制，墩身平面位置控制，墩身垂直度控制，模板接缝错台控制，墩顶支座预埋件位置、数量控制。薄壁墩：墩身锚固钢筋预埋质量控制，墩身平面位置控制，墩身垂直度控制，模板接缝错台控制及墩顶支座预埋件位置、数量控制，墩身与承台联结处混凝土裂缝控制及墩顶实心段混凝土裂缝控制。

11. 桥梁上部结构施工中常见质量控制点

简支梁桥、连续梁桥、拱桥。

12. 公路隧道施工中常见质量控制关键点

洞口工程质量控制关键点；洞身开挖质量控制关键点。

（三）工程质量缺陷处理方法

在公路行业施工过程中，机械化程度相对较低，在施工过程中，难免出现各种各样的质量缺陷，如何确定质量缺陷的性质，针对不同性质的缺陷采取相应的处理措施，是保证工程质量的一项重要内容。

1. 质量缺陷性质的确定

质量缺陷性质的确定是最终确定缺陷问题处理办法的首要工作和根本依据。一般通过下列方法来确定缺陷的性质。

（1）观察和查阅记录资料。具体是指对有缺陷的工程现场情况、施工过程、施工设备和施工操作情况等进行现场观察和检查。主要包括查阅试验检测报告、施工技术资料、施工过程记录、施工日志、施工工艺流程、施工方案、施工机械运转记录等相关记录，同时在特殊季节关注天气情况等。

（2）检验与试验。通过检查和了解可以发现一些表面的问题，得出初步结论，但往往需要进一步的检验与试验来加以验证。

（3）专题调研。有些质量问题，仅仅通过以上两种方法仍不能确定。如某大桥在交工后不到一年的时间里出现了超过规范要求的裂缝，仅通过简单的观察和查阅现有资料很难确定产生裂缝的根本原因，找不到原因也就无从确定进一步的处理措施，在这种情况下就需要采用专项调研，通过对勘测、设计、施工各个环节的调查、分析研究，辅之以辅助的检测手段，确定质量问题的性质和为随后采取的措施提供依据。

在这种情况下，为了查明产生问题的根本原因，有必要组织有关方面的专家或专题调查组提出检测方案，对所得到的一系列参考依据和指标进行综合分析研究，找出产生缺陷的原因，确定缺陷的性质。这种专题研究对缺陷问题的妥善解决很有帮助，因此经常被采用。

2. 质量缺陷处理方法

（1）整修与返工。缺陷的整修主要是针对局部性的轻微的且不会给整体工程质量带来严重影响的缺陷。如水泥混凝土结构的局部蜂窝、麻面，道路结构层的局部压实度不足等。这类缺陷一般可以比较简单地通过修整得到处理，不会影响工程总体的关键性技术指标。由于这类缺陷很容易出现，因而修补处理方法最为常用。

返工的决定应建立在认真调查研究的基础上。是否返工应视缺陷经过补救后能否达到规范标准而定，对于补救后不能满足标准的工程必须返工。如某承包人为赶工期，曾在雨中铺筑沥青混凝土，监理工程师只得责令承包人将已经铺完的沥青面层全部推除重铺；一些无法补救的低质涵洞也被炸掉重建；温度过低或过高的沥青混合料在现场被监理工程师责令报废等。

（2）综合处理办法。这种处理办法主要是针对较大的质量事故而言的。它不像返工和整修那样简单具体，而是一种综合的缺陷（事故）补救措施。能够使得工程缺陷（事故）以最小的经济代价和工期损失重新满足规范要求，处理的办法因工程缺陷（事故）的性质而异，性质的确定则以大量的调查及丰富的施工经验和技术理论为基础。具体可采用组织联合调查组、召开专家论证会等方式。实践证明，这是一条合理解决这类问题的有效途径。

（四）施工技术管理制度

1. 图纸会审制度

（1）概述。搞好图纸会审工作，首先要求参加会审的人员应熟悉图纸。各专业技术人员必须全面认真地了解图纸，充分理解设计图及技术标准的规定要求，熟悉工艺流程和结构特点等重要环节；必要时，还要到现场进行详细的调查，看设计图是否符合现场要求。

图纸会审包括初审、内部会审和综合会审三个阶段。

（2）图纸会审的主要内容。在各阶段会审工作中，要抓住施工图的主要内容，与现行的国家技术标准及经济政策对照进行会审。会审的主要内容如下：施工图是否符合国家现行的有关标准、经济政策的有关规定；施工的技术设备条件能否满足设计要求；当采取特殊的施工技术措施时，现有的技术力量及现场条件有无困难，能否保证工程质量和安全施工的要求；有关特殊技术或新材料的要求，其品种、规格、数量能否满足需要及工艺规定要求；建筑结构与安装工程的设备与管线的接合部位是否符合技术要求；安装工程各分项专业之间有无重大矛盾；图纸的份数及说明是否齐全、清楚、明确，图纸上标注的尺寸、坐标、标高及地上地下工程和道路交汇点等有无遗漏和矛盾。

（3）图纸会审记录。图纸经过会审后，会审组织者应及时将会审中提出的有关设计问题的建议做好详细的记录。图纸会审记录上应填写单位工程名称、设计单位、建设单位和主持单位及参加审核人员名单等。对会审提出的问题，凡是设计单位变更修改的，应在会审记录"解决意见"栏内填写清楚，尽快请设计部门发"设计变更通知单"，施工时按"设计变更通知单"执行。图纸未经过会审的工程不得施工。

2.技术交底制度

（1）概述。工程施工前必须进行技术交底，交底记录作为施工管理的原始技术资料。交底内容：承包合同有关条款、设计图、设计文件规定的技术标准施工技术规范和质量要求、施工进度和总工期、拟采用的施工工艺方法和材质要求、技术安全措施等。对于重点工程、重点部位特殊工程、新结构、新工艺、新材料的工程，更要作详细的技术交底。技术交底一般分三级进行。

（2）技术交底的要求。技术交底工作应分级进行，分级管理。凡技术复杂（包括推行新技术）的重点工程、重点部位，应由总工程师向主任工程师、技术队长及有关职能部门负责人交底，明确关键性的施工技术问题，主要项目的施工方法和特殊工程的技术、材料要求，提出试验项目、安全注意事项等内容。普通工程应由主任工程师参照上述内容进行。施工队一级的技术交底，由施工技术队长负责向技术员、施工员、质量检查员、安全员以及班组长交代所承担的工程数量、要求期限、图纸内容、测量放样、施工方法、质量标准、技术措施、操作要求和安全措施等方面技术交底工作。

施工员向班组的交底工作是各级技术交底的关键。施工员向班组交底时，要结合具体操作部位，贯彻落实上级技术领导的要求，明确关键部位的质量要求操作要求及注意事项，制定保证质量、安全的技术措施，对关键性项目、部位、新技术的推行项目应反复、细致地向操作组进行交底，必要时应做文字交底或示范操作。

（3）技术交底主要内容。承包合同中包含有关施工技术的管理和监理办法、合同条款规定的法律、经济责任和工期；设计文件、施工图及说明要点等内容；分部、分项工程的施工特点，质量要求；施工技术方案；工程合同技术规范、使用的工法或工艺操作规程；材料的特性、技术要求及节约措施；季节性施工措施；安全、环保方案；各单位在施工中的协调配合、机械设备组合、交叉作业及注意事项；试验工程项目的技术标准和采用的规程；适应工程内容的科研项目、"四新"项目等先进技术推广应用的技术要求。

3.测量管理制度

（1）测量工作必须严格执行测量复核签认制。保证测量工作质量，防止错误，提高测量工作效率。在测量工作的各个程序中实行双检制；各工点、工序范围内的测量工作应由测量组自检复核签认，分工衔接的测量工作由测量队或测量组进行互检复核和签认；项目测量队组织对控制网点和测量组设置的施工用桩及重大工程的放样进行复核测量，经项目技术部门主管现场进行检查签认、总工程师审核签认合格后，报驻地监理工程师审批认可。

（2）检查与记录。项目经理部总工程师和技术部门负责人要对测量队、组执行测量复核签认制的情况进行检查并做好检查记录。测量队对测量组执行测量复核签认制的情况进行检查并做好检查记录。

（3）测量记录与资料必须分类整理、妥善保管，作为竣工文件的组成部分归档。交接桩资料、监理工程师提供的有关测量控制网点、放样数据变更文件；各工点、各工序测量原始记录，观测方案布置图、放样数据计算书；测量内业计算书、测量成果数据图表；测量器具周期检定文件。

（4）控制测量、每项单位工程施工测量必须分别使用单项测量记录本。测量记录统一使用水平仪簿和经纬仪簿。一切原始观测值和记录项目在现场记录清楚，不得涂改，不得凭记忆补记、补绘。记录中不准连环更改，不合格时应重测。手簿必须填列页次，注明观测者、观测日期、起始时间、终止时间、气象条件、使用的仪器和觇标类型及编号，并详细记载观测时的特殊情况。凡划去的观测记录，应注明原因，予以保存，不得撕毁。

（5）内业计算前应复查外业资料，核对起算数据。计算书要书面整洁，计算清楚，格式统一。计算者、复核者要签认。采用计算机应用程序计算时，应使用正版软件。

（6）测量队、组应设专人管理原始记录和资料。建立台账，及时收集资料，按控制测量、单位工程分项整理立卷，因人事变动所涉及的测量记录和资料，应由测量队、组长主持办理交接手续。工点工程竣工测量完成后，测量组应将全部测量记录资料整理上交测量队，经测量队检查合格后，经理部方可验收工程。项目工程完工，线路贯通竣工测量完成之后，测量队应将项目全部测量记录和资料档案分类整理装订成册，上交项目经理部技术部门，经验收合格后，双方办理交接手续。项目经理部按交工验收的要求将测量记录资料编入竣工文件。

（7）测量仪器工具的使用和保管。公路工程施工常用测量仪器主要有：水准仪、经纬仪、光电测距仪、全站仪（包括觇标、水准尺等附属工具）。测量工具主要指量距尺、温度计、气压计。测量队、组对所配置的仪器工具具有使用权和负有保管责任；测量仪器工具的使用应当符合要求。

（8）项目经理部的测量队应建立仪器总台账、仪器使用及检定台账，测量组也应建立相应的分账。仪器档案由项目技术部门保存原件，测量队、组长保存复印件，复印件随仪器装箱。仪器使用者负责使用期间的仪器保管，应防止受潮和丢失。测量仪器应做到专人使用、专人保管，不得私自外借他人使用。

4. 材料、构（配）件试验管理制度

（1）检测机构等级。检测机构等级是依据检测机构的公路工程试验检测水平、主要试验检测仪器设备及检测人员的配备情况、试验检测环境等基本条件对检测机构进行的能力划分。公路工程专业分为综合类和专项类，公路工程综合类设甲、乙、丙3个等级。公路工程专项类分为交通工程和桥梁隧道工程；检测机构在同一公路工程项目标段中不得同时接受业主、监理、施工等多方的试验检测委托；检测机构依据合同承担公路水运工程试验检测业务，不得转包、违规分包；检测人员分为试验检测工程师和试验检测员。检测机构的技术负责人应当由试验检测工程师担任，试验检测报告应当由试验检测工程师审核、签发。

（2）工地试验室。施工单位应建立工地试验室，应根据现场需要，增设若干个流动试验站，用于原材料的验证试验、标准试验、工艺试验、构（配）件进场验证试验。应做好试验、检测记录管理。

5. 隐蔽工程验收制度

（1）概述。隐蔽工程是指为下道工序施工所隐蔽的工程项目，隐蔽前必须进行质量检查和验收，由施工项目负责人组织施工人员、质检人员，并请监理单位、建设单位代表参加，必要时请设计人员参加。检查意见应具体明确，检查手续应及时办理，不得后补。须复验的要办理复验手续，填写复验日期并由复验人做出结论。

（2）隐蔽工程项目。地基与基础，包括土质情况、基槽几何尺寸、标高、地基处理；主体结构各部位钢筋的钢筋品种、规格、数量、间距、接头情况及除锈、代用变更情况；梁等结构物预应力筋、预留孔道的直径、位置、坡度、接头处理、孔道绑扎牢固等的情况；焊接，包括焊条牌号（型号）、焊口规格、焊缝长度、高度及外观清渣等；桥梁工程桥面防水层下找平层的平整度坡度、桥头搭板位置尺寸；桥面伸缩缝埋件规格、数量及埋置位置；钢管管道内外绝缘防腐；雨污水管道，混凝土管座、管带及附属构筑物隐蔽部位；设备基础及水泥混凝土的配筋、尺寸、强度、表面标高；光电缆的布放、预留长度、接头的物理、电气性能，电缆沟的开挖与回填及光电缆的接续；接地体的埋设、引接和接地电阻、机电设备支架箱体的防锈防腐处理。

二、工程质量检验

（一）路基工程质量检验

1. 路基工程质量检验的主要内容

路基的宽度和标高（包括边沟），路基的平面位置，边坡坡度及边坡加固，排水设施的尺寸及底面纵坡，填土压实度、弯沉值，取土坑、弃土堆、护坡道、截水沟、排水沟的位置和形式是否正确以及隐蔽工程检查记录。

2. 土石方路基实测项目

（1）土方路基实测项目有压实度、弯沉值、纵断高程、中线偏位、宽度、平整度、横坡、边坡。

（2）石方路基实测项目有压实度、纵断高程、中线偏位、宽度、平整度、横坡、边坡坡度和平顺度。

（二）路面工程质量检验

1. 路面基层、底基层的检验

（1）主要检验内容包括高程、厚度、宽度、横坡度和平整度、基层的压实度和强度。

（2）水泥稳定粒料基层实测项目有压实度、平整度、纵断高程、宽度、厚度、横坡、强度。

（3）石灰土基层实测项目有压实度、平整度、纵断高程、宽度、厚度、横坡、强度。

（4）填隙碎石（矿渣）基层和底基层实测项目有：压实度、弯沉值、平整度、纵断高程、宽度、厚度、横坡。

2. 水泥混凝土路面的检验

（1）主要检验内容包括水泥混凝土面板的弯拉强度、平整度和厚度及水泥混凝土路面的抗滑构造深度、相邻面板间的高差、纵横缝顺直度、水泥混凝土路面中线平面偏位、路面宽度、纵断高程和路面横坡。

（2）水泥混凝土面层实测项目：弯拉强度，板厚度，平整度，抗滑构造深度，相邻板高差，纵、横缝顺直度，中线平面偏位，路面宽度，纵断高程以及横坡。

3. 沥青混凝土路面的检验

（1）主要检验内容包括厚度、平整度、压实度、弯沉值、渗水系数、摩擦系数、构造深度、中线平面偏位、纵断高程、路面宽度及路面横坡。

（2）沥青混凝土面层和沥青碎（砾）石面层实测项目：压实度，平整度，弯沉值，渗水系数，抗滑，厚度，中线平面偏位，纵断高程，宽度及横坡。

（三）桥梁工程质量检验

1. 桥梁总体的主要检验内容

桥梁的净空，桥面中心偏位、桥面宽度和桥长，引道中心线与桥梁中心线的衔接以及桥头高程衔接。

2. 钻孔灌注桩施工的主要检验内容

终孔和清孔后应对成孔的孔位、孔深、孔形、孔径、倾斜度、泥浆相对密度、孔底沉淀厚度、钢筋骨架底面高程等检查；钻孔灌注桩混凝土的强度；凿除桩头混凝土；需嵌入承台内的混凝土桩头及锚固钢筋长度应符合要求；钢筋骨架底面高程。

3. 沉井施工的主要检验内容

沉井混凝土的强度，沉井刃脚底面标高，沉井的平面尺寸（长、宽或半径），沉井的最大纵、横向倾斜度和平面扭转及平面扭转角。上述各项必须满足规定值或允许偏差。

4. 明挖地基的主要检验内容

基底平面位置、尺寸大小和基底标高，基底地质情况和承载力及地基所用材料。

第三节　公路工程安全管理

一、公路工程安全管理范围及要求

（一）公路工程安全管理范围

1. 依据公路工程的专业特点的管理

依据公路工程的专业特点，安全管理分为路基工程的安全管理、路面工程的安全管理、桥梁工程的安全管理、隧道工程的安全管理、水上工程的安全管理、陆地工程的安全管理、高空工程的安全管理、爆破工程的安全管理及电气作业的安全管理。

2. 依据施工安全隐患和事故征兆的特点的管理

（1）安全隐患的类别。

①按安全隐患可能引发的事故种类划分：用电事故安全隐患、火灾事故安全隐患、爆炸事故安全隐患、坍塌事故安全隐患。此外还有施工机械和设备倾翻、倾倒事故安全隐患，施工机械和施工设施局部损坏（折断、垮塌等）事故安全隐患，自升（滑升、提升、爬升、倒升）式整体施工装置（模板、脚手架、工作台等）坠落和失控事故安全隐患，窒息和中毒事故安全隐患（包括危险或不良施工场所与作业环境、毒气和有毒物品的存在等），高处作业和交叉作业伤害事故的安全隐患，安全防护设施、防护品的配置与使用不到位的安全隐患，违章指挥和违章作业事故安全隐患以及预防灾害措施不到位事故的安全隐患。

②按安全隐患涉及的安全工作方面划分：安全作业环境和条件缺陷隐患、安全施工措施缺陷隐患、安全工作制度缺陷隐患、安全岗位责任不落实隐患以及现场安全监控管理工作不到位隐患。

（2）按施工安全事故的征兆的出现顺序划分，可分为早期、中期和晚期三类。一般都有某种征兆提前出现的事故有基坑（槽）坍方（塌）、脚手架和多层转运平台倾倒、脚手架局部垮架、脚手架垂直坍塌、支撑架垮架和倒塌、机械设备倾翻、自升式施工设施的坠落、火灾等。

（二）公路工程安全管理原则

1. 公路工程安全管理的基本原则

具体为：管生产必须管安全的原则，谁主管谁负责的原则，预防为主的原则，动态管理的原则，计划性、系统性原则，奖励和惩罚相结合的原则，以人为本、关爱生命的原则，坚持"五同时"原则以及"一票否决"的原则。

2. 坚持"三同时"制度的原则

"三同时"制度的实施要求从项目论证到设计、施工、竣工验收都应按"三同时"的规定进行审查验收。施工单位必须按照审查批准的设计文件进行施工，不得擅自更改职业安全卫生设施的设计，并对施工质量负责。

3. 事故处理"四不放过"的原则

事故原因没有查清不放过；事故责任者没有严肃处理不放过；广大群众没有受到教育不放过；防范措施没有落实不放过。

（三）公路工程安全隐患排查与治理

安全生产事故隐患（简称事故隐患），是施工单位违反安全生产法律、法规、规章、标准、规程和安全生产管理制度的规定或者因其他因素在生产经营活动中存在可能导致事故发生的物的危险状态、人的不安全行为和管理上的缺陷。事故隐患分为一般事故隐患和重大事故隐患。一般事故隐患，是指危害和整改难度较小，发现后能够立即整改排除的隐患；重大事故隐患，是指危害和整改难度较大，应当全部或者局部停产停业，并经过一定时间整改治理方能排除的隐患或者因外部因素影响致使施工单位自身难以排除的隐患。

1. 安全隐患排查

（1）对施工单位的要求。

①施工单位应当建立健全事故隐患排查治理制度。生产经营单位主要负责人对本单位事故隐患排查治理工作全面负责。

②施工单位应当建立健全事故隐患排查治理和建档监控等制度，逐级建立并落实从主要负责人到每个从业人员的隐患排查治理和监控责任制。

③施工单位应当保证事故隐患排查治理所需的资金,建立资金使用专项制度。

④施工单位应当定期组织安全生产管理人员、工程技术人员和其他相关人员排查本单位的事故隐患。对排查出的事故隐患,应当按照事故隐患的等级进行登记,建立事故隐患信息档案,并按照职责分工实施监控治理。

⑤施工单位应当建立事故隐患报告和举报奖励制度,鼓励、发动职工发现和排除事故隐患,鼓励社会公众举报。对发现、排除和举报事故隐患的有功人员,应当给予物质奖励和表彰。

⑥总包单位应当与分包单位签订安全生产管理协议,并在协议中明确各方对事故隐患排查、治理和防控的管理职责。总包单位对分包单位的事故隐患排查治理负有统一协调和监督管理的职责。

⑦施工单位应当每季、每年对本单位事故隐患排查治理情况进行统计分析,并分别于下一季度15日前和下一年1月31日前向安全监管监察部门和有关部门报送书面统计分析表。统计分析表应当由生产经营单位主要负责人签字。

(2)对人的不安全行为的排查。在公路工程施工中存在的不安全行为,是指在施工作业中存在的违章指挥、违章作业以及其他可能引发和招致发生安全事故的行为。不安全行为可以分为以下四类:违章指挥、违章作业、其他主动性不安全行为及其他被动性不安全行为。

(3)对事故的起因物、致害物和伤害方式的排查。直接引发生产安全事故的物体(品),被称为"起因物";在生产安全事故中直接招致(造成)伤害发生的物体(品),被称为"致害物";致害物作用于被伤害者(人和物)的方式,被称为"伤害方式"。

在某一特定的生产安全事故中,起因物可能是唯一的或多个。当有多个起因物存在时,按其作用情况会有主次和前后(序次)之分、组合和单独作用之分。在某一特定的伤害事故中,致害物也可能是一个或多个。在同一安全事故中,起因物和致害物可能是不同的物体(品)或同一物体(品)。

起因物和致害物的存在构成了不安全状态和安全(事故)隐患,不及时发现并消除时,就有可能引起或发展成为事故。而一旦发生安全事故,对起因物和致害物的分析确定工作又是判定事故性质和确定事故责任的重要依据。

2. 重大事故隐患的报告与治理

(1)重大事故隐患报告的内容包括隐患的现状及其产生原因、隐患的危害程度和整改难易程度分析、隐患的治理方案。

（2）重大事故隐患治理方案包括以下内容：治理的目标和任务，采取的方法和措施，经费和物资的落实，负责治理的机构和人员，治理的时限和要求及安全措施和应急预案。

（3）施工单位在事故隐患治理过程中，应当采取相应的安全防范措施，防止事故发生。事故隐患排除前或者排除过程中无法保证安全的，应当从危险区域内撤出作业人员，并疏散可能危及的其他人员，设置警戒标志，暂时停产停业或者停止使用；对暂时难以停产或者停止使用的相关生产储存装置、设施、设备，应当加强维护和保养，防止事故发生。

（4）施工单位应当加强对自然灾害的预防。对于因自然灾害可能导致事故灾难的隐患，应当按照有关法律、法规标准和有关规定的要求排查治理，采取可靠的预防措施，制定应急预案。施工单位在接到有关自然灾害预报时，应当及时向下属单位发出预警通知。发生自然灾害可能危及施工单位和人员安全情况时，应当采取撤离人员、停止作业、加强监测等安全措施，并及时向当地人民政府及其有关部门报告。

（四）危险性较大工程专项施工方案编制

1. 危险性较大工程的范围

（1）应当编制专项施工方案，并附安全验算结果的工程：不良地质条件下有潜在危险性的土方、石方开挖；滑坡和高边坡处理；桩基础、挡墙基础、深水基础及围堰工程；桥梁工程中的梁、拱、柱等构件施工等；隧道工程中的不良地质隧道、高瓦斯隧道、水底海底隧道等；水上工程中的打桩船作业施工船作业、外海孤岛作业边通航边施工作业等；水下工程中的水下焊接、混凝土浇筑、爆破工程等；爆破工程；大型临时工程中的大型支架模板、便桥的架设与拆除，桥梁、码头的加固与拆除；其他危险性较大的工程。

（2）必要时还应当组织专家进行论证、审查。专家包括：建设单位项目或技术负责人；监理单位项目总监理工程师、相关专业监理人员及安全监理人员；施工单位技术负责人及其安全管理机构负责人；施工单位项目负责人、项目技术负责人及专项施工方案编制人员；专家组成员。专家组成员应当从专家库中选取，由5名以上符合相关专业要求的专家组成，与本项目相关的建设、施工、监理单位的专家不得参加。

勘察、设计单位技术负责人及相关专业技术人员应当参加专家论证审查会。实行施工总承包的，施工总承包单位及相关专业承包单位技术负责人及相关人员应当参加专家论证审查会。

2. 专项施工方案编制的内容

（1）工程概况：危险性较大的工程概况、施工平面布置、施工要求和技术保证条件。

（2）编制依据：相关法律、法规、规范性文件标准、规范及图纸（国标图集）、施工组织设计等。

（3）施工计划：施工进度计划材料与设备计划。

（4）施工工艺技术：技术参数、工艺流程施工方法等。

（5）施工安全保证措施：组织保障技术措施、应急预案等。

（6）劳动力计划：专职安全生产管理人员、特种作业人员等。

（7）计算书及附图。

3. 专项施工方案的实施

具体内容：施工单位应当严格按照专项施工方案组织施工，不得擅自修改、调整专项施工方案。如因设计结构、外部环境等因素发生变化确需修改的，施工单位、监理单位应当重新组织审核。专项施工方案实施前，编制人员或项目技术负责人应当向项目施工、技术、安全、质量管理人员和作业人员进行安全技术交底。施工单位应当指定专职安全生产管理人员对专项施工方案实施情况进行现场监督，发现不按照专项施工方案施工的，应当要求其立即整改，整改合格的，方可进行下一道工序。施工单位技术负责人应当定期巡查专项施工方案实施情况。施工单位应当指定专人对危险性较大工程的实施过程进行监测，发现有危及人身安全紧急情况的应当立即组织作业人员撤离危险区域。

（五）公路工程安全生产故应急预案编制

1. 编制准备

编制应急预案应做好以下准备工作：全面分析本单位危险因素可能发生的事故类型及事故的危害程度；排查事故隐患的种类、数量和分布情况，并在隐患治理的基础上，预测可能发生的事故类型及其危害程度；确定事故危险源进行风险评估；针对事故危险源和存在的问题，确定相应的防范措施；客观评价本单位应急能力；充分借鉴国内外同行业事故教训及应急工作经验。

2.编制程序

成立应急预案编制工作组—资料收集—危险源与风险分析—应急能力评估—应急预案编制—应急预案评审与发布。

3.应急预案种类

（1）综合应急预案。综合应急预案是从总体上阐述处理事故的应急方针、政策应急组织结构及相关应急职责应急行动、措施和保障等的基本要求和程序，是应对各类事故的综合性文件。

（2）专项应急预案。专项应急预案是针对具体的事故类别、危险源和应急保障而制订的计划或方案，是综合应急预案的组成部分，应按照综合应急预案的程序和要求组织制定，并作为综合应急预案的附件。专项应急预案应制定明确的救援程序和具体的应急救援措施。

（3）现场处置方案。现场处置方案是针对具体的装置场所或设施、岗位所制定的应急处置措施。现场处置方案应具体、简单、针对性强。

二、公路工程安全技术要点

（一）公路工程高处作业安全技术点

（1）高处作业的脚踏板应用坚实的钢拉板或木板铺满，不得留有空隙或探头板，脚踏板上的油污、泥沙等应及时清除，防止滑倒。

（2）在有坠落可能的部位作业时，必须把安全带挂在牢固的结构上，安全带应高挂低用，不可随意缠在腰上，安全带长度不应超过 3 m。

（3）高处作业应按规定挂设安全网（立网和平网），安全网内不许有杂物堆积，破损的安全网应该及时予以更换。

（4）作业平台的承重必须满足施工荷载的要求，不得多人集中在作业平台的某一部位进行作业，以防发生突然断裂坠落伤人。

（5）高处作业操作平台的临边应设置防护栏杆，防护栏杆的高度不应低于

1~2 m，水平横档的间距不大于 0.35 m，强度满足安全要求。

（6）高处操作平台必须设置供作业人员上下的安全通道和扶梯，平台严禁超载，平台架体应保持稳固。

（7）操作平台的临边外侧下方是交通通道时，敞口立面必须设置安全立网做全封闭处理，并设置限宽、限高、限速的安全标示牌和防撞设施。

（8）在高处进行预应力张拉作业前，必须搭置可靠的张拉工作平台，若在雨天作业还应架设防雨棚，张拉钢筋的两端要设置安全挡板，并在张拉作业平台上设置明显的安全标志和操作规程，禁止非操作人员在张拉作业时进入张拉施工区。

（9）高处作业所用的物料、机具，均应合理分散堆放平稳，不可放置在临边或升降机口附近，也不许妨碍作业人员通行和装卸。高处作业拆除的模板及剩余物料应及时清理运走，不得随意乱置，严禁向下丢弃物料，传递物件时不得抛掷。

（10）高处作业场所必须设置完备可靠的安全防护设施和安全警示标识牌，任何人不得擅自移位、拆除和损毁，确因施工需要暂时移位和拆除的，要报经项目负责人审批后方可拆移。工作完成后要即行复原，发现破损，应及时更新。

（11）高处作业的挂篮、支架托架、模板及操作平台等应由专业技术人员进行专项设计，其设计图纸、设计计算书、操作规程、技术交底等须上报主管部门审核批准后实施，经验收合格后方可投入使用。

（12）高处作业临时配电线路按规范架（敷）设整齐；架空线必须采用绝缘导线，不得采用塑胶软线；高空作业现场按要求使用标准化配电箱，箱内应安装漏电保护器，下班切断电源，锁好电闸箱并有可靠的防雨设施。

（13）桥梁主塔（墩）塔身高于 30 m 时，应在其顶端装设防撞信号灯，主塔还应采取防雷措施，设置可靠的防雷电装置。遇雷雨时，作业人员应立即撤离危险区域，任何人员不得接触防雷装置。

（14）作业人员在上下交叉作业时，不得在同垂直面上。下层作业人员应处于上层作业人员和物体可能坠落的范围之外；当不能满足要求时，上下之间应设置隔离防护层。

（15）在高处进行电焊作业时，作业点下方及火星所及范围内，必须彻底清除易燃、易爆物品，作业现场要备置消防器材，严禁电焊人员将焊条头随手乱扔。

（16）高处进行模板安装和拆除作业时，要按设计所确定的顺序进行，作业面及操作平台下方不得有人员逗留、走动和歇息。

（17）进行高处拆除作业前，必须对拆除作业人员进行专业安全培训，要进行层层安全技术交底，并做好交底签认记录。

（18）拆除工程应自上而下进行，先拆除非承重部分，后拆除承重部分，严禁立体交叉或多层上下进行拆除，严禁疲劳作业，并派专人负责现场的安全监护。

（19）在拆除龙门架、托架、钢支架等重物时，应有机械吊机配合进行，并有专人指挥，指挥人员信号明确。吊物要稳吊轻放，不得采取"整体推倒法"。

（20）遇有六级（含六级）以上大风、浓雾、雷雨、冰雪等恶劣天气时，不得进行露天高处作业。雷雨、台风、大雪过后，应及时对高处作业安全设施逐一进行检查清扫，发现有变形、松动、脱落、损坏现象时，应立即进行修理、加固，隐患消除后方可继续作业。

（21）高处作业上下应设置联系信号或通信装置，并指定专人负责。

（二）公路工程陆上作业安全技术要点

1. 明挖基础施工安全要点

基坑开挖的方法、顺序以及支撑结构的安设，均应按照施工组织设计中的规定进行；开挖基坑时，要指派专人检查邻近建（构）筑物或临时设施的安全，并留有检查记录；开挖基坑时，要根据土壤、水文等情况，按规定的边坡坡度分层下挖，严禁局部深挖，掏洞开挖；基坑、井坑开挖过程中，必须随时检查坑壁边坡有无裂缝和坍塌现象（特别是雨后和解冻时期），如果发现边坡有裂缝、疏松或支撑有折断、走动等危险先兆，应立即采取措施；基坑边缘有表面水时，应采取截流措施，开挖排水沟或排水槽，不得使水流沿基坑边缘流下；在有大量地下水流的情况下进行挖基时，应配足抽水机具，施工人员应穿胶鞋，并设置出入基坑的安全通道，以防意外；采取挖土机械开挖基坑时坑内不得有人作业，必须留人在坑内操作时挖土机械应暂停作业。

2. 挖孔桩基础施工安全控制要点

挖孔灌注桩，应在无水或少水的密实土层或岩层中，按设计挖筑；挖孔较深或有渗水时，必须采取孔壁支护及排水降水等措施严防坍孔；人工挖孔，对孔壁的稳定及吊具设备等应经常检查；孔顶出土机具应有专人管理，并设置高出地面的围挡，孔口不得堆积土渣及工具，作业人员的出入，应设常备的梯子；夜间作业应悬挂示警红灯；挖孔作业暂停时，孔口应设置罩盖及标志；所用电气设备必须装设漏电保护装置，孔内照明应使用 36 V 电压的灯具；起吊设备必须有限位器、防脱钩器等装置；孔内挖土人员的头顶部应设置护盖，取土吊斗升降时，挖土人员应在护盖下面工作。

相邻两孔中，一孔进行浇筑混凝土作业时，另一孔的挖孔人员应停止作业，撤出井孔。人工挖孔，除应该经常检查孔内的气体情况外，还要遵守一些规定：挖孔人员下孔作业前，应先用鼓风机将孔内空气排出更换；二氧化碳气体含量超过 0.3% 时，应该采取通风措施；对含量没有超过规定，但作业人员有呼吸不适感觉时，也应采取通风或换班作业等措施；空气污染超过三级标准浓度时，若没有安全可靠的措施，不得采取人工挖孔作业。人工挖孔超过 10 m 深时，应采用机械通风，并必须有足够保证安全的支护设施及常备的安全梯道，最深不得超过 15 m。挖孔桩需要嵌岩或孔内有岩层需要爆破时，应采取浅眼爆破法，严格控制炸药用量，并按爆破安全规程的规定，一丝不苟地组织好爆破作业。人工挖桩孔采用混凝土护壁时，每挖深 1 m（土质不好还应适当减小），应立即浇筑护壁，护壁厚度不小于 10 cm。机钻成孔作业完成后，人工清孔、验孔要先放安全防护笼，笼距孔底不得大于 1 m。人工挖孔采用混凝土护壁时，应对护壁进行验收，第一圈护壁要做成沿口圈，沿口宽度要大于护壁外径 300 mm，口沿处要高出地面 100 mm 以上，孔内护壁应满足强度要求，孔底末端护壁应有可靠防滑壁措施。在较好土层，人工挖扩桩孔不采用混凝土护壁时，必须使用工具式的安全防护笼进行施工，防护笼每节长度不超过 2 m。防护笼总长度要达到扩孔交界处，孔口必须做沿口混凝土护圈。挖出的土方应随出随运，暂时不能运走的应堆放在孔口边 1 m 以外处且堆土高度不得超过 1 m。

3. 路基工程土方施工安全要点

开挖土方前，必须了解土质地下水的情况，查清地下埋设的管道、电缆和有毒有害气体等危险物及文物古迹古墓的位置和深度走向，加设标记、设置防护栏杆。现场技术负责人在开工前必须对作业工人进行详细的安全交底：开挖深度超过 2 m 时，特别是在街道、居民区行车道附近开挖土方时，无论开挖深浅都应视为高处作业，并设置警告标志和高度不低于 1.2 m 的双道防护栏，夜间还要设红色警示灯；在靠近建筑物、电杆、脚手架附近挖土时，必须采取安全防护措施；开挖沟槽坑时，应根据土质情况进行放坡或支撑防护；在开挖的沟槽坑边沿 1 m 以内不许堆土或堆放物料，距沟槽坑边沿 1~3 m 间堆土高度不得超过 1.5 m；距沟槽坑边沿 3~5 m 间堆土高度不得超过 2.5 m；在沟槽坑边沿停置车辆、起重机械振动机械时距离不少于 4 m；人工挖掘土方时，作业人员之间必须保持足够的安全距离，横向间距不小于 2 m，纵向间距不小于 3 m；高边坡开挖土方时，作业人员要戴安全帽并安排专职人员对上边坡进行监视，防止物体坠落和塌方；边坡开挖中若遇地下水涌出，应先排水，后开挖；开挖工作应与装运作业面相互错开，严禁上、下双重作业；滑坡地段的开挖应从滑坡体两侧向中部自上而下进行，禁止全面拉槽开挖；施工中如遇土质不稳，山体有滑动，发生坍塌危险时，应暂停施工，撤出人员和机具；当工作面出现陷机或不足以保证人员安全时，应立即停工，确保人员安全；机械车辆在危险地段作业时，必须设置明显的安全警告标志，并设专人指挥。

4. 路基工程石方施工安全要点

石方爆破作业必须严格遵守国家爆破安全规程，接受当地公安部门的监管；爆破器材库的选址和搭建应请当地公安部门进行指导和监督，运输爆破器材要用专用运输工具，在公安部门的押运下进行，中途不许停留，并应避开人员密集地方；在保管、运输爆破器材过程中，工作人员严禁穿化纤服装；爆破器材应严格管理，并执行领用和退库制度，各种手续要有严格记录并由专人领取，禁止由一人同时搬运炸药和雷管，电雷管严禁与带电物品起携带运送；爆炸物品禁止乱丢乱放和私藏；爆破作业应有专人指挥，确定的危险边界应有明显标志，警戒区四周必须派出警戒人员，警戒区内的人员、牲畜必须撤离；预告、起爆、解除警戒等信号应有明确的规定；爆破时，应点清爆破数与装炮数量是否相符，确认炮响完并过 5 min 后方准爆破人员进入作业区；电力起爆时，在同一爆破网路上必须使用同厂同型号的电雷管；爆破网主线应绝缘良好，并设置中间开关，与其他电源线路应分开敷设；爆破网路的连接必须在全部炮孔装填完毕、无关人员全部撤至安全地点后再进行；在雷雨季节，潮湿场地等情况下，应采用非电起爆法；大型爆破必须按审批的爆破设计书，并征得当地县（市）以上公安部门同意后由专门成立的现场指挥机构组织人员实施；石方地段爆破后，确认已经解除警戒，作业面上的悬岩危石也经处理后，清理石方人员方准进入现场。

5. 沥青路面工程施工安全要点

从事沥青作业的人员均应进行体检，凡患有皮肤病、结膜炎及对沥青过敏者，不宜从事沥青作业；沥青加热及混合料拌制，宜在人员较少、场地空旷的地段进行；沥青作业人员皮肤外露部分应涂防护药膏；工作服及防护用品应集中存放，严禁穿戴回家和存入集体宿舍;施工现场应配有医务人员;沥青混合料摊铺作业时,摊铺机驾驶台及作业现场要视野开阔,清除一切障碍物;作业时,无关人员不得在驾驶台上停留,驾驶员不得擅离岗位;运料车向摊铺机卸料时,应同步进行,动作协调,防止互相碰撞;驾驶摊铺机应平稳,弯道作业时,熨平装置的端头与路缘石的间距不得小于10 cm,以免发生碰撞;换挡必须在摊铺机完全停止后进行,严禁强行挂挡和在坡道上换挡或空挡滑行;熨平板预热时,应控制热量,防止因局部过热而变形;在沥青摊铺作业中,应设置施工标志;用柴油清洗摊铺机时,不许接近明火;沥青混合料运输车辆状况应良好,使用前应对刹车、自卸系统进行检查,车斗密封,后挡板牢靠,不许站在运输车后用铣等工具往下捅沥青混合料;沥青拌和楼的各种机电设备,包括使用微电脑控制进料的控制室,在运转前均应由电工、机工、电脑操作人员进行仔细检查,确认各部位正常完好后才能合闸运转;拌和楼机组投入运转后,各岗位人员要随时监视各部位运转情况;料仓卸料时,严禁人员从斗下通过,沥青拌和楼的各部位需经常检查维修,并配备消防器材。

6.水泥混凝土路面施工安全要点

使用小型翻斗车或手推车装混凝土时,车辆之间应保持一定的安全距离;混凝土运输车运送时要遵守交通规则;当传动系统出现故障、液压油输出中断导致滚筒停转时,要利用紧急排出系统快速排出混凝土拌和料;自卸汽车运送混凝土时,不得超载和超速行驶,车停稳后方可顶升车厢卸料,车厢尚未放下时,操作人员不得上车去清除残料;人工摊铺作业在装卸钢模板时,必须逐片轻抬轻放,不得随意抛掷;多人同时操作摊铺时,因工作面小,长把工具多,应互相关照注意安全;使用电动振捣器时,作业人员应佩戴防护用品,配电盘(箱)的接线宜用电缆线,绝缘良好;采用轨模摊铺机进行混凝土摊铺作业时,布料机和振平机之间应保持5m~8m的安全距离,作业中要认真检查布料机传动钢丝的松紧是否适度,不得将刮板置于运行方向垂直的位置,也不得借助整机的惯性冲击料堆;摊铺中严禁驾驶人员擅离岗位,无关人员不得上下摊铺机;在弯道上作业时,要防止摊铺机脱轨;混凝土摊铺施工现场必须做好交通安全工作。

(三)公路工程水上作业安全技术点

(1)水上进行吊装、混凝土浇筑、振桩等各项作业时,必须严格按照施工工艺和程序,要有专人指挥。由于天气变化或其他原因造成停工停产时,应对有可能造成倾倒滑动移位的设施和构造物采取临时加固措施。

（2）水上作业施工前，应了解江河海域铺设的各种电缆光缆、管道的走向，按规定采取有效措施予以保护，防止电缆光缆及水下管道遭到损坏。

（3）项目要制定水上作业各分项工程安全实施方案和细则，对参加水上施工作业人员必须进行水上作业的安全知识教育和专项技术培训，并做好安全交底工作。

（4）水上施工必须在作业人员必经的栈桥浮箱、交通船水上工作平台临时码头上配备安全防护装置和救生设施。

（5）进行水上夜间施工时，要有充足的灯光照明，尽量避免单人操作，特别是电焊作业时，最少安排人相互监护。

（6）要与地方气象部门海事部门建立工作联系，及时了解和掌握施工水域的气候、涌潮、浪况、潮汐、台风等气象信息，正确指导安全施工。

（7）作业人员进入水上作业时，必须穿好救生衣，戴好安全帽，乘坐交通船上下班时，必须等船停稳后，方可从指定的通道上下船。严禁从船上往下跳跃，防止拥挤、推拉、碰撞、摔伤或滑落水中。

（8）在浮箱上作业时，要注意来往船只航行时引起的涌浪造成浮箱颠簸，致作业人员摔伤或被移位物体碰撞、打击，造成伤害。

（9）遇有六级以上大风、大浪等恶劣天气时，应停止水上作业。

（四）公路工程地下作业安全技术要点

1. 隧道施工一般安全技术要点

隧道施工应做好施工前期的准备工作，制定隧道施工安全技术方案，对危险源和重大危险源进行辨识和全过程的跟踪、监督检查；必须制订发生紧急情况时的应急救援预案，建立完整的应急救援小组，配备应急救援人员和必要的应急救援器材，并定期进行救援演练；必须实行隧道工程安全目标管理，项目经理为安全生产第一责任人，对隧道施工安全生产全面负责，建立相应的安全保证体系和管理网络，健全安全机构，责任到人；进入隧道施工现场的各类人员必须经过专门的安全知识教育，接受安全技术交底，在采用新工艺、新技术新材料、新设备时，应对相关人员进行安全技术培训；隧道施工各班组间应建立完善的交接班制度，交班人应将本班组的施工情况、有关安全事宜和措施向接班负责人详细交代，并记录于交接班笔记本上,项目负责人和现场技术人员应认真检查交接班执行情况;隧道施工现场按规定配备必需的安全装置和设施。

所有进入隧道施工现场的人员必须佩戴好安全防护用品,并接受现场管理人员的指挥;隧道施工现场应作详细的安置和部署,出渣、运输、材料堆放场地布置妥当,弃渣场地应设置在地质稳定、不堵塞河流、不污染环境、不毁坏农田的地段;对水电、路、通风等设施进行统一安排,并在正式掘进前完成;掘进前应先做好隧道洞口工程,做好洞口边坡、仰坡及天沟、边沟等排水设施,确保地表水不危及隧道施工安全;在软弱围岩地段施工时,应按照"短进尺、弱爆破、早喷锚、勤量测、紧封闭"的原则稳步前进,若遇不良地质情况,必须进行超前地质预报,提前采取预防措施;机械凿岩时,必须采用湿式凿岩机或带有捕尘器的干式凿岩机;作业人员站在渣堆上作业时,应注意渣堆的稳定,防止滑塌伤人;钻孔台车进洞时要有专人指挥,其行走速度不得超过 25 m/min,并应认真检查道路状况和安全界限,台车在行走或暂停时,应将钻架和机具收拢到放置位置,就位后不得倾斜,并应制动车轮,放下支柱,防止移动。

2. 隧道施工爆破作业安全技术要点

洞内爆破必须统一指挥,并由经过专业培训且持有爆破操作合格证的专业人员进行作业;爆破作业和爆破器材管理人员必须穿防静电服装;洞内每天放炮次数应有明确规定,装药与放炮时间不得过久;爆破加工房应设在洞口 50 m 以外的安全地点;严禁在加工房以外的地点改制和加工爆破器材;进行爆破时,所有人员应撤离现场;装药前应检查爆破工作面附近的支护是否牢固;炮眼内的泥浆、石粉应吹洗干净;刚打好的炮眼不得立即装药,如果遇有照明不足,流砂、流泥未经妥善处理或可能有大量溶洞洒水时,严禁装药爆破;装炮时,应使用木质炮棍装药,严禁火种。

为防止点炮时发生照明中断,爆破工应随身携带手电筒,禁止用明火照明;点炮前,无关人员与机具均应撤至安全地点;爆破员实行"一爆三检"制度,放炮员最后离场,班组长清点人数发出警告 5 s 后方可引爆;爆破后必须经过 15 min 通风排烟后,检查人员方可进入工作面,检查有关"盲炮"及可疑现象;当发现有"盲炮"时,必须由原爆破人员按规定处理,确保安全;采用电雷管爆破时,应加强洞内电源的管理,防止漏电引爆;两工作面接近贯通时,两端应加强联系与统一指挥,岩石隧道两个工作面距离接近 15 m(软岩为 20 m),一端装药放炮时,另一端人员应撤离到安全地点;土质或岩石破碎隧道接近贯通时,应根据岩性适当加大预留贯通的安全距离，届时只许一端掘进，另一端的人员和机具应撤离到安全地点，贯通后的导坑应设专人看管，严禁非施工人员通行；在任何情况下，炸药和雷管必须放置在带盖的容器内分别运送；人力运送爆破器材时应有专人护送，并直接送到工地，中途不得停留；严禁用翻斗车、自卸车、拖车、拖拉机、机动三轮车人力三轮车、自行车、摩托车和皮带运输机运送爆破器材；在上下班或人员集中的时间内，禁止运输爆破器材。

3. 隧道内运输的安全技术要点

各类进洞车辆必须处于完好状态，安全防护装置齐全，制动有效，运输时严禁人料混装；进洞的各类机械与车辆，宜选用带净化装置的柴油机动力；燃烧汽油的车辆和机械不得进洞；所有运输车辆均不准超载、超宽、超高运输，装运大体积或超长料具时，应有专人指挥，并设置警示界限的红灯，物件应捆扎牢固；进出隧道人员应走人行道，不得与机械或车辆抢道，严禁扒车追车或强行搭车；人工装渣时，应将车辆停稳并制动；机械装渣时，隧道断面应能满足装载机械的安全运转，装渣机操作时，其回转范围内不得有人通过；卸渣时，应将车辆停稳并制动，严禁站在斗内扒渣；凡停放在接近车辆运行界限处的施工设备与机械应在其外缘设置低压红色闪光灯，组成显示界限，以防止车辆碰撞；运输线路应有专人维修养护，线路两侧的废渣和余料应随时清理；洞外卸渣场地应保持一段上坡段，并在堆渣边缘内 0.8 m 处设置挡木，防止运输车滑翻。

4. 隧道施工支护的安全技术要点

洞口地段和洞内水平坑道与辅助坑道（横洞、平行导坑等）的连接处，应加强支护或及早进行永久衬砌；洞口地段的支撑宜向洞外多架 5~8 m 明厢，并在其顶部压土以稳定支撑，待洞口建筑全部完工后方可拆除；洞内支护，宜随挖随支护，支护至开挖面的距离一般不得超过 4 m；如遇石质碎破，风化严重和土质隧道时，应尽量缩小支护工作面，当短期停工时，应将支撑直抵工作面；钢支护安装时要严格按设计或者变更设计施工；钢支护构件要绑扎牢固，以防整体构件或连接构件滑落伤人，损伤机械；喷锚支护时，危石应清除，脚手架应牢固可靠，喷射手应佩戴防护用品，机械各部位应完好正常；在处理管路堵塞时，喷头应有专人看护，防止消除堵塞后喷头摆动伤人；注浆管喷嘴严禁对人放置；当发现量测数据有不正常变化或突变，洞内或地表位移大于允许位移值，洞内或地面出现裂缝以及喷层出现异常裂缝时，均应视为危险信号，人员必须立即撤离现场，经处理达到安全作业条件后方可继续施工。

5. 隧道施工衬砌的安全技术要点

根据隧道开挖的设计要求及时进行衬砌或压浆，特别是洞口的衬砌必须尽早施工，不良地质地段的洞口必须首先完成；衬砌使用的脚手架、工作平台、跳板、梯子等应安装牢固，不利用露头的钉子和突出的尖角，靠近通道的一侧应有足够的净空，以保证车辆行人的安全通过；脚手架及工作平台上脚手板应铺满，木板的端头必须搭于支点上，高于 2 m 的工作平台四周应设置不低于 1.2 m 的护栏，跳板应钉防滑条；脚手架及工作平台上所站人数及堆放的建筑材料不得超过其载重量；压浆机在使用前应进行检查并试运转，管路连接完好，压力要正常，操纵压浆喷嘴人员应佩戴护目镜及胶皮手套；喷浆嘴应支撑牢固，压浆时，掌握喷嘴的人员必须注意喷嘴，一旦脱落要设法躲避，拔取喷嘴必须在拆除压力后进行；检修和清洗压浆机时，应在停止运行、切断电源、关闭风门后进行；采用模板台车进行全断面衬砌时，台车距开挖面的距离不得小于 260 m，台车下的净空应能保证运输车车辆的顺利通行；混凝土浇筑时，必须两侧对称进行，台车上不得堆放物料工具，工作台应满铺底板，并设安全防护栏杆，拆除混凝土输送软管时，必须停止混凝土泵的运转。

（五）公路工程电气作业安全技术点

1. 公路工程施工现场临时用电的三项基本原则

必须采用 TN-S 接地、接零保护系统，必须采用三级配电系统，必须采用两级漏电保护和两道防线。

2. 配电室的安全技术要点

施工现场配电室位置应靠近电源，周边道路畅通，进、出线方便，周围环境灰尘少潮气少、震动小，无腐蚀介质，无易燃易爆物品；不要设在容易积水的场所或其正下方，并避开污染源的下风侧，尽量靠近负荷中心，以减少线路的长度和导线的截面积，提高配电质量，便于维护；配电室和控制室应能自然通风，并应采取措施防止雨雪和小动物出入；成列的配电屏（盘）和控制屏（台）两端应与重复接地线及保护零线作电气连接。

3. 施工现场配电线路的安全技术要点

施工现场的配电线路包括室外线路和室内线路。室内线路通常有绝缘导线和电缆的明敷设和暗敷设，室外线路主要有绝缘导线架空敷设和绝缘电缆埋地敷设两种，也有电缆线架空明敷设的。

（1）室外线路的安全技术要点。

室外架空线路必须采用绝缘铜线或绝缘铝线，铝线的截面积大于 16 mm²，铜线的截面积大于 10 mm²；架空线路严禁架设在树木、脚手架及其他非专用电杆上且严禁成束架设；架空线路的档距不得大于 35 m，线间距离不得小于 0.3 m，架空线的最大弧垂处与施工现场地面最小距离一般为 4 m，与机动车道一般为 6 m，与铁路轨道一般为 7 m；敷设电缆的方式和地点应以方便、安全经济、可靠为依据，电缆直埋方式，施工简单、投资省、散热好，应首先考虑；敷设地点应保证电缆不受机械损伤或其他热辐射，同时应尽量避开建筑物和交通设施；电缆直接埋地的深度不小于 0.6 m，并在电缆上下均匀铺设不小于 50 mm 厚的细沙，再覆盖砖等硬质保护层，并插上标志牌；电缆穿过建筑物、构筑物时须设置套管；室外电缆线架空敷设时，应沿墙壁或电杆设置，严禁用金属裸线做绑线，电缆的最大弧垂距地面不小于 2.5 m。

（2）室内线路的安全技术要点

①室内线路必须采用绝缘导线，距地面高度不得小于 2.5 m；接户线在档距内不得有接头，进线处离地高度不得小于 2.5 m，过墙应穿管保护，并采取防雨措施，室外端应采用绝缘子固定；室内导线的线路应减少弯曲，采用磁夹固定导线时，导线间距应不小于 35 mm，磁夹间距应不大于 800 mm，采用瓷瓶固定导线时，导线间距应不小于 100 mm，瓷瓶间距应不大于 1.5 m；钢索配线的吊架间距不宜大于 12 m，采用护套绝缘导线时，允许直接敷设于钢索上。

②导线的额定电压应符合线路的工作电压；导线的截面积要满足供电容量要求和机械强度要求，但铝线截面应不小于 2.5 mm²，铜线的截面应不小于 1.5 mm²，导线应尽量减少分支，不受机械作用；室内线路布置尽可能避开热源，应便于线路检查。

4.施工现场配电箱与开关箱设置的安全技术要点

施工现场的配电系统实行分级配电，应设总配电箱（或配电室），总配电箱以下设置分配电箱，分配电箱以下设置开关箱，开关箱以下是用电设备；总配电箱应设在靠近电源的地区；分配电箱应装设在用电设备或负荷相对集中的地区，与开关箱的距离不得超过 30 m；开关箱应由末级分配电箱配电，开关箱与其控制的固定式用电设备的水平距离不宜超过 3 m；配电箱与开关箱应装设在通风、干燥及常温场所，严禁装设在有严重损伤作用的瓦斯、烟气、蒸气、液体及其他有害介质中，不得装设在易受撞击、振动、液体侵溅以及热源烘烤的场所；配电箱与开关箱周围应有足够两人同时工作的空间和通道，不得堆放任何妨碍操作、维修的物品，不得有杂草、灌木等；动力配电箱与照明配电箱宜分别设置，如合置在同一配电箱内，动力和照明线应分路设置；配电箱、开关箱中的导线进线口和出线口应设在箱体的下底面，严禁设在箱体的上顶面、侧面后面或箱门处；进线和出线应加护套分路成束并做防水弯；导线束不得与箱体进、出口直接接触；进入开关箱的电源线，严禁用插座连接；移动式配电箱、开关箱的进口线、出口线必须采用橡皮绝缘电缆。

5. 配电箱、开关箱内的电器装置安全技术要点

配电箱、开关箱内的电器装置必须可靠完好，严禁使用破损、不合格电器，各种开关电器的额定值应与其所控制的用电设备的额定值相适应；每台用电设备应有各自专用的开关箱，必须实行"一机一闸"制，严禁用同一个开关电器直接控制两台及两台以上的用电设备（含插座）；总配电箱、分配电箱应装设总隔离开关和分路隔离开关，总熔断器和分路熔断器（或总自动开关和分路自动开关）；总开关电器的额定值、动作整定值应与分路开关电器的额定值、动作整定值相适应；总配电箱还必须安装漏电保护器、电压表、总电流表、总电度表和其他仪器、开关箱内的开关电器必须在任何情况下都可以使用电设备实行电源分离；开关箱内也必须安装漏电保护器，用于潮湿和有腐蚀介质场所的漏电保护器应采用防溅型产品，总配电箱和开关箱中的漏电保护器应合理选用使之具有分级分段保护的功能，漏电保护器至少每月检查一次，确保完好有效。

6. 配电箱开关箱使用与维护的安全技术要点

施工现场所有配电箱开关箱都要有专人负责（专业电工），所有配电箱、开关箱应配锁，并标明其名称用途，做出分路标记；所有配电箱开关箱在使用过程中必须按照由总配电箱—分配电箱—开关箱的顺序送电和由开关箱—分配电箱—总配电箱的顺序停电（出现电气故障时的紧急情况除外）；开关箱操作人员应熟悉开关电器的正确操作方法；施工现场停业作业 1 h 以上时，应将动力开关箱断电上锁；配电箱开关箱内不得放置任何杂物，不得挂接其他临时用电设备；使用和更换熔断器时，要符合规范要求，严禁用铜丝等代替保险丝；所有配电箱和开关箱每月必须由专业电工检查维修一次，电工必须穿戴绝缘防护用品并使用电工

绝缘工具；非电工人员不许私自乱拉、乱接电器和动用施工现场的用电设备；配电箱的进线和出线不得受外力，严禁与金属尖锐断口和强腐蚀介质接触。

7. 自备发电机组的安全技术要点

大型桥梁施工现场、隧道和预制场地，应有自备电源，以免因电网停电造成工程损失和出现事故；施工现场临时用自备发电机组的供配电系统应采用三相四线制中性点直接接地系统，并须独立设置，与外电线路隔离，不得有电气连接；自备发电机组电源应与外电线路电源联锁，严禁并列运行；发电机组应设置短路保护和过负荷保护；发电机控制屏宜装设交流电压表、交流电流表、有功率表、电度表、功率因数表、频率表和直流电流表；发电机组的排烟管道必须伸出室外，发电机组及其控制配电室内严禁存放储油桶；在非三相四线制供电系统中，电气设备的金属外壳应做接地保护，其接地电阻不大于 4 Ω，并不得在同一供电系统上有的接地、有的接零。

8. 电动机械设备的安全技术要点

塔式起重机拌合设备、室外电梯滑升模板、物料提升机以及需要设置避雷装置的井字架等，除应做好保护接零外，还必须按照规范规定做重复接地，设备的金属结构之间保证电气连接；电动施工机械的电源线必须按其容量选用无接头的多股铜芯橡皮护套软电缆，其中绿/黄色线在任何情况下只能用作保护零线或重复接地；每一台电动机械的开关箱内，除应装设过负荷短路、漏电保护装置外，还必须装设隔离开关；大型桥梁外用电梯属于载人、载物的客货两用电梯，要设置单独的开关箱，特别要有可靠的限位控制及通信联络；塔式起重机运行时要注意与外电架空线路或其他防护设施保持安全距离。

9. 电动工具使用的安全技术要点

施工现场使用的电动工具一般都是手持式的，如电钻、冲击钻、电锤、射钉枪、电刨、切割机、砂轮、手持式电锯等，按其绝缘和防触电性能由弱到强可分为三类，即Ⅰ类工具、Ⅱ类工具、Ⅲ类工具；一般场所（空气湿度小于75%）可选用Ⅰ类或Ⅱ类手持式电动工具，其金属外壳与PE线的连接点不应少于两处；在潮湿场所或金属构架上操作时，必须选用Ⅱ类或由安全隔离变压器供电的Ⅲ类手持式电动工具，严禁使用Ⅰ类手持式电动工具；使用金属外光Ⅱ类手持式电动工具时，其金属外壳可与PE线相连接，并设漏电保护；狭窄场所（锅炉内、金属容器、地沟、管道内等）作业时必须选用由安全隔离变压器供电的Ⅲ类手持式电动工具；手持式电动工具的电源线应采用耐气候型橡皮护套铜芯软电缆，并且不得有接头，手持式电动工具的外壳、手柄、插头、电源线开关等必须完好无损，在使用前必须作空载检查，运转正常后方可使用。

10. 施工现场照明电器的安全技术要点

一般场所选用额定电压为 220 V 的照明器，特殊场所必须使用安全电压照明器，如隧道工程、有高温、导电灰尘或灯具距地高度低于 2.4 m 等场所，电源电压应不大于 36 V；在潮湿和易触及带电体场所的照明电源电压不得大于 24 V；特别潮湿场所，导电良好地面、锅炉或金属容器、管道内工作的照明电源电压不得大于 12 V；在坑洞内作业，夜间施工或作业工棚、料具堆放场、仓库、办公室、食堂、宿舍及自然采光差的场所，应设一般照明、局部照明或混合照明。

在一个工作场所内，不得只设局部照明；停电后作业人员需及时撤离现场的特殊工程（如夜间高处作业工程，隧道工程等）还必须装设由独立自备电源供电的应急照明；对于夜间可能影响飞机及其他飞行器安全通行的主塔及高大机械设备或设施（如塔式起重机，外用电梯等）应在其顶端设置醒目的红色警戒照明；正常湿度（≤75%）的一般场所，可选用普通开启式照明器；潮湿或特别潮湿（相对湿度 >75%）的场所属于触电危险场所，必须选用密闭性防水照明器或配有防水灯头的开启式照明器；含有大量尘埃但无爆炸和火灾危险的场所属于触电一般场所必须选用防尘型照明器，以防灰尘影响照明器安全发光；有爆炸和火灾危险的场所亦属触电危险场所，应按危险场所等级选用防爆型照明器；存在较强振动的场所必须选用防振型照明器；有酸碱等强腐蚀介质的场所必须选用耐酸碱型照明器；一般 220 V 灯具室外高度不低于 3 m，室内不低于 2.4 m；碘钨灯及其他金属卤化物灯安装高度宜在 3 m 以上；任何灯具必须经照明开关箱配电与控制，应配置完整的电源隔离过载与短路保护及漏电保护电器，路灯还应逐灯另设熔断器保护；灯具的相线开关必须经开关控制，不得直接引入灯具；暂设工程的照明灯具宜用拉线开关控制，其安装高度为距地面 2~3 m，职工宿舍区禁止设置床头开关。

11. 施工现场安全用电技术档案八个要点

施工现场用电组织设计的全部资料；修改施工现场用电组织设计资料；用电技术交底资料；施工现场用电工程检查验收表；电气设备试、检验凭单和调试记录；接地电阻、绝缘电阻、漏电保护器、漏电动作参数测定记录表；定期检（复）查表；电工安装巡检维修拆除工作记录。

第四节　公路工程项目施工成本管理及合同管理

一、公路工程项目施工成本管理原则与方法

（一）公路工程项目施工成本管理的原则

1. 成本最低化原则

施工项目成本管理的根本目的在于通过成本管理的各种手段不断降低施工项目成本，以达到可能实现最低的目标成本的要求。但是，在实行成本最低化原则时，应注意研究降低成本的可能性和合理的成本最低化。一方面要挖掘各种降低成本的潜力，使可能性变成现实；另一方面要从实际出发，设定通过主观努力可能达到合理的最低成本水平，并据此进行分析考核评比。

2. 全面成本管理原则

全面成本管理是全企业全员和全过程的管理，亦称"三全"管理。长期以来，在施工项目成本管理中存在"三重三轻"问题，即重实际成本的计算和分析，轻全过程的成本管理和对其影响因素的控制；重施工成本的计算分析，轻采购成本工艺成本和质量成本；重财会人员的管理，轻群众性的日常管理。因此，为了确保不断降低施工项目成本达到成本最低化的目的，必须实行全面成本管理。

3. 成本责任制原则

为了实行全面成本管理，必须对施工项目成本进行层层分解，以分级分工、分人的成本责任制作保证。施工项目经理部应对企业下达的成本指标负责，班组和个人对项目经理部的成本目标负责，以做到层层保证，定期考核评定。成本责任制的关键是划清责任，并要与奖惩制度挂钩，使各部门、各班组和个人都来关心施工项目成本。

4. 成本管理有效化原则

所谓成本管理有效化，主要有两层意思：一是促使施工项目经理部以最少的投入获得最大的产出；二是以最少的人力和财力完成较多的管理工作，提高工作

效率。提高成本管理的有效性：一是可以采取行政方法，通过行政隶属关系，下达指标，制定实施措施，定期检查监督；二是采用经济方法，利用经济杠杆经济手段实行管理；三是用法制手段，根据国家的政策方针和规定，制定具体的规章制度，使人人照章办事，用法律手段进行成本管理。

5. 成本管理科学化原则

成本管理是企业管理学中的一个重要内容，企业管理要实行科学化，必须把有关自然科学和社会科学中的理论、技术和方法运用于成本管理。在施工项目成本管理中，可以运用预测与决策方法、目标管理方法、量本利分析方法和价值工程方法等。

6. 工期、质量与成本均衡原则

在整个工程施工过程中，工期、质量、成本三者的关系是辩证统一的。适当加快施工进度，可以减少间接费的支出，对降低成本起到了一定的作用，但是，如果盲目追求高速度，必然会增加直接费用，而且会损害工程质量，质量成本也会增加，从而使总成本开支加大。同理，如果不考虑工程建设项目的合理寿命，过分片面追求高质量，同样也会导致成本的增加。因此，加强公路施工项目成本管理必须遵循工期、质量、成本均衡的原则，正确处理三者的关系，寻找最佳质量成本与最佳工期成本，在合理的工期内，达到质量高的要求，并努力提高资源的利用率，始终把总成本目标控制在最低点。

（二）公路工程项目施工成本控制方法

公路施工项目成本控制的方法很多，一般在工程实践中只要在满足质量、工期、安全的前提下，能够实现成本控制目的的方法都被认为是可行的。下面重点介绍四种成本控制方法。

1. 以目标成本控制成本支出

在公路工程施工项目的成本控制中，可根据项目经理部制定的目标成本控制成本支出，这是最有效的方法之一。该方法主要从以下几个方面加以控制：人工费的控制、材料费的控制、周转工具使用费的控制、施工机械使用费的控制及以现场管理费的控制。

2. 以施工方案控制资源消耗

施工项目中，资源消耗是成本费用的重要组成因素。因此，减少资源消耗就等于减少成本费用，控制了资源消耗，也等于控制了资源费用。

3. 用净值法进行工期成本的同步控制

成本控制与施工计划管理成本与进度之间必然存在着同步关系。因为成本是伴随着施工的进行而发生的，施工到什么阶段应该有什么样的费用，应用成本与进度同步跟踪的方法控制部分项目工程成本。如果成本与进度不对应，则必然会出现虚盈或虚亏的不正常现象，那么就要对此进行分析，找出原因并加以纠正。

4. 运用目标管理控制工程成本

运用目标管理控制工程成本，应从组织经济、合同等多方面采取措施。要有明确的组织机构，有专人负责和明确管理职能分工；技术上要对多种施工方案进行选择；经济上要对成本进行动态管理，严格审核各项费用支出，采取对节约成本的奖励措施等；合同措施主要是收集、整理设计变更、工程签证、费用索赔决算书发文等。总之，综合各种有效的成本控制方法是实现施工项目成本控制的要求，是降低额外消耗、实现目标成本、实现项目盈利的关键。

二、公路工程项目施工成本目标考核

（一）公路工程项目施工成本构成

1. 概述

公路工程建筑安装费由直接费、间接费、利润和税金四部分组成，项目施工成本仅包括直接费和间接费两部分。直接费中，其他工程费和间接费需依据不同的工程类别分别确定计算费率进行计算。公路工程项目工程类别划分如下：人工土方、机械土方、汽车运输、人工石方、机械石方、高级路面、其他路面、构造物Ⅰ、构造物Ⅱ、构造物Ⅲ、技术复杂大桥、隧道、钢材及钢结构。购买路基填料的费用不作为其他工程费和间接费的计算基数。

2. 直接费

直接费由直接工程费和其他工程费组成。

3. 间接费

间接费由规费和企业管理费组成。

（二）公路工程项目施工成本目标考核内容

施工项目成本考核，就是在施工过程中和施工项目竣工时，通过定期对成本指标和成本效益指标的对比分析，对目标成本和成本计划以及成本效益指标的完成结果进行全面审核、评价和奖罚。考核经济责任是手段，实现成本控制是目的，而实现奖惩又是考核经济责任的有效措施，因此施工项目考核的过程也是成本控制的过程。

1. 施工项目成本考核的依据

以国家的方针政策、法规和成本管理制度为考核前提，以施工项目成本计划为考核依据，以真实可靠的施工项目成本核算资料为考核的基础，以项目成本岗位责任为评价标准。

2. 施工项目成本考核的内容

施工项目成本考核一般可以分为两个层次：一是企业对项目经理部完成各项经济指标情况的考核；二是项目经理对所属各职能部门、作业队和班组的考核。通过以上考核，可以督促项目经理、责任部门和责任者更好地完成责任成本，从而形成实现项目成本目标的保证体系。

三、公路工程合同管理

（一）公路工程施工有关合同

1. 承包商的主要合同关系

承包商是工程施工的具体实施者，是工程承包合同的履行者。承包商通过投标接受业主的委托，签订工程承包合同。工程承包合同和承包商是任何建筑工程中都不可缺少的。承包商要完成承包合同中约定的责任，包括由工程量清单中所确定的工程范围的施工竣工和缺陷责任及保修，并为完成这些工程提供劳动力、施工设备、材料，有时也包括技术设计。任何承包商都不可能也不必具备所有的专业工程的施工能力、材料和设备的生产和供应能力，因此，其必须将一些专业施工或工作委托出去。这样，除了与业主签订的承包合同之外，还形成了承包商复杂的合同关系。

2.工程分包合同及合同管理

（1）分包合同的分类和概念。

①一般分包合同是指在执行工程承包合同过程中，承包商由于某些原因，将自己承担的一部分工程，在经业主或监理工程师批准后，交给另外的承包商施工，承包商和分包商双方签订工程分包合同。一般分包合同的特点：分包合同由承包商制定，即由承包人挑选分包人；分包合同必须事先征得业主的同意和监理工程师的书面批准，对合同总的执行没有影响；强调承包商不能将全部工程分包出去，自己一定要执行主体工程合同；承包商并不因搞了部分工程分包，从而减少其对分包工程在承包合同中应承担的责任和义务。

②指定分包合同是业主或监理工程师指定或选择的分包工程施工、供货或劳务人员，在承包商同意后，与承包商签订的分包合同。指定分包合同的特点：指定的分包合同直接涉及业主和监理工程师；在标书中，应明确写出指定分包的项目或指定分包商的名单；指定分包合同所用的暂定金额应包括在合同的工程量清单之内；指定分包商应当向承包商承担如同承包商向业主所承担的同样的义务和责任，以保证承包商对指定分包商满意并合作共事。

（2）分包合同的主要内容。

①工程范围和内容。分包合同应十分明确地划分工程范围，对工作内容要详细说明，另外应附工程量清单。

②工程变更。合同中应注明工程变更的确认程序和变更价款的分配办法。

③支付条件。支付条件包括预付款的支付比例和扣还的方式、进度款的支付方法和时间、支付货币的种类和汇率等。

④保留金和缺陷责任期。保留金和缺陷责任期包括保留金的扣除比例和返还时间、缺陷责任期的时间等。

⑤拖延工期违约损失赔偿金。

⑥双方的责任、权利和义务。总承包商在分包合同中可以转移责任、义务和风险给分包商，但应注意业主和监理并不因此而解除承包商的任何责任和义务。

⑦其他方面。诸如合同的变更、中止、解除、纠纷解决等条款，可以参照总承包合同订立。

3. 材料采购合同及合同管理

建筑材料是公路工程施工必不可少的物质资源，涉及面广，品种多，数量大。材料费用在工程总投资中占有很大比例，一般都在40%以上。

建筑材料按时、按质、按量供应是工程施工按计划进行的前提。材料的供应必须经过订货、生产（加工）、运输、存储使用（安装）等各个环节，经历一个非常复杂的过程。建筑材料采购合同是连接建筑生产、流通和使用的纽带，是公路工程建设一系列合同中的重要组成部分之一。

（1）建筑材料的采购方式。建筑材料按批量、货源的不同，应采用不同的采购方式和供应方式。具体有公开招标方式、"询价—报价"方式和直接采购方式。

（2）建筑材料采购合同的主要内容：标的、数量、包装、材料的交付方式、价格、结算、违约责任及特殊条款。

（3）建筑材料采购合同的管理。材料采购合同签订以后，供需双方应严格按照合同约定全面履行各自的义务。材料采购合同管理主要应包括以下内容：按约定的标的履行，加强对材料的验收以及按时支付材料款。

（二）公路工程变更、索赔及价格调整

1. 公路工程变更

合同变更是指合同成立以后和履行完毕以前，合同当事人依法对合同的内容所进行的修改，包括合同价款、工程内容工程的数量、质量要求和标准、实施程序等的一切改变都属于合同变更。

公路工程变更一般是指在公路工程施工过程中，根据合同约定对施工的程序、工程的内容数量、质量要求及标准等做出的变更。工程变更属于合同变更。

（1）公路工程变更的范围和内容：取消合同中任何一项工作，但被取消的工作不能转由发包人或其他人实施；改变合同中任何一项工作的质量或其他特性；改变合同工程的基线、标高、位置或尺寸；改变合同中任何一项工作的施工时间或改变已批准的施工工艺或顺序；为完成工程需要追加的额外工作。

（2）公路工程变更的程序：意向通知、资料搜集、费用评估、协商价格、签发变更令等。

2. 公路工程施工索赔

施工合同索赔是指在施工合同履行过程中，合同一方因对方不履行或不适当

履行合同义务而遭受损失时向对方提出的价款与工期补偿的要求。其既包括承包商向业主提出的索赔也包括业主向承包商提出的反索赔。承包商的索赔一般是关于工期、质量和价款的争议；业主向承包商的索赔一般是因承包商承建项目未达到规定质量标准、工程拖期等原因而引起的。

由于公路工程施工现场条件、社会和自然环境、地质水文等的变化，招标文件和合同条款难免出现与实际不符的错误。因此，索赔在工程施工中是难免的，引起索赔的原因也是多方面的。在分析引起索赔的众多因素中，比较普遍的因素是开工受阻、赶工、气候影响、工程量的增减、合同条款中与索赔密切相关的工程变更、增加工程及工程进度变化引起的工期与费用的索赔。

3.公路工程中的价格调整

公路施工过程中，由于市场物价的变化具有很强的不确定性和不可预见性，造成施工成本因物价的变化上涨或降低。价格调整在国际竞争性招标项目中是一种惯例，其使招、投标工作处于公平竞争的水平上，即使业主承受合理的价格风险；同时也减少承包人在施工期间因价格波动带来的风险。在比较稳定的经济环境下，合同价格容易控制。但是，当出现急剧的通货膨胀，人工、材料、设备使用大幅上涨的情况下，合同价格调整很有必要。一些发展中国家尚无条件提供物价指数，难以用公式法进行调价，而采用文件证据法调价时弊端又较多。因此，一些国家的业主愿意采取固定总价合同的发包形式，而不进行价格调整。这对规模小、工期短的工程项目是可行的，但对工期长的大型项目，不做价格调整往往是行不通的；或者承包人普遍提高投标报价，将不合理的价格风险转嫁给业主。

（三）公路工程施工投标文件的编制

1.投标文件的内容

投标文件的内容包括：投标函及投标函附录、法定代表人身份证明或附有法定代表人身份证明的授权委托书、联合体协议书、投标保证金、已标价工程量清单、施工组织设计、项目管理机构、拟分包项目情况表及以资格审查资料。

2.投标文件的编制要求

投标文件的编制要求如下：投标函附录在满足招标文件实质性要求的基础上，可以提出比招标文件要求更有利于招标人的承诺；投标文件应当对招标文件有关工期、投标有效期、质量要求技术标准和要求招标范围等实质性内容做出响应；

投标文件应用不褪色的材料书写或打印,并由投标人的法定代表人或其委托代理人签字或盖单位章,委托代理人签字的,投标文件应附法定代表人签署的授权委托书;投标文件应尽量避免涂改、行间插字或删除,如果出现上述情况,改动之处应加盖单位章或由投标人的法定代表人或其投权的代理人签字确认,签字或盖章的具体要求见投标人须知前附表;投标文件正本一份,副本份数见投标人须知前附表;正本和副本的封面上应清楚地标记"正本"或"副本"的字样,当副本和正本不一致时,以正本为准;投标文件的正本与副本应分别装订成册,并编制目录,具体装订要求见投标人须知前附表规定。

四、公路工程施工信息管理

(一)概述

1. 信息及信息管理

信息是指用口头、书面或电子的方式传输(传达、传递)的知识、新闻以及可靠的或不可靠的情报。在管理学领域,信息通常被认为是一种已被加工或处理成特定形式的对组织的管理决策和管理目标有参考价值的数据。

(1)表现形式。

信息的表现形式多种多样,主要可归纳为4种:一是书面材料,包括信件及其复印件、谈话记录、工作条例、进展情况报告等;二是个别谈话,包括给工作人员分析任务、检验工作、向个人提出的建议和帮助等;三是集体口头形式,包括会议、工作人员集体讨论、培训班等;四是技术形式,包括录音、电话、广播等。

(2)信息种类的特性。

①真实性和准确性。信息是对事物或现象的本质及其内在联系的客观反映,真实性和准确性是信息的价值所在,只有真实准确的信息才能为项目决策服务。

②时效性和系统性。信息随着时间的流逝与系统的改变而不断变化,项目管理实践中不能片面地处理和使用信息;而反映管理对象当前状态的信息如果不能及时传递到相关控制部门,造成目标控制失灵,信息就失去了其在管理上的价值。

③可共享性。信息可以被不同的使用者加以利用,而信息本身并没有损耗。项目利益相关方或项目组内成员可以共同使用某些信息以实现其管理职能,同时

项目信息共享也促进了各方的协作。

④可替代性。信息包括技术情报、专利、非专利技术、新工艺、新材料、新设备等，获取和使用后可以节约或代替一些物质资源。

⑤可存储性和可传递性。信息可以通过大脑、文字、音像、数字文档等载体进行存储；通过广播、网络、电视、电报、传真、电话、短信等媒介进行传递和传播。

⑥可加工性。信息可以进行形式上的转换，可以由文字信息转换成语言信息，由一类语言信息转换成另一类语言信息，由一种信息载体转换成另一种信息载体，也可以由数学统计的方法加工处理得出新的有用信息。

信息管理是指对人类社会信息活动的各种相关因素（主要是人、信息、技术和机构）进行科学的计划、组织、控制和协调，以实现信息资源的合理开发与有效利用的过程。它既包括微观上对信息内容的管理—信息的组织、检索、加工、服务等，又包括宏观上对信息机构和信息系统的管理。

2.项目信息及其分类

项目信息是指计划、报告、数据、安排、技术文件、会议等与项目决策、实施和运行有关联的各类信息，这些信息是否准确，能否及时传递给项目利害关系者，决定着项目的成败。项目信息分类见表9-1。

表9-1 项目信息分类表

依据	信息分类	主要内容
管理目标	质量控制信息	国家、地方政府或行业部门等颁布的有关质量政策、法令法规和标准等，质量目标的分解图表，质量控制的工作流程和工作制度，质量管理体系构成，质量抽样检查数据，各种材料和设备的合格证、质量证书、检测报告等
	进度控制信息	项目进度计划、施工定额、进度目标分解图表、进度控制工作流程和工作制度、材料盒设备到货计划、各分部分项工程进度计划、进度记录等
	成本控制信息	项目成本计划、施工任务单、限额领料单、施工定额、成本统计报表、对外分包经济合同、原材料价格、机械设备台班费、人工费、运杂费等
	安全控制信息	项目安全目标、安全控制体系、安全控制组织和技术措施、安全教育制度、安全检查制度、伤亡事故统计、伤亡事故调查与分析处理等

续表

依据	信息分类	主要内容
生产要素	劳动力管理信息	劳动力需用量计划、劳动力流动、劳动力调配等
	材料管理信息	材料供应计划、材料库存、存储与消耗、材料定额、材料领发及回收台账等
	技术管理信息	各项技术管理组织体系、制度和技术交底、技术复核、已完工程的检查验收记录等
	资金管理信息	资金收入与支出金额及其对比分析、资金来源渠道和筹措方式等
管理工作流程	计划信息	各项计划指标、工程实施预测指标等
	执行信息	项目实施过程中下达的各项计划、指示、命令等
	检查信息	工程的实际进度、成本、质量的实施状况等
	反馈信息	各项调整措施、意见、改进的办法和方案等
信息来源	内部信息	工程概况、项目的成本目标、质量目标、进度目标、施工方案、施工进度、完成的各项技术经济指标、项目经理部组织、管理制度等
	外部信息	监理通知、设计变更、国家有关的政策及法规、国内外市场的有关价格信息、竞争对手信息等
信息稳定程度	固定信息	包括各种定额、规范、标准、条例、制度等，如施工定额、材料消耗定额、工程质量验收统一标准、工程质量验收规范、生产作业计划标准、施工现场管理制度、政府部门颁布的技术标准、不变价格等
	流动信息	工程项目的质量、成本、进度的统计信息、计划完成情况、原材料消耗量、库存量、人工工日数、机械台班数等
信息性质	生产信息	有关生产的信息，如工程进度计划、材料消耗等
	技术信息	技术部门提供的信息，如技术规范、施工方案、技术交底等
	经济信息	如施工项目成本计划、成本统计报表、资金耗用等
	资源信息	如资金来源、劳动力供应、材料供应等
信息层次	战略信息	提供给上级领导的重大决策信息
	策略信息	提供给中层领导部门的管理信息
	业务信息	基层部门例行性工作产生或需用的日常信息

3.项目信息表现形式与流动形式

（1）项目信息表现形式。

项目信息的主要表现形式见表9-2。

9-2 项目信息的主要表现形式

表现形式	示例
书目材料	设计图纸、说明书、任务书、施工组织设计、合同文件、概预算书、会计、统计等各类报表、工作条例、规章、制度等
个别谈话	个别谈话记录：如监理工程师口头提出、电话提出的工程变更要求，在事后应及时追补的工程变更文件记录、电话记录等
集体口头形式	会议纪要、谈判记录、技术交底记录、工作研讨记录等
技术形式	由电报、录像、录音、磁盘、光盘、图片、照片、Email、网络等记载存储的信息

（2）项目信息流动。

信息的传播与流动称为信息流，明确的信息流路线可以确定信息的传递关系，保证信息沟通渠道的正确、通畅，避免信息漏传或误传。

项目信息流动形式按照信息不同流向可分为以下几种。

①自上而下流动。信息源在上，信息接收者为其下属，信息流逐级向下，决策层—管理层—作业层，即项目信息由项目经理部流向项目各管理部门最终流向施工队及班组工人。信息内容包括：项目的控制目标、指令、工作条例、办法、规章制度、业务指导意见、通知、奖励和处罚等。

②自下而上流动。信息源在下，信息接收者为其上级，信息流逐级向上，作业层—管理层—决策层，即项目信息由施工队班组流向项目各管理部门最终流向项目经理部。信息内容包括：项目实施过程中完成的工程量、进度、成本、质量、安全、消耗、效率等原始数据或报表，工作人员的工作情况以及为上级管理与决策需要提供的资料、情报及合理化建议等。

③横向流动。信息源与信息接收者为同一级。项目实施过程中，各管理部门因分工不同形成了各专业信息源，为了共同的目标，各部门之间应根据彼此需要相互沟通、提供、接收并补充信息。例如，项目财务部门进行成本核算时需要其他部门提供工程进度、人工工时、材料与能源消耗、设备租赁及使用等信息。

④内外交流。项目经理部与外部环境单位互为信息源和信息接收者进行内外信息交流。主要的外部环境单位包括公司领导及相关职能部门、建设单位（业主）、设计单位、监理单位、物资供应单位、银行、保险公司、质量监督部门、相关政府管理部门、工程所在街道居委会、新闻机构以及城市交通、消防、环保、供水、供电、通信、公安等部门。信息内容主要包括：满足项目自身管理需要的信息；满足与外部环境单位协作要求的信息；按国家有关规定相互提供的信息；项目经

理部为自我宣传，提高信誉、竞争力，向外界发布的信息。

⑤信息中心辐射流动。鉴于项目专业信息多，信息流动路线交错复杂、环节多，项目经理部应设立项目信息管理中心，以辐射状流动路线集散信息。信息中心的作用：行使收集、汇总信息，分析、加工信息，提供、分发信息的集散中心职能及管理信息职能；既是项目内、外部所有信息的接收者，又是负责向需求者提供信息的信息源；可将一种信息提供给多位需求者，起不同作用，又可为一项决策提供多种渠道来源信息，减少信息传递障碍，提高信息流速，实现信息共享与综合利用。

4.项目信息管理

（1）概念。

项目信息管理是指项目经理部以项目管理为目标，以项目信息为管理对象，通过对各个系统、各项工作和各种数据的管理，实现各类各专业信息的收集、处理、储存、传递和应用。

（2）项目管理信息系统。

项目管理信息系统（Project Management Information System，PMIS）是基于计算机辅助项目管理的信息系统，包括信息、信息流动和信息处理等各个方面。

①功能和作用。

项目管理信息系统把输入系统的各种形式的原始数据进行分类、整理和存储，以供查询和检索之用并能提供各种统一格式的信息，简化各种统计和综合工作，以提高工作效率和工作质量。主要功能包括数据处理功能、计划功能、预测功能、控制功能、辅助决策功能等。

此外，项目管理信息系统在项目管理中的具体作用还表现为：加快资金周转，提高资金使用效率；加强工程监控，实时调整计划，降低生产成本；库存信息实时查询，减少积压，合理调整库存；通过实际与计划比较，合理调整工期；方便各类人员不同的查询要求，同时保证数据准确性，提高工作效率和管理水平；扩展外部环境信息渠道，加快市场反应。

②项目管理信息系统的构成。

项目管理信息系统由硬件、软件、数据库、操作规程和操作人员等构成。

A.硬件：指计算机及其有关的各种设备，具备输入、输出、通信、存储数据和程序、进行数据处理等功能。

B. 软件：分为系统软件与应用软件，系统软件用于计算机管理、维护、控制及程序安装和翻译工作，应用软件是指挥计算机进行数据处理的程序。

C. 数据库：系统中数据文件的逻辑组合，它包含了所有应用软件使用的数据。

D. 操作规程：向用户详细介绍系统的功能和使用方法。

另外，项目管理信息系统一般还包括：组织件，即明确的项目信息管理部门、信息管理工作流程及信息管理制度；教育件，对企业领导、项目管理人员、计算机操作人员的培训等。

（二）公路工程施工信息管理软件

1. 项目管理信息系统的信息流通模式

（1）项目参与者之间的信息流通。

信息系统中，每个参与者作为系统网络中的一个节点，负责具体信息的收集（输入）、处理和传递（输出）等工作。项目管理者要具体设计这些信息的内容、结构、传递时间、精确程度和其他要求。

例如，在公路工程项目实施过程中，业主需要的信息包括：项目实施情况报告，包括工程质量、成本、进度等方面；项目成本和支出报表；供审批用的各种设计方案、计划、施工方案、施工图纸、建筑模型等；决策所需的信息和建议等；各种法律、法规、规范以及其他与项目实施有关的资料等。业主输出的信息包括：各种指令，如变更工程、修改设计、变更施工顺序、选择分包商等；审批各种计划、设计方案、施工方案等；向上级主管提交工程建设项目实施情况报告。

项目经理需要的信息包括：各项目管理职能人员的工作情况报表、汇报、报告、工程问题请示；业主的各种书面和口头指令，各种批准文件；项目环境的各种信息；工程各承包商、监理人员的各种工程情况报告、汇报、工程问题的请示。项目经理输出的信息包括：向业主提交各种工程报表、报告；向业主提出决策用的信息和建议；向政府其他部门提交工程文件，通常是按法律要求必须提供的或是审批用的；向项目管理职能人员和专业承包商下达各种指令，答复各种请示，落实项目计划，协调各方面工作等。

（2）项目管理职能之间的信息流通。

项目管理信息系统是由质量管理信息系统、成本管理信息系统、进度管理信息系统等许多子系统共同构建的。这些子系统是为专门的职能工作服务的，用来解决专门信息的流通问题，对各种信息的结构、内容、负责人、载体、完成时间等都要进行专门的设计和规定。

（3）项目实施过程的信息流通。

项目实施过程的信息流设计应包括各工作阶段的信息输入、输出和处理过程及信息的内容、结构、要求、负责人等。例如，按照项目实施程序，可分为可行性研究信息子系统、计划管理信息子系统、工程控制管理信息子系统等。

2. 项目管理信息系统的设计开发

公路工程项目管理信息系统的开发研制周期长、耗资巨大、复杂程度高，而且它以公路工程项目实施为背景，涉及专业多，专业知识需求程度高。项目管理信息系统的设计与建立，也是对项目管理思想、组织、方法和手段的一种提升。它能深化项目管理的基本理论，强化项目管理的基础工作，改进管理组织与管理方法。项目管理信息系统的开发由系统规划、系统分析、系统设计、系统实施与系统评价等阶段来完成。

（1）系统规划。

项目管理信息系统的开发是一项系统工程，需要进行周密细致的策划。系统规划是要确定系统的目标与主体结构，提出系统开发的要求，制订系统开发的计划，以全面指导系统开发研制的实施工作。

（2）系统分析。

第一，对项目现状进行调查，确定系统开发的可行性。第二，调查系统的信息量和信息流，确定各部门存储文件、输出数据的格式；分析用户的需求，确定纳入信息系统的数据流程图。第三，确定系统计算机硬件和软件的要求并充分考虑未来数据量的扩展，制定最优的系统开发方案。

（3）系统设计。

根据系统分析结果进行系统设计，包括系统总体结构设计、子系统模块设计、输入输出文件格式设计、代码设计、信息分类与文件设计等，确定系统流程图，提出程序编写的详细技术资料，为程序设计做准备。

（4）系统实施。

系统实施的内容包括：程序设计与调试，系统转换、运行和维护，项目管理，系统评价等。

①程序设计。根据系统设计明确程序设计要求,选择相应的语言,进行文件组织、数据处理等;绘制程序框图;编写程序,检查并编制操作说明书。

②程序调试与系统调试。程序调试是对单个程序进行语法和逻辑检查,以消除程序和文件中的错误。系统调试分两步进行,首先对各模块进行调试,确保其正确性;然后进行总调试,即将主程序和功能模块联结起来调试,以检查系统是否存在逻辑错误和缺陷。

③系统转换、运行和维护。为了使程序和数据能够实现开发后系统与原系统间的转换,运行中适应项目环境和业务的变化,需要对系统进行维护,包括系统运行状况监测、改写程序、更新数据、增减代码、维修设备等。

④项目管理。按照项目管理方法,结合项目信息管理系统特点,组织系统管理人员,拟订实施计划,加强系统检查、控制与信息沟通,将系统作为一个项目进行管理。

⑤系统评价。为了检验系统运行结果能否达到规划的预期目标,需要对系统管理效果进行评价,包括工作效率、管理和业务质量、工作精度、信息完整性和正确性等评价。还要对系统经济性进行评价,包括系统的一次性投资额、经营费用、成本和生产费用的节约额等。

3.项目管理信息系统的结构与功能

项目管理信息系统的性能、效率和作用首先取决于系统的外部接口结构与环境,这是项目管理信息系统区别于企业管理信息系统的特点与规律。公路工程项目信息管理范围涵盖了项目业主、规划设计单位、勘察设计单位、技经设计单位、主管部门(规划、建设、土地、计划、环保、质监、金融、工商等)、施工单位、设备制造与供应商、材料供应商、调试单位、监理单位等众多项目参与方(信息源)。每个项目参与方即是项目信息的供方(源头),也是项目信息的需方(用户),每个项目参与方由于其在项目生命周期中所处的阶段与工作不同,相应的项目管理信息系统的结构和功能会有所不同。

(1)结构。

公路工程项目管理信息系统内部结构一般包括进度管理、质量管理、投资与成本管理、合同管理、咨询(监理)管理、物料管理、安全管理、环境管理、财务管理、图纸文档管理等子系统。处于项目不同生命周期阶段的管理信息系统,其目标和核心功能不同。例如,对于规划阶段的项目设计管理信息系统,其核心功能是图纸文档管理；对于实施阶段的业主方项目管理信息系统，其主要目标是实现项目进度、质量、成本三大控制目标的集成管理；对于实施阶段的项目监理信息系统，其核心功能是对质量与进度信息的实时采集与监控。

（2）功能。

公路工程项目管理信息系统主要运用动态控制原理进行项目管理，通过项目实施过程中进度、质量和成本等方面的实际值与计划值相比较，找出偏差，分析原因，采取措施，以达到管理和控制效果。下面以进度管理、质量管理、投资与成本管理、合同管理四大子系统为例，介绍公路工程项目管理信息系统的具体功能。

①进度管理子系统。其功能包括：编制项目进度计划，如双代号网络计划、单代号搭接网络计划、多平面群体网络计划等，绘制进度计划网络图和横道图；工程实际进度的统计分析与计划/实际进度比较分析；工程进度变化趋势预测；计划进度的调整；工程进度各类数据查询；多种（不同管理层面）工程进度报表的生成等。

②质量管理子系统。其功能包括：工程建设质量要求和标准的制定与数据处理；分项工程、分部工程和单位工程的验收记录和统计分析；工程材料验收记录与查询；机电设备检验记录与查询（如机电设备的设计质量、监造质量、开箱检验质量、资料质量、安装调试质量、试运行质量、验收及索赔情况等）；工程质量检验验收记录与查询；质量统计分析与评定的数据处理；质量事故处理记录；质量报告、报表生成。

③投资与成本管理子系统。其功能包括：投资分配分析；项目概算与预算编制；投资分配与项目概算的对比分析；项目概算与预算的对比分析；合同价与投资分配、概算、预算的对比分析；实际成本与投资分配、概算、预算的对比分析；项目投资变化趋势预测；项目结算与预算、合同价的对比分析；项目投资与成本的各类数据查询；多种（不同管理平面）项目投资与成本报表生成等。

④合同管理子系统。其功能包括：各类标准合同文本的提供和选择；合同文件、资料的登录、修改、查询和统计；合同执行情况跟踪和处理过程的管理；涉外合同的外汇折算；建筑法规、经济法规查询；合同实施报告、报表生成。

4.公路工程常用的其他工程项目管理软件

（1）智邦国际项目管理系统。

智邦国际项目管理系统是由北京智邦国际软件技术有限公司开发的一套项目

管理系列软件。此外，该公司还推出了 ERP、CRM、进销存等系列软件。智邦国际项目管理系统以项目实施环节为核心，以时间进度控制为出发点，通过对立项、成本、进度、合同、团队的全面跟进和高效管控，跨领域解决复杂问题。企业可以随时掌握项目计划和实际的差异，合理配置资源及资金，节约成本，降低风险，确保战略目标如期实现。智邦国际项目管理系统基于"7C 管理"先进设计理念，不仅可以实现项目全过程全要素的集成管理，还支持与企业其他管理平台的全程一体化管理。智邦国际项目管理系统将企业信息有效共享，流程操作标准化，避免衔接不当。另外，与传统设置不同，智邦国际通过开放式内置工具和模板，根据动态需求，简化、定义或调整工作流，模拟对所有或某些项目的变动，了解人员和安排变化造成的影响，体现项目管理敏捷性和先进性，方便企业日常管理。

（2）三峡工程管理系统（TGPMS）。

三峡工程管理系统是中国长江三峡工程开发总公司通过引进西方管理理念、方法、模型，结合三峡工程建设实情及我国工程项目管理实践经验，对西方成熟的工程管理系统软件进行再造与开发而形成的一套大型集成化工程项目管理系统。TGPMS 的开发、应用和实施，综合运用 BPR 方法、信息资源规划方法和软件工程方法，建立了工程管理模型、软件功能模块和数据体系三位一体的大型工程管理综合控制系统，创造积累了一套适用于我国工程管理特点的业务模型、编码标准、数据资源加工体系（报表、KPI 等）和实施方法论。TGPMS 是为设计、承包商、监理、业主共同完成一个项目目标而搭建的集成的协同工作平台，在该平台上实现了以合同、财务为中心的数据加工、处理、传递及信息共享，以控制工程成本、确保工程质量，按期完成工程目标。TGPMS 包含 13 个功能子系统：编码结构管理、岗位管理、工程设计管理、资金与成本控制、计划与进度、合同与施工管理、物资管理、设备管理、工程财务与会计、文档管理、质量管理、安全管理、施工区与公共设施管理。

（3）邦永 PM2 项目管理系统。

邦永 PM2 项目管理系统是北京邦永科技有限公司开发的一套基于国际先进项目管理思想、结合国内习惯与标准的管理集成系统，该系统既适用于单个的大型工程项目管理，又可用于企业的多项目管理。邦永 PM2 项目管理系统可以对整个项目周期进行全过程管理，涉及投资分析、征地拆迁、设计报建、建设管理等各个阶段，可以从投资、进度、成本、质量、合同、楼盘的销售与客户管理等各个角度动态反馈、分析和控制工程项目的进展状态。

邦永PM2项目管理系统嵌入了计划管理、进度管理、人力资源、材料管理、供应商管理、设备管理、采购管理、成本管理、投资管理、合同管理、招标管理等20多个功能模块，对项目进行全方位的数据收集、整理、汇总，对进度安排、物资采购及多项目资源进行协调分配；通过项目报告、风险分析、项目评估、项目跟踪、领导总览、管理驾驶舱等10多个分析、建议模块，对项目的整体进展情况进行跟踪、分析并提出合理化的建议，使管理者能了解项目每个环节的进展情况并能进行有效的评估。

（4）广联达梦龙综合项目管理系统。

广联达梦龙综合项目管理系统（GEPS）是由北京广联达梦龙软件有限公司推出的一套面向建筑施工企业、以辅助企业经营决策为目的、以工程项目管理为核心的企业级项目管理信息系统。GEPS是原北京梦龙软件有限公司开发的梦龙Link Project项目管理平台与广联达施工项目成本管理系统（GCM）等软件的融合升级。GEPS的目标是实现管理专业化、业务专业化和技术专业化。通过管理专业化，有效支撑企业战略管理；通过业务专业化形成对企业业务架构和管控模式进行支撑，实现打造企业的高执行力和业务四通的需求；通过技术专业化来实现对企业发展的不同阶段建设不同信息化系统进行支撑并实现数据"共享"。

（5）易建工程项目管理软件。

易建工程项目管理软件是由易建科技有限公司开发的一套适用于建设领域的综合型工程项目管理软件系统，不仅适用于单、多项目组合管理，而且可以融合企业管理，并延伸至集团化管理。易建工程项目管理软件既可以供建设单位与施工企业使用，又可以扩展成协同作业平台，融合设计单位、监理单位、设备供应商等产业链中不同企业的业务协同流程作业。易建工程项目管理软件以成本管理为核心、以进度计划为主线、以合同管理为载体，完成成本、进度、质量、安全、合同、信息、沟通协调、工程资料等工程业务处理，实现项目全周期、全方位管理，以及资金、人力、材料、库存、机械设备各个方面的生产资源统一管理。该软件提供数据交换、工作流、办公自动化、协同门户、市场经营管理、项目组合管理、集中采购管理、人力资源管理、电子商务、知识管理、商业智能等企业综合管理功能。通过数据交换与工作流技术实现与其他软件系统的应用集成，形成一个完整的信息系统；通过建立办公自动化平台与协同门户实现全员协作与沟通；通过市场经营管理与电子商务实现产业链与供应链整合，通过项目组合管理与集中采购管理实现集约化管理；通过知识管理与商业智能技术实现科学决策与创新，形成一个围绕工程项目投资与建设的全方位、完整周期、整合型的信息化管理体系。

（三）建设项目后评估

可行性研究和项目前评价都是在项目建设前进行的，其判断、预测是否正确，项目的实际效益如何，需要在项目竣工运营后，根据实际数据资料进行再评估来检验，这种再评估就是项目后评估。项目后评估是整个项目管理的一种延伸，通过项目后评估可以全面总结项目投资管理中的经验教训并为以后改进项目管理和制订科学的投资计划与政策反馈信息、提供依据，这对于提高建设项目的管理水平将起到重要作用。

1.项目后评估的作用

项目后评估是在项目建成投产或投入使用后的一定时刻，对项目的运行全面评价，即对投资项目的实际费用效益进行系统审计，将项目初期的预期效果与项目实施后的终期实际结果进行全面对比考核，对建设项目投资产生的财务、经济、社会和环境等方面的效益与影响进行全面科学的评估。

开展项目后评估，对投资决策的科学化和项目投资控制，有极其重要的作用。

（1）系统地对项目进行后评估，有利于投资项目的最优控制。

建设项目是一个投资多、耗时长的生产过程并具有一次性的特点，在这一过程中，可能遇到许多风险和干扰，从而影响项目目标的实现。开展项目后评估，能在项目实施过程中通过实际预测的对比分析及时发现问题、分析原因、提出对策、调整目标，实现项目投资目标的最优控制。

（2）开展项目后评估，有利于提高项目投资决策的科学性。

通过项目后评估，对项目的实施结果进行全面评价，可以检验项目前评估的理论和方法是否合理，决策是否科学，从中总结成功的经验，吸取失误教训，及时反馈到新的决策中，为今后同类项目的评估和决策提供参照和分析的依据，防止或减少可靠性研究和项目决策的随意性。

总之，开展项目后评估，既可评价投资决策的成功和失误，以检验其决策水平；又可评价项目实施管理中的经验和教训，以提高其管理水平；还可对项目实施结果的未来前景做出进一步预测，以促进项目投资效益的提高。

2. 后评估的程序

项目后评估程序一般包括提出问题、确定范围、选择专家、收集资料、分析研究、编写报告等 6 个既有联系又有区别的阶段，具体可概括为以下几个步骤。

（1）提出问题。

明确项目后评估的具体对象、评估目的及具体要求。

（2）确定范围。

由于项目后评估的范围很广，因此，项目后评估的内容可限定在一定范围内。在项目后评估实施前必须明确评估的范围和深度，按评估要求的范围进行项目后评估。

（3）选择专家。

要根据所评估项目的特点、后评估要求和专家的专业特长及经验来选择项目后评估咨询专家。评估专家组一般由委托评估机构内部专家和项目后评估执行机构以外的独立咨询专家组成。前者熟悉项目后评估过程和程序，了解后评估的目的和任务，可以保证顺利完成项目后评估工作；后者则能公正、客观地进行项目评估。

（4）收集资料。

本阶段的主要任务是制定深入、详细的调查提纲，确定调查对象和调查方法并开展实际调查工作，收集项目后评估所需要项目的有关资料、项目所在地区的资料、评估方法的有关规定和原则等各种资料和数据；其次要进行项目后评估现场调查，主要包括项目的基本情况、项目目标的实现程度、项目的影响和作用等。

（5）分析研究。

围绕项目后评估内容，采用定量分析和定性分析方法，发现问题，提出改进措施，最后应做出分析和结论。要回答：总体结果如何、项目的可持续性如何、是否有更好的方案来实现这些成果、取得的经验和教训是什么等一系列问题。

（6）编写报告。

项目后评估报告是将分析研究的成果进行评估总结，应真实反映情况，客观分析问题，认真总结经验和教训。项目后评估报告根据不同需要分为项目业主编制的自我评估报告和后评估的综合报告两种形式。编制出项目后评估报告，应提交委托单位和被评估单位。后评估报告的内容主要包括以下几方面。

①简述。

简述包括项目的简介、项目将来的运行计划、项目实施经验及总结、汲取的教训和建议等。

②主体。

主体主要包括项目背景和立项、项目的经济效益评估、项目的影响评估、项目的持续能力评估、项目的实施过程评估、项目后评估的结论和经验教训等。

③附件。

附件主要包括项目后评估任务书、项目后评估单位名称、主要评估者介绍、地方和部门的评审意见等。

3. 项目后评估的内容

建设项目的类型不同，后评估所要求的内容在深度和广度上也会有所不同。归纳起来，项目后评估的内容可分为以下 5 个方面。

（1）项目目标评估。

通过对项目立项审批决策时所确定的目标与项目实际运作所产生的一些经济、技术指标进行比较，检查项目是否达到了预期目标或达到目标的程度，分析实际发生变化的原因。如原定的目标不明确或不符合实际情况，或在项目实施过程中发生了重大变化等，项目后评估都要给予重新分析和评估，从而判断项目是否成功。

（2）执行过程评估。

项目在执行过程中，对工程项目的立项决策、设计施工、资金使用、设备采购、竣工验收、生产运营和生产准备等的全过程进行评估，找出项目后评估与原预期效益之间的差异及其产生的原因并提出对策建议，以不断提高项目的建设水平。

（3）经济效益评估。

经济效益是衡量项目成功与否的关键因素。通过项目竣工投产后所产生的实际经济效益与可行性研究时所预测的经济效益相比较，对项目进行评估。对生产性建设项目要运用投产运营后的实际资料计算财务内部收益率、财务净现值、财务净现值率、投资利润率、投资利税率、贷款偿还期、国民经济内部收益率、经济净现值、经济净现值率等一系列项目后评估指标，然后与可行性研究阶段预测的相应指标进行对比，从经济上分析项目投运营后是否达到了预期效果。没有达到预期效果的，应分析原因，采取措施，提高其经济效益。项目建成后，通过分析成本构成，进行财务评价和国民经济评价并通过一些主要经济指标进行衡量，如经济内部收益率等。

（4）影响评估。

通过项目竣工投产后对社会经济发展、文化教育、技术和生态环境所产生的实际影响所进行决策的正确性评估，判断项目的决策宗旨是否实现。如果项目建成后达到了原来预期的效果，对国民经济发展、产业结构调整、生产力布局、人民生活水平的提高、环境保护等方面都带来有益的影响，说明项目决策是正确的；如果背离了既定的决策目标，就应具体分析，找出原因，引以为戒。项目影响评估，一般都是有选择地进行的，而且评估时间一般都是在项目交付使用7~8年后进行。

（5）持续性评估。

在项目投入运行以后，对项目在未来运营中能否实现既定目标、项目是否可以持续保持既定的产出效益、接受投资的项目业主是否愿意并可以依靠自己的能力继续实现项目的既定目标，是否可在未来以同样的方式建设同类项目以及持续发挥效益的可能性进行预测分析。

项目效益的持续发挥是要受到一定因素制约的，政府政策因素、管理组织、财务、技术、社会文化、生态环境及经济等因素都可能影响到项目的持续性。因此，仅从项目的实施情况做出评估结论是不全面的，还应进行项目的持续性评估，即对项目未来发展趋势进行科学的分析和预测。

以上5个方面的内容是对项目后评估的整体而言的，在进行具体项目后评估时，评估内容应针对项目具体情况而有所选择。

结　语

当前我国的经济发展迅速，公路建设是其主要的因素。同时，此项建设工程成为城市与城市间相互联系的关键点，这在很大程度上对社会经济的发展也有帮助。当然，从公路工程建设的实际情况来看，因为受到各种因素的影响，很多公路工程建设最终质量无法符合实际需要，因此加强各方面管理工作能更好地保障最终高质量的工程建设。

在公路施工项目中，管理工作发挥着重要的作用，但在实际建设中会受到非常多相关因素的影响。在这种情况下，加强公路施工管理是十分必要的。所以，为了加快国内公路建设，公路工程施工技术管理将成为公路建设的核心所在。在将来的公路工程技术发展过程中，应该充分借鉴国内外公路建设的新思维，同时与具体公路建设相结合，建造高质量、低消耗的环境友好型公路，为中国建设资源节约型、环境友好型社会奠定坚实基础。目前，我们正面临公路建设快速发展的良好机遇，作为我国公路的建设管理者，要严格执行国家有关法规和政策，严格按公路项目建设程序办事，科学地建立公路项目施工质量保证体系，为我国国民经济持续、快速发展做出贡献。

参考文献

[1]杨海燕，曲建涛，张德轶. 公路工程施工及成本管理研究[M]. 延吉：延边大学出版社, 2022.

[2]马波，陈大学，黄裕群. 公路工程施工技术与管理研究[M]. 文化发展出版社, 2021.

[3]程可秀. 公路工程施工管理研究[M]. 长春：吉林出版集团股份有限公司, 2020.

[4]赵利军，张毅，马英杰. 公路施工新技术与工程管理研究[M]. 哈尔滨：哈尔滨出版社, 2023.

[5]孙强，宋平原，李治国. 公路工程施工及其养护管理研究[M]. 长春：吉林科学技术出版社, 2022.

[6]胡栾乔，聂丽群，吴耀南. 公路桥梁工程施工与管理研究[M]. 北京：中国华侨出版社, 2021.

[7]张勇. 公路工程建设与施工管理研究[M]. 天津：天津科学技术出版社, 2020.

[8]刘洋，施竹青. 公路工程施工技术与项目管理研究[M]. 延吉：延边大学出版社, 2020.

[9]宋宏伟，洪启华，洪俊财. 公路桥梁工程施工技术研究及项目管理[M]. 北京：中国石化出版社, 2022.

[10]王兆奎. 公路工程施工项目精细化管理研究[M]. 沈阳：沈阳出版社, 2018.

[11]希尔良. 大数据环境下公路工程科学化施工管理研究[M]. 北京：地质出版社, 2018.

[12]武彦芳. 公路工程施工组织设计[M]. 重庆：重庆大学出版社, 2020.

[13]张磊，周裔聪，林培进. 公路桥梁施工与项目管理研究[M]. 延吉：延边大学

出版社, 2022.

[14]王秀敏，葛宁.公路工程施工组织与管理[M].天津：天津大学出版社, 2018.